POÉTICAS DO DEVIR-MULHER
ENSAIOS SOBRE ESCRITORAS BRASILEIRAS

Organização
André Magri Ribeiro de Melo
Bruna Kalil Othero
Constância Lima Duarte

POÉTICAS DO DEVIR-MULHER
ENSAIOS SOBRE ESCRITORAS BRASILEIRAS

Organização
André Magri Ribeiro de Melo
Bruna Kalil Othero
Constância Lima Duarte

Copyright © 2019 by Editora Letramento

Diretor Editorial | **Gustavo Abreu**
Diretor Administrativo | **Júnior Gaudereto**
Diretor Financeiro | **Cláudio Macedo**
Logística | **Vinícius Santiago**
Designer Editorial | **Luís Otávio Ferreira**
Assistente Editorial | **Giulia Staar e Laura Brand**
Revisão |
Capa | **Gustavo Zeferino e Luís Otávio Ferreira**
Diagramação e Projeto Gráfico | **Gustavo Zeferino**

Todos os direitos reservados.
Não é permitida a reprodução desta obra sem
aprovação do Grupo Editorial Letramento.

Dados Internacionais de Catalogação na Publicação (CIP) de acordo com ISBD

P745   Poéticas do devir-mulher: ensaios sobre escritoras brasileiras / Adriana Aleixo Neto ... [etal.] ; organizado por André Magri Ribeiro de Melo, Bruna Kalil Othero, Constância Lima Duarte. - Belo Horizonte : Letramento, 2019.
288 p. ; 15,5cm x 22,5cm.

Inclui bibliografia.
ISBN: 978-85-9530-246-4

1. Literatura brasileira. 2. Ensaios. 3. Escritoras brasileiras. 4. Poéticas. I. Aleixo Neto, Adriana. II. Batista, Amanda Damasceno. III. Santos, Anamaria Alves Dias dos. IV. Melo, André Magri Ribeiro de. V. Silva, Beatriz Azevedo da. VI. Othero, Bruna Kalil. VII. Silva, Bruna Stéphane Oliveira Mendes da. VIII. Bispo, Camila Steffânia Gomes. IX. Silva, Fernanda Rocha da. X. Dantas, Gabriela Florentino. XI. Gonçalves, Joyce Rodrigues Silva. XII. Oliveira, Laís Maria de. XIII. Oliveira, Laura Conrado Dias de. XIV. Novais, Luís Henrique da Silva. XV. Pereira, Maria do Rosário A. XVI. Marreco, Maria Inês de Moraes. XVII. Pinel, Maria Thereza da Silva. XVIII. Arantes, Mariana de Oliveira. XIX. Miranda, Mariana Magalhães. XX. Rodrigues, Mário Fernandes. XXI. Penhavel, Pedro. XXII. Pinto, Regina Augusta Ribeiro. XXIII. Barbosa, Samantha Guedes. XXIV. Batista, Shirley Alves. XXV. Trevizan, Suelen Ariane Campiolo. XXVI. Duarte, Constância Lima. XXVII. Título.

CDD 869.94
2019-717   CDU 82-4(81)

Elaborado por Vagner Rodolfo da Silva - CRB-8/9410

Índice para catálogo sistemático:
1. Literatura brasileira : Ensaios 869.94
2. Literatura brasileira : Ensaios 82-4(81)

Belo Horizonte - MG
Rua Magnólia, 1086
Bairro Caiçara
CEP 30770-020
Fone 31 3327-5771
contato@editoraletramento.com.br
editoraletramento.com.br
casadodireito.com

SUMÁRIO

APRESENTAÇÃO 9

ENTRE GROTA E OLHO D'ÁGUA: OS NOVOS
REALISMOS E A AFETIVIDADE NAS OBRAS
DE MARIA VALÉRIA REZENDE 11
ADRIANA ALEIXO NETO

DA SUBMISSÃO AO DESPERTAR FEMININO:
UMA LEITURA DE ''A CONFISSÃO DE LEONTINA''
E ''O ESPARTILHO'', DE LYGIA FAGUNDES TELLES 18
AMANDA DAMASCENO BATISTA

LYA LUFT E A SAÍDA PELA TANGENTE:
TRAÇOS BACHELARIANOS NOS CONTOS
''A VELHA'' E ''UMA EM DUAS'' 32
ANAMARIA ALVES DIAS DOS SANTOS

DOS BECOS DA CONTRA-MEMÓRIA
À HISTÓRIA ESCREVIVIDA 45
ANDRÉ MAGRI RIBEIRO DE MELO

A MÃO POR TRÁS DO TEXTO: ESCRITA,
INSUBMISSÃO E VIDA EM CONCEIÇÃO EVARISTO 55
BEATRIZ AZEVEDO DA SILVA

UM JOGO DE SEDUÇÃO:
DIÁLOGOS ERÓTICOS ENTRE
LYGIA FAGUNDES TELLES E HILDA HILST 70
BRUNA KALIL OTHERO

RELAÇÕES DE PODER, VIOLÊNCIA, TRAUMA
E RESILIÊNCIA NO CORPO LITERÁRIO FEMININO
DE *INSUBMISSAS LÁGRIMAS DE MULHERES* 84
BRUNA STÉPHANE OLIVEIRA MENDES DA SILVA

O DEMÔNIO DE OLHOS VERDES: O CIÚME EM
''A CEIA'' E ''A ESTRUTURA DA BOLHA DE SABÃO'',
DE LYGIA FAGUNDES TELLES 98
CAMILA STEFÂNIA GOMES BISPO

"MARIA DO ROSÁRIO IMACULADA DOS SANTOS"
E A INTERDIÇÃO DA EXPERIÊNCIA FEMININA NEGRA 112
FERNANDA ROCHA DA SILVA

O FEMININO E A SIMBOLOGIA DOS CONTOS
DA COLETÂNEA *ANTES DO BAILE VERDE*,
DE LYGIA FAGUNDES TELLES 129
GABRIELA FLORENTINO DANTAS

A SEXUALIDADE FEMININA REPRIMIDA EM CONTOS
DE LYGIA FAGUNDES TELLES E NÉLIDA PIÑON 141
JOYCE RODRIGUES SILVA GONÇALVES

OLHARES SOBRE O TEMPO E O CORPO EM
AS HORAS NUAS, DE LYGIA FAGUNDES TELLES 150
LAÍS MARIA DE OLIVEIRA

"OS SILÊNCIOS TÃO MAIS IMPORTANTES":
O DITO E NÃO-DITO DE CONCEIÇÃO, PERSONAGEM
DO CONTO "MISSA DE GALO" DE MACHADO DE ASSIS,
RECONTADO POR LYGIA FAGUNDES TELLES 160
LAURA CONRADO DIAS DE OLIVEIRA

O LEITOR DENTRO DO LIVRO: A QUESTÃO DO AFETO E DA
LEITURA EM *OURO DENTRO DA CABEÇA*,
DE MARIA VALÉRIA REZENDE 169
LUÍS HENRIQUE DA SILVA NOVAIS

SOB OS AUSPÍCIOS DA IMAGINAÇÃO:
O CONTO DE NÉLIDA PIÑON 179
MARIA INÊS DE MORAES MARRECO

A LITERATURA NADA "POUCA" NA ESCRITA
DESPRENDIDA DE ACORDOS SOCIAIS DA
PRODUÇÃO INFANTIL DE CLARICE LISPECTOR 189
MARIA THEREZA DA SILVA PINEL

ANÁLISE DA PERSONAGEM MARIA BONITA DA OBRA
DRAMÁTICA *LAMPIÃO*, DE RACHEL DE QUEIROZ 201

MARIANA DE OLIVEIRA ARANTES

O SILÊNCIO EM CLARICE LISPECTOR E LYA LUFT –
UM PERCURSO PELO IMPOSSÍVEL DE DIZER NO CONTO
"SILÊNCIO", DE CLARICE, E "A VELHA", DE LYA 214

MARIANA MAGALHÃES MIRANDA

NOTAS SOBRE DEPENDÊNCIA E ANCESTRALIDADE NO
ROMANCE *PONCIÁ VICÊNCIO* 222

MÁRIO FERNANDES RODRIGUES

O REALISMO DE CLARICE LISPECTOR: CONSIDERAÇÕES
SOBRE O NARRADOR DE *A HORA DA ESTRELA* 232

PEDRO PENHAVEL

A CONSTRUÇÃO DA IDENTIDADE
DA PERSONAGEM PONCIÁ VICÊNCIO A PARTIR
DAS FIGURAS DO PAI, DO AVÔ E DO COMPANHEIRO 242

REGINA AUGUSTA RIBEIRO PINTO

DIVERSIDADE E TRANSGRESSÃO EM *O VOO DA GUARÁ
VERMELHA*, DE MARIA VALÉRIA REZENDE 250

SAMANTHA GUEDES BARBOSA

FEMINICÍDIO NO CONTO "VENHA VER O PÔR-DO-SOL",
DE LYGIA FAGUNDES TELLES 265

SCHIRLEY ALVES BATISTA
MARIA DO ROSÁRIO A. PEREIRA

A LUMINOSA TRANSPARÊNCIA ALUCINADA D'*O LUSTRE*,
DE CLARICE LISPECTOR 272

SUELEN ARIANE CAMPIOLO TREVIZAN

ORGANIZAÇÃO 287

APRESENTAÇÃO

Mil nações
Moldaram minha cara
Minha voz
Uso pra dizer o que se cala
O meu país
É meu lugar de fala.

Elza Soares, em "O que se cala"

Vozes a céu aberto. Palavras em riste para dizer o que se cala. Movimento ambivalente, que oscila entre aprisionamentos e insurgências. A existência como produção emergente ora do dito, ora do não dito. O corpo, lugar da experiência intransferível. O discurso catalisador de encontros conosco e com os outros. Nosso entre-lugar de fala. Dizer o óbvio desfigurando-o, reler a realidade com desconserto, operar sobre o cotidiano com estranhamento, lançar sobre a dor os feixes de luz da ressignificação. Transformar os grilhões da violência, da arbitrariedade e do subjugo no fio de Ariadne que nos desmobiliza.

A história da literatura brasileira contada pelos manuais clássicos pode ser lida como um inventário de ausências, sobretudo quando tomamos como objeto de estudo as obras produzidas por mulheres. Um dos principais desafios dos estudos literários contemporâneos tem sido exatamente tomar para si o ofício arqueológico e anarquivístico de escovar a historiografia convencional a contrapelo, retirando a poeira de escritoras e textos fundamentais à interpretação de narrativas preteridas na formação cultural e sociopolítica do país. Revolver as terras do campo literário brasileiro – quase exclusivamente dominadas pelos pontos de vista masculinos – e estudar o lugar enunciativo das mulheres nas letras nacionais era o objetivo do seminário "A ficção brasileira de autoria feminina: de Rachel de Queiroz à Conceição Evaristo", ministrado pela Profa. Constância Lima Duarte no âmbito do Programa de Pós-Graduação em Letras: Estudos Literários (Pós-Lit), da Universidade Federal de Minas Gerais (UFMG).

Realizado ao longo do primeiro semestre de 2018, o curso reuniu diferentes pesquisadoras/es e interessadas/os em Literatura Brasileira de autoria feminina com ênfase na prosa romanesca e contista dos séculos XX e XXI, tendo como marco inicial o ano de 1930 e a publicação de *O quinze*. As autoras estudadas foram Rachel de Queiroz, Clarice Lispector, Lygia Fagundes Telles, Nélida Piñon, Lya Luft, Maria Valéria Rezende e Conceição Evaristo. Partindo de uma abordagem panorâmica e sem pretensões exaustivas, as aulas eram espaços para o compartilhamento de impressões e sensações a partir da experiência de leitura de textos basilares das escritoras selecionadas. A cada encontro, a turma era visitada por pesquisadoras especialistas em alguma das autoras, que amplificavam as ressonâncias do debate e potencializavam as inúmeras chaves de compreensão que se descortinavam diante de todos nós.

Este livro é o resultado dos diálogos tecidos nas sextas-feiras primaveris de 2018. A obra que você tem em mãos, estimada leitora, estimado leitor, reúne a maior parte dos artigos e ensaios escritos pelas/os alunas/os do curso como trabalho de conclusão, devidamente revistos e atualizados[1]. Em comum, partilhamos o desejo de refletir sobre a obra de autoras paradigmáticas na história da intelectualidade nacional, considerando – e comemorando! – as diferenças entre elas. Cada uma das vozes que surgem aqui é importante à sua maneira e contribui para deslocar possíveis zonas de conforto a partir de movimentos disruptivos, ressignificadores e inventivos.

Ler mulheres é um caminho sem volta. A literatura traz consigo esse presente: o de enxergar o mundo pelo olhar de outras pessoas, expandir os horizontes, estar aberto ao exercício da escuta. Clarice Lispector, na célebre entrevista que concedeu à televisão em 1977, quando perguntada sobre a alteração que seus textos poderiam ter sobre as coisas, afirmou: "não altera em nada. Eu escrevo sem esperança de que o que eu escrevo altere qualquer coisa". Não podemos concordar com Clarice: a sua obra, assim como a de tantas outras autoras, operou mudanças profundas em nós. Esperamos que esses textos te mudem também.

André Magri Ribeiro de Melo

Bruna Kalil Othero

Constância Lima Duarte

---

1   Cada autora e autor dos ensaios aqui reunidos têm responsabilidade autoral sobre o seu próprio texto.

ENTRE GROTA E OLHO D'ÁGUA: OS NOVOS REALISMOS E A AFETIVIDADE NAS OBRAS DE MARIA VALÉRIA REZENDE

Adriana Aleixo Neto[1]

Este artigo visa estabelecer relações entre as obras *O voo da guará vermelha* e *Outros Cantos*, ambas de Maria Valéria Rezende, pois enfocam a miséria e exploração social sofridas por suas personagens e a consequente transformação causada pelo poder da afetividade e da literatura. Serão evidenciados os pontos comuns destes dois romances, bem como a importância da literatura na vida das pessoas. Em seguida, será mostrado como essas obras configuram os novos realismos dentro da literatura contemporânea brasileira, diferenciando-se do tradicional realismo representativo para, enfim, chegar aos efeitos da afetividade vivenciados pelos personagens das obras em estudo. Para isso, partiremos da análise crítica e teórica de Karl Erik Schøllhammer, Antonio Candido e por último tratarei da linguagem de Rezende embasada nos estudos de Tania Regina Oliveira Ramos.

Percebe-se, nestes dois sertões narrados por Maria Valéria Rezende, muitos pontos em comum, pode-se dizer ainda que um reverbera no outro. Pois Maria, personagem de *Outros Cantos,* tenta combater a exploração e conscientizar os moradores de Olhos d'Água. Professora militante de esquerda, ela é consciente de seu papel e, após ter viajado muito pelo Brasil e por alguns países do mundo como Argélia, México e França, faz rememorações dentro de um ônibus no seu caminho de volta ao Sertão, pretendendo assim retomar suas andanças e trabalhos de conscientização humana e política. Toda essa preocupação presente em *Outros Cantos* deságua no romance *O voo da guará vermelha* de maneira direcionada: Rosálio, um pedreiro sem nome e sem emprego, conhece Irene, que prostitui-se mesmo estando doente

---

1   Graduada em Letras pela UEMG (1999). Autora dos livros de poesia *Des. caminhos* (2014) e *Pés* (2016), ambos pela Editora Patuá. E-mail: adrianalinguagens01@gmail.com.

pois precisa alimentar o filho, ambos procuram afeto e humanidade acima de qualquer coisa. Notamos, dessa maneira, como as obras se relacionam, pois tratam de temas atuais como doença, exploração e desemprego sob o véu do abandono e do esquecimento. As pessoas carentes, acima de tudo de suas identidades e seus lugares de pertença:

> Um bando de meninos me espreitava. Nos peitos, o teclado perfeito das costelas expostas; nas costas, saliências pontiagudas, duros cotos de asas cortadas, antes mesmo que visse a luz por primeira vez. Nus vieram ao mundo e nus permaneciam, quase nus e inocentes, não por serem incapazes de fazer o mal, mas por serem ignorantes do mal que lhes podia ser feito. [...] /eu sabia como eles se sentiam, eu também tinha rido assim, bobamente, quando me deparei, havia pouco, com meu primeiro camelo solto, bamboleando livre num palmeiral da Argélia.[2]

Antonio Candido inicia seu ensaio, "O Direito à Literatura", falando porque devemos pensar em Direitos Humanos, e que, se pensamos assim, o que é necessário para mim, também é importante para o próximo. Na verdade, esse postulado exige um esforço no sentido de autoeducação, pois a tendência é sempre pensar que nossos direitos são mais urgentes que os do próximo. Seguindo sua linha de análise, é feita uma distinção entre *bens compressíveis* e *bens incompressíveis*, estes últimos que não podem ser negados a ninguém como moradia, alimentação, vestuário etc. Importante lembrar que cada época e cultura é capaz de fixar seus critérios de compressibilidade: "Na classe média brasileira, os da minha idade ainda lembram o tempo em que se dizia que os empregados não tinham necessidade de sobremesa nem de folga aos domingos, porque, não estando acostumados a isso, não sentiam falta."[3]

Dessa maneira, seguimos o raciocínio de que a todos é imprescindível os bens incompreensíveis, e que isso não é exercer a caridade. São incompreensíveis certamente a alimentação, a moradia, o vestuário, a instrução, a saúde, a liberdade individual, o amparo da justiça pública, a resistência à opressão etc.; e também o direito à crença, à opinião, ao lazer e, por que não, à arte e à literatura. São bens incompressíveis não apenas os que assegurem sobrevivência física em níveis decentes, mas os que garantem a integridade espiritual. Neste ponto, começamos a falar da literatura como uma necessidade inerente ao ser humano, pois ela aparece como uma manifestação necessária e universal em todos os tempos:

---

2   REZENDE, Maria Valéria. *Outros cantos*. Rio de Janeiro: Alfaguara, 2016, p.15

3   CANDIDO, Antonio. O Direito à Literatura. In: *Vários escritos*. 3 ed. Revista e ampliada. São Paulo: Duas Cidades, 1995.

Não há povo e não há homem que possa viver sem ela, isto é, sem a possibilidade e entrar em contato com alguma espécie de fabulação. Assim como todos sonham todas as noites, ninguém é capaz de passar as vinte e quatro horas do dia sem alguns momentos de entrega ao universo fabulado. O sonho assegura durante o sono a presença indispensável deste universo, independente da nossa vontade. E durante a vigília, a criação ficcional ou poética, que é a mola da literatura em todos os seus níveis e modalidades, está presente em cada um de nós, analfabeto ou erudito – como anedota, causo, história em quadrinhos, noticiário policial, canção popular, moda de viola, samba carnavalesco. Ela se manifesta desde o devaneio amoroso ou econômico no ônibus até a atenção fixada na novela de televisão ou na leitura seguida de um romance. Ora, se ninguém pode passar vinte e quatro horas sem mergulhar no universo da ficção e da poesia, a literatura concebida no sentido amplo a que me referi parece corresponder a uma necessidade universal, que precisa ser satisfeita e cuja satisfação constitui um direito. Alterando o conceito de Otto Ranke sobre o mito, podemos dizer que a literatura é o sonho acordado das civilizações. Portanto, assim como não é possível haver equilíbrio psíquico sem o sonho durante o sono, talvez não haja equilíbrio social sem a literatura.[4]

Desta maneira, quando Rosálio, personagem de *O voo da guará vermelha*, deixou a Grota para realizar seu sonho de aprender a ler e a escrever, ele não tinha em mente esse direito expresso em papéis, mas o acompanhava essa fruição consciente. Em Olho d'água, quando Maria, personagem de *Outros cantos*, chegava pela primeira vez para lecionar como professora de Mobral, embora conhecedora desses direitos, ia além, pois sem material para começar suas aulas, e sem data para início das mesmas, juntou-se ao povo em amizade e trabalho, conscientizando-os a cada momento.

Há, nas duas obras da autora, uma denúncia das mazelas sociais voltadas para o enquadramento dos personagens, para o lugar da afetividade, sem a simples repetição e verossimilhança dos romances regionalistas do passado; dessa maneira, é evidenciado que ambas obras vão ao encontro dessa nova perspectiva dentro da literatura contemporânea. Maria Valéria conseguiu não só escrever livros premiados, escreveu também obras que estão em constante movimento dentro de uma abordagem temática do que hoje se discute sobre sujeito, afetividade e enquadramento social. Percebe-se como se aproximam a Maria de Olho d'água em seus viveres e reminiscências, mostrando sempre a dura realidade e exploração dos trabalhadores, a Irene e Rosálio, personagens de *O voo da guará vermelha*, que, carentes de recursos, se encontram ao dividirem afetos e histórias. Dessa maneira, percebemos

---

4   CANDIDO, Antonio. O Direito à Literatura. In: *Vários escritos*. 3 ed. Revista e ampliada. São Paulo: Duas Cidades, 1995.

a simbiose dentro dos personagens das duas obras, pois Rosálio deixou a Grota não apenas para procurar um trabalho, uma moradia, ele queria um nome, alguém que lhe ensinasse a ler, alguém com quem pudesse compartir suas histórias guardadas na caixa de pau d'arco. Rosálio é um pedreiro por vezes explorado, ele como tantos outros, têm sua força de trabalho levada à exaustão e, que muitas vezes, ficam presos, aos "seus donos" por um prato de comida. Irene contraíra AIDS e, ciosa de companhia e afeto, andava cansada da vida, não podia se cuidar e ainda precisava se prostituir para sustentar o filho, carecendo da mesma forma de solidariedade e humanidade. Já Maria, personagem de *Outros cantos*, professora e consciente de seu papel, retoma os abusos e excessos aos quais o povo de Olho d'água era submetido, faz rememorações e, com uma linguagem prenhe de saudades, presenteia o leitor com histórias e viveres humanos do sertão.

Há, portanto, nesses dois romances, conexões e pontos importantes, pois Maria em Olho d'água sabe do seu trabalho em conscientizar os tantos "Rosálios e Irenes" e mais que isso, ela quer abraçá-los, mostrar que todo trabalho de educação e literatura é um legado de vida:

> Irene, revestida de esperança, é de cedo que o aguarda, pastoreando a calçada, às vezes desesperando, às vezes crendo, não foi visitar a velha que não tinha o que levar, nem mesmo a história do homem, que a velha é mouca de pedra. Mas e se ele não voltar, se não achar o caminho? Irene a custo se curva, ergue a ponta do colchão, corre a mão e encontra o lápis, a borracha e o caderno bonito.[5]
>
> Nasci sem nome, como a serra que me guardava, porque nunca tive pai que me chamasse e não havia padre que me batizasse. De minha mãe dizem que era a mais bonita e alegre de todas as moças da Grota, mas o meu nome eu também nunca soube porque só a lembrança dela dava em toda gente uma tristeza tão funda que aquele nome ficou proibido de pronunciar. De primeiro, disseram me chamavam "o pequeno" mas, depois que fui crescendo e nasceram outros mais pequenos do que eu, virei Nem-Ninguém [6]

Antonio Candido defende ainda que "a literatura tem sido um instrumento poderoso de instrução e educação, entrando nos currículos e sendo proposta a cada um como equipamento intelectual e coletivo".[7] Dessa

---

5 REZENDE, Maria Valéria. *O voo da guará vermelha*. Rio de Janeiro: Objetiva, 2005, p. 19.

6 REZENDE, Maria Valéria. *O voo da guará vermelha*. Rio de Janeiro: Objetiva, 2005, p. 22.

7 CANDIDO, Antonio. O Direito à Literatura. In: *Vários escritos*. 3 ed. Revista e ampliada. São Paulo: Duas Cidades, 1995.

maneira, quando vemos Maria, personagem de *Outros Cantos*, ensinando e aprendendo com os viveres do povo de Olho d'água, em um tempo tão remoto, carentes de qualquer recurso ou iniciativa previamente prometida pelos políticos do lugar, podemos pensar na fala de Schøllhammer ao dizer que não se trata de um Realismo pautado na mimese, na verossimilhança:

> [...] não se trata[m], portanto, de um realismo tradicional e ingênuo em busca da ilusão de realidade. Nem se trata[m], tampouco, de um realismo propriamente representativo [...] [da literatura contemporânea]: a diferença que mais salta aos olhos é que os "novos realistas" querem provocar efeitos de realidade por outros meios. [...] o[s] novo[s] realismo[s] se expressa[m] pela vontade de relacionar a literatura e a arte com a realidade social e cultural da qual emerge[m], incorporando essa realidade esteticamente dentro da obra e situando a própria produção artística como força transformadora.[8]

Desta forma, os dois romances atingem força ao realizar a integração das personagens através da literatura: em O *voo da guará vermelha*, Rosálio e Irene encontram-se todas as noites para dividir histórias, ela começa a alfabetizá-lo; ele lhe traz de volta à vida. Temos, nesse exemplo, a força transformadora de fato acontecendo. Podemos também citar o professor Antonio Candido, quando defende, em seu ensaio "A Literatura e a formação do Homem", que "um certo tipo de função psicológica é a primeira coisa que nos ocorre quando pensamos nela"[9], a produção e fruição desta se baseiam numa espécie de necessidade universal de ficção e de fantasia. Rosálio é um contador de histórias inato, sua condição de analfabeto não cerceia seus sonhos, pois desde o primeiro capítulo ele é apresentado ao leitor através de suas narrativas, tudo para ele tem uma oralidade, um motivo, uma lenda, um conto: a história dos muitos nomes, da ave no espinheiro, do Bugre, do João dos Ais, da professora Rosália, do pai, da mãe, da avó, da Grota. Suas narrativas são sua forma de estar no mundo e, em contato com Irene à maneira de "mil e uma noites" um se prende ao outro e Rosálio enfim realiza seu sonho de aprender a ler e escrever:

---

8   SCHØLLHAMMER, Karl Erik. Realismo afetivo: evocar realismo além da representação. *Estudos de Literatura Brasileira Contemporânea*, Brasília, n. 39, p. 129-148, jan./jun., 2012. Disponível em: http://periodicos.unb.br/index. php/estudos/article/view/7468/5775. Acesso em: 6 de julho de 2018.

9   CANDIDO, Antonio. A Literatura e a formação do homem. *Ciência e Cultura*. São Paulo, v. 24, n. 9, p. 803-809, 1972. Disponível em: https://periodicos. sbu.unicamp.br/ojs/index.php/remate/article/download/8635992/3701. Acesso em: 09 de julho de 2018.

Rosálio explicou a invenção de seu nome e o caso da ave guará que ouviram sem cochilar, o mestre de obras disse "tu és bom para contar caso, melhor do que muita gente que vive disso [...]. Por isso Rosálio hoje veio louco para avançar na escrita de seu nome , conquistar palavras novas, para que chegue logo a hora de poder ler esses livros inchados de tanta história, para depois poder reinventar e ir contar pela rua, pelas praças, tirar disso profissão, faz um afago na mulher, assim meio distraído escreve tudo aquilo que aprendeu.[10]

Vê-se, assim, a ação dentro da história e o poder a literatura em transformar vidas. Em *Outros Cantos,* Maria, que divide e ouve histórias com as crianças e os moradores de Olho d'Água, numa atividade aparentemente despretensiosa, mas cheia de significado, encerra sua passagem, como bem sabemos, ciosa por outros cantos, senão esses mesmos que de um ônibus, ela conta histórias no caminho de volta. Essa é a experiência afetiva, pois é capaz de envolver o sujeito em toda sua criatividade e realização com o mundo. Isso acontece também quando vemos, no último capítulo de *O voo da guará vermelha*, Rosálio e Irene saírem com roupas coloridas para contar histórias na praça... O evento envolveu o personagem sensivelmente. Schøllhammer diz que "algo se intercala desta maneira entre a arte e a realidade envolvida esteticamente e traz para dentro do evento da obra a ação do sujeito"[11]. É assim que a estética afetiva, necessariamente, inclui uma dimensão participativa comunitária e ética, porque opera nos limites entre arte e vida, fundada numa espécie de suspensão radical, um *epoché* estoico, que vai além do prazer e da afirmação do belo kantiano para liberar o sujeito não apenas de suas paixões e afetos, mas também de seu fundamento sólido na individualidade.

Por último, ressalto a fala de Tania Regina Oliveira Ramos ao dizer:

> Impossível realizar a leitura e não perceber as alterações gráficas, os tipos menores, a letra e a voz, o som e o sentido, agindo sobre o corpo do leitor e a própria significação que constrói – estamos vendo, ouvindo e lendo ao mesmo tempo. Há um retorno à ficção no que ela traz de fabulação, de invenção, de descompromisso com a verdade factual, com uma possível encenação do "real".[12]

---

10 REZENDE, Maria Valéria. *O voo da guará vermelha*. Rio de Janeiro: Objetiva, 2005, p. 69.

11 SCHØLLHAMMER, Karl Erik. *Ficção brasileira contemporânea*. 2ed. Rio de Janeiro: Civilização Brasileira, 2011.

12 RAMOS, Tânia Regina Oliveira. Narrativas com fôlego. *Letras Hoje*, Porto Alegre, v. 42, n. 4, p. 32-41, dez. 2007. Disponível em: https://www.escavador.com/sobre/8740713/tania-regina-oliveira-ramos Acesso em: 24 de agosto de 2018.

Um ponto relevante que Rezende encontrou para escrever seus romances é a linguagem em diálogo com a tradição oral. Importante ressaltar esta, que talvez seja a principal característica dos romances de Maria Valéria: a aproximação da linguagem à cultura popular, a literatura e o diálogo constante com a tradição oral, os cordéis, os cantos. Tania Regina Oliveira Ramos defende, em seu ensaio "Narrativas com Fôlego", que no romance *O voo da guará vermelha* não há escrita, mas uma fala reiterante e acrescenta que o romance se constrói pelas duas narrativas que correm paralelamente[13].

Maria Valéria tem maestria ao fazer isso, e nesses dois romances dá aos personagens em estado de deriva o devido lugar de fala do orador e cancioneiro popular. Pode-se dizer com isso que é travado um pacto biográfico, pois, durante as narrativas, são inúmeras as cantigas, modas e parlendas apresentadas. O leitor precisa estar atento a esse vocabulário, fazer pesquisas e analogias para se acostumar ao dialeto rico e raro do sertão. A autora fez uso ainda da policromia ao escrever seu romance *O voo da guará vermelha*, pois os capítulos, nomeados em cores, definem o estado das personagens ou as cenas narradas. Dessa maneira, a autora procura aguçar todos os nossos sentidos. É de fato uma narrativa vista, ouvida e sentida, principalmente se levarmos em conta o fato de que as histórias contadas por Rosálio são sempre o fio condutor de uma nova história que ele começará a contar no seu próximo encontro com Irene. Ramos, em seu ensaio, viu que a narrativa e as frases se transformavam em versos de sete pés, os mais tradicionais do cordel:

> Irene chora sozinha,/ quem disse que um homem bom quando aparece demora?/ Com certeza ele tem dona/ ou queria alguma coisa que não encontrou aqui,/ desistiu de procurar/ e foi embora para sempre/. A visualização vira sonoridade nessa narrativa de sentidos. Há uma poética narrativa e só sutilmente e quase desapercebidamente se fala em vida real.[14]

---

13   RAMOS, Tânia Regina Oliveira. Narrativas com fôlego. *Letras Hoje*. Porto Alegre, v. 42, n. 4, p. 32-41, dez. 2007. Disponível em: https://www.escavador.com/sobre/8740713/tania-regina-oliveira-ramos. Acesso em: 24 de agosto de 2018.

14   RAMOS, Tânia Regina Oliveira. Narrativas com fôlego. *Letras Hoje*. Porto Alegre, v. 42, n. 4, p. 32-41, dez. 2007. Disponível em: http://revistaseletronicas.pucrs.br/ojs/index.php/fale/article/download/4111/3113. Acesso em: 24 de agosto de 2018.

DA SUBMISSÃO AO DESPERTAR FEMININO: UMA LEITURA DE "A CONFISSÃO DE LEONTINA" E "O ESPARTILHO", DE LYGIA FAGUNDES TELLES

Amanda Damasceno Batista[1]

A mulher vem tradicionalmente de uma servidão absoluta através do tempo, e a mulher brasileira mais do que as outras mulheres do mundo...

Lygia Fagundes Telles

INTRODUÇÃO

A ligação entre literatura e o mundo real é profunda. De acordo com o crítico literário Antonio Candido (2012), quase nunca a ficção é "pura", uma vez que se refere constantemente a alguma realidade. Muitas vezes, segundo o autor, inventam-se histórias para explicar algum fenômeno físico ou da sociedade – como mitos e lendas. Dessa forma, a criação literária teria uma "função integradora e transformadora" já que tem pontos de referência na realidade.

Quando alguém escreve, coloca implícita ou explicitamente seu ponto de vista na obra. Isso pode fazer, por exemplo, com que o leitor pense em algo que nunca havia pensado antes e, desse modo, ajuda a humanizá-lo ao fazê-lo enxergar novos pontos. Desse modo, defende o crítico, a literatura "não corrompe nem edifica, portanto; mas, trazendo livremente

---

1   Graduada em Comunicação Social com habilitação em Jornalismo pela Universidade Federal de Goiás (UFG). Mestranda em Estudos Literários pelo Programa de Pós-Graduação em Letras, da UFMG. E-mail: amandadbatista@gmail.com.

em si o que chamamos o bem e o que chamamos o mal, humaniza em sentido profundo, porque faz viver"[2].

Ainda em relação às funções sociais da literatura, é importante destacar que ela auxilia na construção, manutenção ou mudança das ordens sociais, como destaca Eunicéa Candido:

> Amplia-se, assim, a função social da obra literária, além de satisfazer as necessidades materiais ou emocionais dos indivíduos, de influenciar sua percepção sobre o mundo, possui ainda uma função social; a partir da conscientização que provoca, contribui para a mudança ou conservação de certa ordem social.[3]

Assim, é possível afirmar que a representação de algum grupo em uma obra literária auxilia na construção de como ele é percebido na vida real. Dessa maneira, é possível afirmar que cada representação feminina na literatura influencia como as mulheres percebem a realidade e são percebidas pelo mundo. Segundo Brandão[4], a mulher representada na literatura acaba se tornando um "um estereótipo que circula como verdade feminina".

E se nas histórias, os homens são estimulados a romper normas e tradição, uma vez que aqueles que infringem e questionam as regras são os heróis, nas mulheres a transgressão é execrada e a heroína é, como explica Marina Colasanti[5], aquela que se supera dentro da norma e a enaltece. Para subverter essa ordem, de que a mulher deve seguir tudo o que lhe foi imposto, é papel do escritor, de acordo com Lygia Fagundes Telles[6], apontar as feridas e denunciar, ainda que não tenha poder para resolver os problemas.

---

2 CANDIDO, Antonio. A literatura e a formação do homem. *Remate de Males*, Campinas, SP, p. 85, dez. 2012. Disponível em https://periodicos.sbu.unicamp. br/ojs/index.php/remate/article/view/8635992. Acesso em 19 jun. 2018.

3 CANDIDO, Eunicéa de Oliveira Souto. *A figura feminina em contos de Lygia Fagundes Telles*. Dissertação (Mestrado) – Curso de Mestrado em Letras, Universidade Presbiteriana Mackenzie, São Paulo, 2009, p. 20. Disponível em: http://tede.mackenzie.com.br/jspui/bitstream/tede/2294/1/Eunicea de Oliveira Souto Candido.pdf. Acesso em 19 jun. 2018.

4 BRANDÃO, Ruth Silviano. *Mulher ao pé da letra*: A personagem feminina na literatura. Belo Horizonte: UFMG, 2006.

5 COLASANTI, Marina. Por que nos perguntam se existimos. In: RODRIGUES, Carla; BORGES, Luciana; BORGES, Tânia Regina O. (Orgs.). *Problemas de gênero*. Rio de Janeiro: Funarte, 2016, p. 323-331

6 TELLES, Lygia Fagundes. O escritor é testemunha deste mundo. In: TELLES, Lygia Fagundes. *Venha ver o pôr do sol e outros contos*. São Paulo: Ática, 2000. p. 3-5. Entrevista organizada a partir de depoimento concedido à Edla van Steen.

O PAPEL DA ESCRITA FEMININA

A literatura feminina tem características próprias porque parte de um lugar único: o da vivência da mulher. Marina Colasanti assinala em seu ensaio "Por que nos perguntam se existimos" que, a partir da escrita, constrói-se uma voz que sendo de uma mulher é, obviamente, feminina e carrega pontos que vão desde "dificuldade de acesso à educação, do controle da nossa linguagem, da crítica exclusivamente masculina estabelecendo os padrões, e da nossa força para conseguir vencer isso tudo" a argumentos como "o olhar feminino, o mundo das emoções ao qual as mulheres são historicamente mais afeitas e a relação feminina com aquilo que é físico".

Sendo a literatura capaz de apontar a realidade e as injustiças que ocorrem, a escritora mostra em sua obra justamente questões relativas à sua realidade. Isso porque, como defende Lygia Fagundes Telles, assim que a mulher passa a escrever, começa falando de si mesma:

> A ficção feita por mulheres tem suas características próprias, é mais intimista, mais confessional: a mulher está podendo se revelar, se buscar e se definir, o que a faz escolher um estilo de mergulho em si mesma, aparentemente narcisista porque precisa falar de si própria, deslumbrada às vezes com as suas descobertas, como se acabasse de nascer. [Uma personagem minha uma vez disse]: "Antes eram os homens que diziam como nós éramos. Agora somos nós".[7]

A escritora já havia apontado que o fato de ser mulher interferia em seu ofício: "Sou escritora e sou mulher – ofício e condição humana duplamente difíceis de contornar, principalmente quando me lembro como o país (a mentalidade) interferiu negativamente no meu processo de crescimento como profissional"[8]. Essa influência na carreira já havia sido registrada por Virginia Woolf, quando supôs o que teria acontecido com uma suposta irmã de Shakespeare que também quisesse ser escritora:

> Deixe-me imaginar, já que os fatos são tão difíceis de apurar, o que teria acontecido se Shakespeare tivesse tido uma irmã incrivelmente talentosa chamada, digamos, Judith [...] tão aventureira, tão imaginativa, tão impaciente para conhecer o mundo quanto ele. Mas ela não frequentou a

---

7   TELLES, Lygia Fagundes. A mulher escritora e o feminismo no Brasil. In: RODRIGUES, Carla; BORGES, Luciana; BORGES, Tânia Regina O. (Orgs.). *Problemas de gênero*. Rio de Janeiro: Funarte, 2016. p. 333-338.

8   TELLES, Lygia Fagundes. *Durante aquele estranho chá: memória e ficção*. São Paulo: Companhia das Letras, 2010, p. 105.

escola. Não teve a oportunidade de aprender gramática e lógica, que dirá de ler Horácio e Virgílio. Apanhava um livro de vez em quando, talvez um dos de seu irmão, e lia algumas páginas. Mas logo seus pais surgiam e ordenavam que fosse coser as meias ou cozer o guisado e não mexesse em livros e papéis. [...] Talvez rabiscasse algumas páginas em um pequeno sótão às escondidas, mas tinha o cuidado de escondê-las ou queimá-las. Em breve, porém, antes que saísse da adolescência, ela se tornaria a noiva do filho do comerciante de lã da região. [...] Assim como ele, gostava do teatro. Estava às portas do palco; queria atuar, disse ela. Os homens riram na sua cara. O gerente – um gordo de lábios caídos – gargalhou. Urrou alguma sobre o fato de os poodles dançarem e as mulheres atuarem – mulher nenhuma, disse ele, poderia ser atriz. [...] Por fim – porque era jovem, parecida com o poeta Shakespeare de um jeito estranho, com os mesmos olhos cinzentos e sobrancelhas redondas –, por fim Nick Greene, o ator diretor, teve pena dela; ela se viu grávida desse cavalheiro, e então – quem pode medir a fúria e a violência do coração de um poeta quando preso e emaranhado em um corpo de mulher? – matou-se em uma noite de inverno, e jaz enterrada em alguma encruzilhada pela qual passam os ônibus que hoje param na frente de Elephant and Castle.[9]

Não é só no campo da escrita, aliás, que as mulheres encontram dificuldades, uma vez que "o que ocorre em nossa sociedade, regida por valores patriarcais, é uma naturalização, fundamentada no fator biológico, de preceitos que regem a divisão entre os sexos no âmbito social"[10]. Essa divisão entre os sexos até parece ter uma origem natural, porém é artificial, uma construção social.

Para Martins, essa sistemática ajuda a estabelecer os binarismos que se relacionam à instituição de uma hierarquia entre os sexos. E a sociedade patriarcal naturaliza uma relação homem-mulher que sempre tem o homem em lugar de destaque e a mulher em uma posição inferior. A autora ressalta, ainda, o fato de os homens, os detentores de poder nessa sociedade, utilizarem o discurso para difundir a ideologia patriarcal, que é reproduzida por várias instituições como a escola, a igreja e instituições legais e reforça a ideia da superioridade masculina

---

9   WOOLF, Virginia. *Um teto todo seu*. Trad. Bia Nunes de Sousa. São Paulo: Tordesilhas, 2014, p. 37-38.

10 MARTINS, Maria Sárvia da Silva. *Mulher e sociedade: de corpo dominado a corpo dominante em contos de Lygia Fagundes Telles*. 108 f. Dissertação (Mestrado) – Curso de Mestrado em Letras da Universidade Federal do Ceará, Fortaleza, 2015, p. 43. Disponível em: http://repositorio.ufc.br/bitstream/riufc/13200/1/2015_dis_mssmartins .pdf. Acesso em 01 jul. 2018.

frente às mulheres. O discurso, portanto, pode (e deve) ser utilizado para descontruir esses estereótipos, função que cabe também ao discurso literário, o qual também tem inscrito em si essas relações de poder.

Analisando o texto literário e as personagens nele inscritas, pode se verificar as mudanças sociais na vida da mulher, já que existe uma relação de verossimilhança com acontecimentos passados e aqueles inscritos em obras literárias. Considerando especificamente a literatura de autoria feminina, é possível observar que os modelos de feminino apresentados por escritoras traduzem momentos diferentes da evolução social da mulher.

Definida pela própria autora como uma "literatura de experiências"[11], a literatura de Lygia Fagundes Telles representa a vida das mulheres de diferentes períodos e maneiras, o que será observado a partir de dois contos da autora retirados do livro *A estrutura da bolha de sabão*, publicado primeiramente no ano de 1978 com o nome *Filhos Pródigos* e posteriormente, em 1991, reeditado sob o nome de um dos contos integrantes do volume.

A CONFISSÃO DE LEONTINA

Boa parte da ficção lygiana tem como um de seus elementos marcantes a memória. A recorrência ao passado é, segundo Martins[12], ligada diretamente ao enfoque intimista de sua literatura, que "desvela a interioridade das personagens até o mais profundo do ser, fazendo vir à tona, inclusive, as mais remotas lembranças". No conto "A confissão de Leontina", a narradora e protagonista se dirige a uma interlocutora para revelar sua história e contar como acabou presa. O monólogo faz com que ela relembre toda sua história, desde a infância até a prisão. Durante todo o seu discurso é possível perceber traços da sociedade patriarcal que invisibiliza a mulher e a faz ser subjugada em detrimento dos homens, como se vai perceber.

---

11   CADERNOS de Literatura Brasileira. *Lygia Fagundes Telles*. São Paulo: Instituto Moreira Salles, n. 5, mar. 1998.

12   MARTINS, Maria Sárvia da Silva. *Mulher e sociedade: de corpo dominado a corpo dominante em contos de Lygia Fagundes Telles*. 108 f. Dissertação (Mestrado) – Curso de Mestrado em Letras da Universidade Federal do Ceará, Fortaleza, 2015. Disponível em http://repositorio.ufc.br/bitstream/riufc/13200/1/2015_dis_mssmartins .pdf. Acesso em 01 jul. 2018.

Quando criança, Leontina morava em Olhos d'Água juntamente com a mãe, a irmã Luzia, que sofria de uma deficiência mental, e o primo Pedro. A família morava em uma casa que "vivia caindo aos pedaços". A mãe trabalhava como lavadeira – "Ela lavava quase toda a roupa da gente da vila mas não se queixava. Nunca vi minha mãe se queixar. Era miudinha e tão magra que até hoje fico pensando onde ia buscar força pra trabalhar tanto" – enquanto a irmã Luzia ficava "procurando minhocas no chão" e Leontina cuidava da casa e fazia a comida para todos.

O primo era criado pela mãe de Leontina desde o falecimento de sua própria mãe e passava o tempo todo estudando. Leontina conta que chegou a pedir para a mãe que Pedro lhe ajudasse ao menos a carregar a lenha para o fogo, mas ouviu que ele precisava estudar para se tornar médico e, depois, cuidar delas. "Já que o dinheiro não dava pra todos que ao menos um tinha que subir pra dar a mão prós outros. Quando ele for rico e importante decerto nem vai mais ligar pra nós eu fui logo dizendo e minha mãe ficou pensativa. Pode ser. Pode ser"[13].

Em seguida vários episódios tristes se sucedem: a mãe da menina acaba falecendo e, para conseguir ajudar Pedro, Leontina assume ainda mais obrigações e passa a lavar roupa; após algum tempo o primo se forma e, para não se envergonhar na frente dos colegas, pede que Luzia não compareça à cerimônia; sozinha em casa, a menina acaba se afogando e morrendo e, logo em seguida, o primo parte para a cidade grande para terminar os estudos levando o pouco dinheiro que a família tinha e prometendo buscar a prima.

Leontina é levada por um padre até dona Gertrudes, "o próprio diabo em forma de gente", na casa de quem começa a trabalhar e sofre diversos abusos. É o marido de Gertrudes, João Carlos, quem fala para a menina fugir de lá enquanto é nova, conselho que ela segue após juntar um pouco de dinheiro. A protagonista segue, então, para São Paulo, onde conhece Rogério que a ajuda a sobreviver na cidade nos primeiros tempos e que a trata bem, apesar de a abandonar depois de um tempo.

Depois disso, ela vai se envolvendo com outros homens até conhecer a amiga Rubi, que lhe consegue um emprego de dançarina de aluguel. Leontina passa a se prostituir, mas o real problema começa quando um homem se oferece para pagar um vestido marrom que ela admirava na vitrine de uma loja. Leontina aceita o vestido sabendo que deveria "aturar o velho" em troca, porém as coisas mudam de figura rapidamente.

---

13 TELLES, Lygia Fagundes. A confissão de Leontina. In: *A estrutura da bolha de sabão e outras histórias.* São Paulo: Círculo do Livro, 1991, p.50.

Juro que eu estava disposta a aturar tudo porque sabia muito bem que a gente não ganha nada fácil não senhora. [...] quando veio aquela mãozona me apertando de novo e me levantando o vestido endureci o corpo e fechei a boca bem na hora em que me beijou. Sai já daqui sua putinha ele gritou. A bochecha cor de terra tremia. Sai já. Não esperei segunda ordem e ia abrindo a porta quando ele agarrou no meu braço avisando que eu podia bater as asas mas antes tinha que deixar a linda plumagem. Não entendi que plumagem era essa. Ele riu aquele riso ruim e puxando meu vestido disse que a plumagem era isso. Fiquei desesperada e comecei a chorar que ele não me tirasse o vestido porque podiam me prender se me vissem assim pelada. [...] Juro que quis ficar de bem e até pedi muitas desculpas se ofendi em alguma coisa. [...] Até hoje não sei por que nesse pedaço ele ficou com mais raiva ainda e começou a espumar feito um touro me chamando disso e daquilo. Fui ficando ofendida porque eu não era não senhora aquelas coisas que ele dizia. [...] O bofetão veio nessa hora e foi tão forte que quase me fez cair no banco. Meu ouvido zumbiu e a cara ardeu que nem fogo. Eu chorava pedindo a ajuda da minha mãe como sempre fiz nas aperturas. O outro bofetão me fez bater com a cabeça na porta e a cabeça rachou feito um coco.[14]

Leontina continua apanhando e chorando, até que encontra um pedaço de ferro dentro do carro do homem e, em legítima defesa, o acerta diversas vezes com a arma improvisada. Foi esse crime que a levou à cadeia, já que a vendedora da loja onde o vestido marrom foi comprado a reconhece e a denuncia. Presa, a protagonista chega a receber algumas visitas enquanto espera – em vão – a de Pedro, seu primo, que poderia lhe ajudar.

Os infortúnios na vida de Leontina são vários, como pode se perceber. Porém além de um suposto azar o que é possível destacar dessa história é como a personagem sempre esteve submissa aos outros apenas por ser mulher. A própria narradora chega a questionar como confiar em uma justiça dos homens sendo que "nunca nenhum homem foi justo pra mim. Nenhum"[15].

Assim como milhares de mulheres durante anos, Leontina acaba sendo privada de educação. Como sabe ler um pouco, talvez ela até tenha frequentado uma escola, porém coloca a educação do primo em primeiro lugar e deixa os estudos para cuidar da casa. Isso reflete, segundo

---

14 TELLES, Lygia Fagundes. A confissão de Leontina. In: *A estrutura da bolha de sabão e outras histórias.* São Paulo: Círculo do Livro, 1991, p. 70-71

15 TELLES, Lygia Fagundes. A confissão de Leontina. In: *A estrutura da bolha de sabão e outras histórias.* São Paulo: Círculo do Livro, 1991, p. 49.

Martins[16], "a incorporação inconsciente de uma relação desigual entre o par masculino/feminino que promove uma hierarquização entre os sexos na qual o homem ocupa o lugar mais elevado".

Além disso, a figura masculina da família, Pedro, é encarada sempre como a responsável pela "salvação" da família. É ele quem vai se formar e ganhar dinheiro para transformar a tia em uma rainha, cuidar de Luzia e deixar Leontina se casar e ser feliz. No discurso do primo, inclusive, é possível perceber outra característica do discurso patriarcal: a felicidade de Leontina está totalmente atrelada ao casamento. Para ser feliz, a mulher deveria não se realizar sozinha, mas encontrar um marido, um outro homem a quem servir.

Ao encontrar Rogério, ela acaba sendo dominada de outras formas. Ele lhe dá um novo nome, Joana – "Esse seu cabelo encacheado é igual ao cabelo do São João do Carneirinho e pra mim você sempre será Joana"[17] – o que pode demonstrar um pensamento de que ele tem o poder de mudar tudo em sua vida.

> Aprendi também a fazer amor e a fumar. Até hoje não consegui gostar de fumar. Comprava cigarro e ficava fumando porque todo mundo em nossa volta fumava e ficava esquisito eu não fumar. Mas dizer que gostava isso eu não gostava mesmo. Também fazia amor tudo direitinho pra deixar ele contente mas sempre com uma tristeza que não sei até hoje explicar. Essa hora do amor foi sempre a mais sem graça de todas. Justo na hora de ir pra cama com ele já esperando eu inventava de fechar a torneira que deixei aberta ou ver se não tinha perdido minha carteira de dinheiro. Vem logo Joana que já estou quase dormindo o Rogério me chamava. Quando não tinha mais remédio então eu suspirava e ia com cara de boi indo pro matadouro. Me sentia melhor se tomava um bom copo de vinho mas era depois do fuque-fuque que o Rogério cismava de beber. E de cantar a modinha do marinheiro.[18]

---

16 MARTINS, Maria Sárvia da Silva. *Mulher e sociedade: de corpo dominado a corpo dominante em contos de Lygia Fagundes Telles*. 108 f. Dissertação (Mestrado) – Curso de Mestrado em Letras da Universidade Federal do Ceará, Fortaleza, 2015, p. 61. Disponível em http://repositorio.ufc.br/bitstream/riufc/13200/1/2015_dismssmartins.pdf. Acesso em 01 jul. 2018.

17 TELLES, Lygia Fagundes. A confissão de Leontina. In: *A estrutura da bolha de sabão e outras histórias*. São Paulo: Círculo do Livro, 1991, p. 59.

18 TELLES, Lygia Fagundes. A confissão de Leontina. In: *A estrutura da bolha de sabão e outras histórias*. São Paulo: Círculo do Livro, 1991, p. 60-61.

Mais uma vez é possível perceber a anulação de Leontina frente a um homem: ela não acha o sexo prazeroso, mas se submete por causa de Rogério. Nem a bebida que a fazia achar o momento agradável ela tomava, porque o homem gostava de beber apenas depois do ato. Rogério acaba abandonando a personagem algum tempo depois e justifica dizendo que ela precisa se casar, é nova e deve encontrar um homem melhor que ele. O casamento, novamente, é apontado como o meio que ela tem para ser feliz.

O outro homem que ela conhece e com quem vive um breve romance, Milani, bebia e acabou quebrando todos os presentes que Rogério havia dado à protagonista, o que acabou causando a separação do casal. Depois disso, Rubi se torna sua amiga e lhe apresenta seu Armando, que dá a Leontina um emprego de dançarina de aluguel.

Em pouco tempo a personagem passa a se prostituir. Apesar de destacar os momentos bons dessa época, deixa claro que seu sonho na época era arrumar alguém que a tirasse daquela vida. O velho que lhe compra um vestido, inclusive, é visto primeiramente como aquele que pode vir a ser o "salvador" que vai lhe levar embora.

Ela sai com o senhor, mas não o satisfaz, desafiando a lógica de que a mulher deve agradar e se submeter totalmente ao outro sexo. Vendo-se incapaz de dominá-la, o velho acaba a agredindo verbalmente e ao ser revidado – o que deve ter sido encarado como uma insubordinação – parte para a agressão física. Leontina só permanece viva por ter encontrado a barra de ferro que usa para se defender. Depois disso, ela acaba sendo punida com a prisão.

Sua confissão mostra, mais que a confirmação da autoria do crime, que ela tomou consciência de seu estado de submissão durante toda sua vida.

O ESPARTILHO

Também parte de *A estrutura da bolha de sabão*, o conto "O espartilho" traz um universo majoritariamente feminino: Ana Luísa, sua avó e Margarida – agregada e afilhada da avó. A história se passa na década de 1940 e é narrada por Ana Luísa, que conta sua história já adulta. Desde o início é perceptível a existência da consciência de um sistema que privilegia os homens, representado pela figura da avó.

"Tudo era harmonioso, sólido, verdadeiro. No princípio. As mulheres, principalmente as mortas do álbum, eram maravilhosas. Os homens, mais maravilhosos ainda"[19], começa a neta. Ainda no início do conto, percebe-se que a visão de família de Ana Luísa lhe foi transmitida pela avó, que lhe passa um discurso arraigado na sociedade patriarcal.

O álbum de família, símbolo de toda a tradição, é apresentado pela avó. As mulheres ali presentes, como tia Bárbara, tia Consuelo e tia Ofélia, são quase escondidas, fala-se delas brevemente, são assunto para quando Ana Luísa crescer. Os homens não: são justos, poderosos e a avó tem orgulho de falar deles. A história da família, entretanto, é uma farsa revelada por Margarida em um acesso de fúria.

> É mentira, é mentira!, gritei, tapando os ouvidos. Mas Margarida seguia em frente: tio Maximiliano se casou com a inglesa de cachos só por causa do dinheiro, não passava de um pilantra, a loirinha feiosa era riquíssima. Tia Consuelo? Ora, tia Consuelo chorava porque sentia falta de homem, ela queria homem e não Deus, ou o convento ou o sanatório. O dote era tão bom que o convento abriu-lhe as portas com loucura e tudo.
>
> "E tem mais coisas ainda, minha queridinha", anunciou Margarida fazendo um agrado no meu queixo. Reagi com violência: uma agregada, uma criada e ainda por cima, mestiça. Como ousava desmoralizar meus heróis? Não, não podia haver nenhuma sujeira de ambição e sexo nos corações espartilhados dos mortos do álbum. Eles usavam espartilho, até tia Consuelo com sua cintura de vespa e peitinhos estrábicos, cada qual apontando para um lado. Assim como os meus olhos.
>
> Fiquei em pânico. E que história era essa de dizer que minha mãe era judia? [...] No livro de histórias que li escondido debaixo do colchão tinha o caso da mulher que amou um padre e virou mula-sem-cabeça. A metamorfose era inevitável. No caso de tia Bárbara teria acontecido um milagre? — foi o que em primeiro lugar me ocorreu quando Margarida contou no seu acesso de fúria que a bela senhora não foi comprar rendas e sim se encontrar com um padre jovem com o qual teve seis filhos. Se tivesse sete. o sétimo seria lobisomem. Estremeci. A severa dama do retrato era agora um cavalão descabeçado, tombando aos pinotes no abismo. «Ela sofria dos nervos», tinha dito minha avó antes de passar depressa para outro assunto. Sobre minha mãe as referências também eram rápidas. Superficiais. Sob qualquer pretexto evocava-se a figura do meu pai com sua inteligência, seu humor. Eu não sabia o que era humor, mas se isso fazia parte do meu pai, devia ser uma qualidade.[20]

---

19   TELLES, Lygia Fagundes. O espartilho. In: TELLES, Lygia Fagundes. *A estrutura da bolha de sabão e outras histórias*. São Paulo: Círculo do Livro, 1991, p. 18.

20   TELLES, Lygia Fagundes. O espartilho. In: TELLES, Lygia Fagundes. *A estrutura da bolha de sabão e outras histórias*. São Paulo: Círculo do Livro, 1991, p. 19-22.

A partir desse momento, como destaca Santos[21], ocorre uma ruptura entre Ana Luísa e a avó; entre a mulher e a continuidade de reprodução de um sistema patriarcal que a oprime. A narradora passa a refletir sobre os valores que lhe foram transmitidos por sua avó e sobre vários acontecimentos que lhe rodeavam.

É destacada, por exemplo, a curiosidade de Margarida em relação às palavras. Isso chegou a enervar a madrinha que lhe repreendeu, dizendo que quanto mais soubesse, mais infeliz a afilhada seria – mostrando, mais uma vez, que a sociedade deixava os estudos e a sabedoria reservada aos homens: "Todo homem tem medo de mulher inteligente, filha. Só os que não pensam em casamento ficam amigos da gente", advertia a mãe de Lygia Fagundes Telles.[22] Porém, Margarida não para de consultar as palavras que não conhece, apenas passa a disfarçar para a madrinha.

É importante destacar o fato de que todas as mulheres da família – as tias Bárbara, Ofélia e Consuelo e a própria mãe de Ana Luísa, Sarah – ousaram desafiar as convenções sociais e, por isso, acabaram sendo praticamente apagadas da família. E é quando Margarida tenta romper a ordem – fugir de casa com o namorado, um homem branco e rico – e é impedida, que a verdade vem à tona.

Tudo o que acontece faz com que as relações entre as três mulheres mudem completamente. Enquanto anteriormente elas viviam em relativa harmonia (relativa pois mesmo em momentos de paz é possível notar um discurso preconceituoso na avó em relação a negros e judeus, um retrato das ideias nazistas presentes na época em que a história é situada e que atinge a origem tanto de Margarida quanto de Ana Luísa), o clima passa a ficar tenso. Ana Luísa passa a enxergar que é possível ter um comportamento desviante da moral estabelecida e muda seu comportamento com a avó enquanto pensa em uma forma de fugir daquele domínio.

> E se casasse? Seria uma forma de me libertar, mas no lugar da avó, ficaria o marido. Teria então que me livrar dele. A não ser que o amasse. Mas era muito raro os dois combinarem em tudo, advertira minha avó. Nesse em tudo estava o sexo.

---

21 SANTOS, Joísa Maria de Lima. *A representação da mulher em contos de Lygia Fagundes Telles*. 39 f. Monografia (Graduação) – Curso de Licenciatura em Letras Português e Respectivas Literaturas; Universidade de Brasília, Brasília, 2012. Disponível em: http://bdm.unb.br/bitstream/10483/7131/1/2012_JoisaMariaDeLima Santos.pdf. Acesso em 01 jul. 2018.

22 TELLES, Lygia Fagundes. *Durante aquele estranho chá: memória e ficção*. São Paulo: Companhia das Letras, 2010, p.43.

"Raríssimas mulheres sentem prazer, filha. O homem, sim. Então a mulher precisa fingir um pouco, o que não tem essa importância que parece. Temos que cumprir nossas tarefas. O resto é supérfluo. Se houver prazer, melhor, mas e se não houver? Ora. Ninguém vai morrer por isso". Ninguém? Pensei nas mulheres do álbum. Tirariam as joias. Os vestidos. Hora de tirar o espartilho, tão duras as barbatanas. Os cordões fortemente entrelaçados. Se deitariam obedientes, tremendo sob os lençóis. "Ninguém vai morrer por isso". Mas há muito elas estavam mortas.[23]

Pela voz da avó, é possível perceber, como destaca Martins[24], o discurso de que a mulher deve se submeter completamente ao homem abrindo mão, inclusive, do próprio prazer. Além disso, de acordo com a visão patriarcal, transmitida pela avó, essa subordinação é algo natural, que as mulheres devem aceitar ainda que sofram. Mais que a morte literal, as mulheres do álbum tinham sofrido ainda uma outra morte em vida, uma vez que foram silenciadas e subjugadas durante toda a vida.

Ao conhecer o namorado, Rodrigo, Ana Luísa descobre que não necessariamente precisa se submeter ao homem. "Ele notou a mudança, creio mesmo que esperou por essa mudança, meu gozo não era mais submissão. Agora me entregava com tanto amor que precisava me conter para não cair em pranto".[25] É com o namorado que ela começa a ser ouvida, traça planos para a vida, desabafa sobre a vida e a avó e passa a beber e gostar de vinho – bebida apontada por Woolf[26] como sendo de homem, enquanto a mulher bebe água. Dessa maneira, começa a se libertar.

Ainda que a avó tenha interferido e acabado com o breve namoro, foi a descoberta do amor e a chance de se descobrir que trouxeram uma mudança que, de acordo com a narradora, a revolucionou. Após o fim do relacionamento, as mudanças iniciadas na época das revelações feitas por

---

23   TELLES, Lygia Fagundes. O espartilho. In: TELLES, Lygia Fagundes. *A estrutura da bolha de sabão e outras histórias*. São Paulo: Círculo do Livro, 1991, p.33.

24   MARTINS, Maria Sárvia da Silva. *Mulher e sociedade: de corpo dominado a corpo dominante em contos de Lygia Fagundes Telles*. 108 f. Dissertação (Mestrado) – Curso de Mestrado em Letras da Universidade Federal do Ceará, Fortaleza, 2015. Disponível em: http://repositorio.ufc.br/bitstream/riufc/13200/1/2015_dis_mssmartins.pdf. Acesso em 01 jul. 2018.

25   TELLES, Lygia Fagundes. O espartilho. In: TELLES, Lygia Fagundes. *A estrutura da bolha de sabão e outras histórias*. São Paulo: Círculo do Livro, 1991, p. 36.

26   WOOLF, Virginia. *Um teto todo seu*. Tradução: Bia Nunes de Sousa. São Paulo: Tordesilhas, 2014.

Margarida se intensificaram e essa nova fase de Ana Luísa é perceptível nos últimos momentos do conto, quando ela não briga com a avó, mas mostra que está ciente de tudo.

> Mas quem estava precisando de ajuda era ela. Estranhei ouvir sua voz que de repente parecia vir de longe, lá da sala. De dentro do álbum de retratos. E o álbum estava na prateleira. Apertei as palmas das mãos contra os olhos. Eu sei, avó. Eu sei.
>
> Endireitou o corpo, enérgica. Estaria sendo irônica, eu?!... Puxou a manta até os joelhos. Cruzou os braços. "Haja o que houver, sempre você terá o meu apoio. Mesmo nos dias tumultuados desse seu caso, mesmo sabendo de tudo, me calei. Podia interferir, não podia? Meu coração ficava aos pulos quando te imaginava montada naquela máquina dirigida por um louco, sabemos que ele era louco. A minha neta querida, imagine, vivendo com um irresponsável, solta por aí afora, descabelada. sem o menor pudor..."
>
> É que também sou Ferensen, atalhei-a. O lado ruim.
>
> Exaltou-se. As mãos se desentrelaçaram. Apanhou uma almofada. comprimiu-a entre os dedos e amassou-a como se avaliasse o que tinha dentro. Deixou-a de lado. Zombava dela a pequena Ana Luísa? Quer dizer que até o meu antigo complexo?!... Esse da raça. Baixou a cabeça, Confundida. Voltou a me encarar. Bizarro... Entrelaçou as mãos entre os seios e ficou balançando o corpo de um lado para o outro.
>
> A senhora está se sentindo mal, avó? Aconteceu alguma coisa?
>
> "Aquela dor, filha", disse debilmente, alisando o peito.
>
> Desabotoei-lhe a gola do vestido. Já que eu mudara, também ela mudaria de tática: estava na hora de me dobrar com a chantagem da morte. Senti de perto seu perfume de violetas.
>
> Quer que tire seu espartilho?, perguntei quando meus dedos tocaram na rigidez das barbatanas.
>
> "Não, filha. Eu me sentiria pior sem ele. Já estou bem, vá querida. Vá dormir".
>
> Antes de sair, abri a janela. A Via-Láctea palpitava de estrelas. Respirei o hálito da noite: logo iríamos amanhecer.[27]

Após seu despertar, ela percebe que quem precisa de ajuda é a avó, tão vítima do sistema patriarcal quanto ela, mas que o reproduz sem se dar conta. Auxiliando a avó a se deitar, Ana Luísa oferece para retirar seu espartilho: uma representação da mulher mais nova tentando auxiliar a mais velha a sair da estrutura que aprisiona. Diante da recusa da avó, Ana Luísa sai do quarto de forma que dá a entender que irá dar um novo rumo à sua vida já que percebe que logo iria amanhecer, ou seja, uma nova realidade iria surgir.

---

27 TELLES, Lygia Fagundes. O espartilho. In: TELLES, Lygia Fagundes. *A estrutura da bolha de sabão e outras histórias.* São Paulo: Círculo do Livro, 1991, p. 41-42.

CONSIDERAÇÕES FINAIS

Como apontado inicialmente, uma vez que a literatura tem o papel de refletir e fazer pensar a realidade, a literatura feita por mulheres reflete, diversas vezes, os problemas encontrados por elas enquanto parte da sociedade. Os dois contos de Lygia Fagundes Telles são, portanto, bons exemplos de como a ficção feminina pode denunciar a realidade das mulheres e o que elas enfrentam ou já tiveram que enfrentar em relação à sociedade patriarcal.

É importante pensar que embora ambos os contos apresentem ao leitor a condição da mulher, isso é feito de maneira diferente. Cada personagem tem uma maneira própria de enxergar o seu papel na sociedade. Enquanto a avó de Ana Luísa interiorizou de tal maneira as normas a que foi submetida durante toda a vida que se recusa a tirar o espartilho até para dormir e prefere apagar da história da família aquelas que não se encaixam, Margarida desafia as normas primeiro por se recusar a parar de aprender lendo o significado das palavras no dicionário mesmo com a proibição da madrinha, por se envolver com um homem branco e rico e, por último, por fugir com o segundo namorado.

Já Leontina interioriza o discurso patriarcal e machista também, assim como a avó de Ana Luísa em "O espartilho". Entretanto, apesar de passar a vida normalizando sua subalternidade em relação aos homens, enxerga após ser presa que foi prejudicada por vários homens durante toda a vida, o que mostra ao menos um princípio de um despertar. Por fim, Ana Luísa é a personagem que não só entende que seu papel pode ser muito maior que aquele à qual a sociedade a destinou como dá a entender que vai buscar seu lugar no mundo, longe daquilo que a avó espera.

A partir dessas histórias, os leitores – e de modo especial as leitoras – podem passar a enxergar o mundo de outras maneiras. Identificando na ficção os paralelos com a realidade, podem passar a enxergar abusos e formas de opressão presentes no dia-a-dia das mulheres e, quem sabe, como aponta Candido, modificar o mundo e a ordem social.

LYA LUFT E A SAÍDA PELA TANGENTE: TRAÇOS BACHELARIANOS NOS CONTOS "A VELHA" E "UMA EM DUAS"

Anamaria Alves Dias dos Santos[1]

Lya Luft mostra, em seus escritos, o retrato da mulher desde a infância até a idade adulta neste mundo essencialmente masculino. Ela não apenas critica a sociedade, mas. ao exibir a natureza feminina, mostra as nuances da alma de suas personagens. Este artigo tem como objetivo, a partir dos textos de Luft, esboçar uma visão sobre a literatura enquanto fator de influência na sociedade e abordar a maneira como a invisibilização da mulher do meio literário refletiu em seu cosmos social e individual no mundo. Assim, entre a constituição de tais aspectos analisados, identifica-se, nos escritos de Luft, entrelinhas de uma saída pela tangente, que pode ser relacionada ao pensamento do filósofo francês Gaston Bachelard, também conhecido como filósofo do devaneio.

O rio do meio e *O silêncio dos amantes*, ambos da autoria de Luft, apresentam temas diferenciados e trazem personagens femininas diversas. Lya Luft aborda o mundo feminino e o eu feminino no mundo, que parece ter sido pensado para homens. O presente artigo visa analisar os contos "A velha" e "Uma em duas" do segundo livro supracitado, fazendo alusão a alguns contos do primeiro como "Eu falo de infância e madureza" e "Eu falo de mulheres e destinos". Para tanto, abordaremos a priori a influência literária na negação da identidade feminina e o invisibilizar da mulher na Literatura, e a posteriori o feminino em Luft e a saída pela tangente bachelariana nas narrativas da autora.

---

1   Graduada em Letras Português/Inglês pela Universidade do Estado de Minas Gerais. Como pesquisadora, integra o NEIA, Núcleo de Estudos Interdisciplinares da Alteridade, da Faculdade de Letras da UFMG. E-mail: anamariaalvesdiasdossantos@gmail.com

PRISÃO: A INVISIBILIZAÇÃO DA MULHER NA LITERATURA

Desde os primórdios até os dias de hoje, a linguagem literária é feita por pessoas, para pessoas e comunica visões e opiniões através da arte. Segundo explicado em aula ministrada no curso de Literatura Greco-latina na Universidade do estado de Minas Gerais, pela Profa. Tereza Pereira do Carmo, na antiga Roma o livro *Eneida*, por exemplo, servia para alfabetização e também para doutrinação do estudante assim como os escritos da *Odisseia* na Grécia. A literatura não apenas informava, mas era didática e doutrinária. Nos dias de hoje, entre escritores engajados e não engajados, as discussões sobre o papel social da literatura não cessam.

Terry Eagleton, no livro *Teoria da Literatura, uma introdução*, escreveu a respeito da influência dos textos literários sobre a sociedade. Ele afirmou que a literatura teria substituído a religião no quesito dominação de massas a partir da era Vitoriana. O fato ocorrera gradativamente sob o olhar atento da classe dominante. O teórico afirma:

> Como a literatura, tal como a conhecemos, trata de valores humanos universais e não de trivialidades históricas como as guerras civis, a opressão das mulheres ou a exploração das classes camponesas inglesas, poderia servir para colocar numa perspectiva cósmica as pequenas exigências dos trabalhadores por condições decentes de vida ou por maior controle de suas próprias vidas, com alguma sorte poderia até mesmo levá-los a esquecer tais questões numa contemplação elevada das belezas e das verdades eternas.[2]

Assim, o caráter didático da literatura continuou a existir, mas com uma intenção diferente, a de dominar massas e evitar revoltas populares. Os livros passaram então a distrair as pessoas de suas vidas miseráveis além de, em suas entrelinhas, dizer como elas deveriam viver sua realidade sem incomodar os poderosos. "Se não forem lançados alguns romances às massas, elas poderão reagir lançando pedras".[3]

O papel da mulher na sociedade sempre foi ditado por vozes masculinas. Desde um "Deus-pai" todo poderoso e da mulher enquanto pecadora e geradora de todos os sofrimentos da humanidade, como é possível observar nas sagradas escrituras cristãs. Os espaços além da cozinha nos foram

---

2   EAGLETON, Terry. *Teoria da literatura*: uma introdução. 6 ed. São Paulo: Martins Fontes, 2006, p. 37.

3   EAGLETON, Terry. *Teoria da literatura*: uma introdução. 6 ed. São Paulo: Martins Fontes, 2006, p. 37.

negados. Se porventura conseguimos chegar a eles, nos invisibilizam posteriormente ou nos castigam. Joana D'Arc foi um exemplo de grande mulher, e foi queimada.[4]. Emma Bovary[5] quis ter a liberdade sexual sempre permitida aos homens e morreu em meio a sofrimentos. Embora a segunda seja uma personagem, entendemos que a literatura foi usada como meio influenciador para a população e isso inclui as mulheres que por acaso soubessem ler. Quando a vitória da permissão à leitura chegou enfim à mulher, veio cheia de proibições e preconceitos. Esses incluíam o que ler, como se comportar e o que fazer para ser o anjo do lar e não a potência do mal. Segundo Maria Inês Marreco:

> No século XIX as mulheres da burguesia passam a integrar o público leitor, seu papel é redefinido, e são vistas como colaboradoras do homem, educadoras dos filhos e anjos do lar. A cultura burguesa, fundada no binarismo, se imporia à sociedade em ascensão, definindo a mulher ou como maternal e dedicada ou como potência do mal. Este discurso de naturalização do feminino posicionaria a mulher além ou aquém da cultura. Assim, ao homem caberia a criação e, à mulher, a reprodução da espécie e a nutrição.[6]

A voz masculina ditava o que a mulher seria e o que se tornaria em caso de desobediência às regras, estas, criadas para conforto masculino na sociedade. Quanto às autoras, o papel social da mulher que era mãe e dona-de-casa misturava-se ao da escritora, o que acabava podando sua escrita quando lhes era possível escrever. Se os livros chegassem ao público e fossem bem aceitos, o que já era difícil, havia o problema que o marido poderia criar. Segundo Marreco:

> No século XIX, um exemplo digno de ser citado é o da poeta Julia Ward Howe. Seu primeiro livro, Passion-Flowers, publicado anonimamente em 1853, obteve grande sucesso, e a autora então foi considerada a melhor poeta dentre as mulheres. Como parte dos poemas tratava de seu casamento infeliz, apesar do anonimato todos souberam que era dela, porque o cenário literário era restrito, causando verdadeiro escândalo. O marido de Howe a ameaçou de divórcio e de tomar a guarda dos filhos, o que a tolheu a ponto de nunca mais escrever poemas ou romances que tivessem qualquer conotação constrangedora ou denegrisse a imagem do marido.[7]

---

4   LUFT, Lya. O rio do meio. 18. ed. Rio de Janeiro: Record, 2009.

5   FLAUBERT, Gustave. Madame Bovary. São Paulo: Martin Claret, 2005.

6   MARRECO, Maria Inês. Investigando a história das mulheres. In Falas do outro: Literatura, gênero e etnicidade. Belo Horizonte: Nandyala; NEIA, 2010, p 236.

7   MARRECO, Maria Inês. Investigando a história das mulheres. In Falas do outro: Literatura, gênero e etnicidade. Belo Horizonte: Nandyala; NEIA, 2010, p 236.

Virgínia Woolf, em 1929, visitou bibliotecas em busca de escritos femininos e atribuiu o fato de não os encontrar à profunda misoginia da sociedade. Naquela época, a autora de *A room of one's own* já afirmava que eram necessárias à mulher renda e instrução, instrumentos geradores de independência.[8] O ato de "ser" não era possível à mulher. No Brasil de 1832, quase um século antes, Nísia Floresta teria sido precursora na defesa de uma educação para as mulheres que fosse além da cozinha[9]. Na palestra *African-American Literature and Christianity: Appropriations, Negotiations, Subversions,* em 2018, na UEMG/Ibirité, o Prof. José Paiva dos Santos afirmou que a escrita foi, para os cativos americanos, um processo de nascimento, e que eles vinham à existência através de seus escritos. Os escravos-escritores passavam então a existir enquanto sujeitos e donos da própria história. Durante séculos isso foi negado à mulher também e, quando não subtraído o direito à escrita e publicação, impedimentos mil viriam, a invisibilidade seria um dos mais fortes. De acordo com Constância Lima Duarte:

> Nas últimas décadas do século XIX, e mesmo nas primeiras do século XX, causava comoção uma mulher manifestar o desejo de fazer um curso superior. E a publicação de uma obra costumava ser vista com desconfiança, descaso, ou, na melhor das hipóteses, com condescendência. Afinal, era só uma mulher escrevendo.[10]

A contundente misoginia perdura ainda nos arquivos literários e isso pode ser notado quando observamos o texto de Duarte afirmando que Sílvio Romero no livro *História da Literatura Brasileira* trouxe apenas sete autoras, como se em toda a história da literatura no Brasil até o ano de 1882, apenas sete mulheres fossem escritoras. Ainda segundo Duarte, Sacramento Blake fez o mesmo e, analisando trezentos anos de literatura, citou cerca de cinquenta e seis autoras dentre milhares de autores no *Dicionário Bibliográfico*.

Não se sabe o que os homens temiam na escrita feminina, mas a mulher como sujeito temático produtor do discurso literário e sua voz são necessárias à sociedade contemporânea marcada pela insígnia do patriarcalismo e do falocentrismo. Duarte afirma, em seu artigo "Arquivos de mulheres anarquivadas: histórias de uma história mal contada", a respeito da busca

---

8   WOOLF, Virginia. *Um teto todo seu.* Rio de Janeiro: Nova Fronteira, 1985.

9   MARRECO, Maria Inês. Investigando a história das mulheres. In *Falas do outro:* Literatura, gênero e etnicidade. Belo Horizonte: Nandyala; NEIA, 2010, p 237.

10 DUARTE, Constância Lima. Arquivos de mulheres e mulheres anarquivadas: histórias de uma história mal contada. *Estudos de Literatura Brasileira Contemporânea,* nº 30. Brasília, julho-dezembro de 2007, p. 63.

arqueológica sobre escritos de autoria feminina, feita por seu grupo de pesquisa, que "pesquisas como estas realizam ainda o questionamento da cultura hegemônica, estabelecem uma nova tradição literária, revelam a mulher como sujeito do discurso literário".[11]

O grito da mulher na literatura também é história e pode reescrevê-la com outras perspectivas. A crítica masculina não apenas sufocou ou escondeu, mas eliminou muitas representações reais de mulheres do cenário literário. O resgate das poucas que se "atreveram" a escrever nos dá olhos e ouvidos diferentes para sentirmos a condição feminina e os contextos das épocas dos escritos. A contextualização de cada obra, cada voz e cada grito traz à tona retratos de tempos e vivências.

A SAÍDA PELA TANGENTE BACHELARIANA EM LYA LUFT

Gaston Bachelard (1884-1962) foi um filósofo francês que dedicou grande parte da sua obra à filosofia da descoberta científica, a qual procurou harmonizar com a filosofia da criação artística. Sua teoria fenomenológica se dá a partir do devaneio que cria e traz à existência os sentimentos poéticos, tanto no escritor quanto no leitor. Seu livro *Poética do Espaço12* faz do espaço-casa um instrumento de análise para a alma humana. O filósofo trata de imagens mentais provenientes de diversos lugares, dentre eles figuram casas, cabanas, porões e sótãos. A união entre literatura, filosofia e estudos da psiqué são marcas da teoria de Bachelard.

Lya Luft (1938) é uma escritora e tradutora brasileira. Seus livros falam de diversos aspectos da realidade humana. Dentre eles, figura o cosmos feminino em seus aspectos mais íntimos e diversos. Quando perguntada pelo motivo de falar tanto em mulheres, respondeu em um de seus livros: "Talvez por ser mais fácil para mim; o escritor é e não é seus personagens, reveste-se deles, encarna-os. Sabe tudo a seu respeito: o que sentem, pensam, temem ou desejam"[13].

---

11   DUARTE, Constância Lima. Arquivos de mulheres e mulheres anarquivadas: histórias de uma história mal contada. *Estudos de Literatura Brasileira Contemporânea*, nº 30. Brasília, julho-dezembro de 2007, p. 65.

12   BACHELARD, Gaston. *A poética do espaço*: Coleção Os pensadores. São Paulo: Abril Cultural, 1978.

13   LUFT, Lya. *O rio do meio*. 18. ed. Rio de Janeiro: Record, 2009, p. 27

Luft é uma das revolucionárias, historicamente falando, por tocar no assunto da alma da mulher e encarnar a dor ou a alegria de suas personagens, afinal essa escrita foi por muito tempo negada às mulheres, e, se permitida, invisibilizada. A autora relata essa invisibilização em algumas de suas personagens femininas, mas em contos luftianos como "Uma em Duas", por exemplo, ocorre um fato curioso. A mulher surge mais forte a partir dessa invisibilização, transforma-se do "nada", como é vista pela família, no "tudo" que ela descobre ser. A mulher em Luft transcende. Acerca disso, afirma Heidegger:

> Suspendendo-se dentro do nada o ser sempre está além do ente em sua totalidade. Este estar além do ente designamos a transcendência. Se o ser, nas raízes de sua essência, não exercesse o ato de transcender, e isto expressamos agora dizendo: se o ser não estivesse suspenso previamente dentro do nada, ele jamais poderia entrar em relação com o ente, e portanto, também não consigo mesmo. Sem a originária revelação do nada não há ser-si-mesmo.[14]

Luft parece ter criado seu estilo de escrita artística a partir dessa invisibilização e da falta de liberdade dada às mulheres. Leitoras e principalmente escritoras eram, quando muito boas, recebidas com "indulgência".[15] Porém, seus escritos são transformadores porque misturam realidade e imaginação, ponto em que Bachelard e Luft se aproximam. Luft afirma a esse respeito que "a arte é uma prática de liberdade"[16]; sobre isso, Bachelard diria, entre outras coisas, que o coração é onde tudo se origina e ali mesmo o sentido das coisas se forma.[17] Dessa forma, os escritos de Bachelard e Luft se encontram. Para ambos, palavras são quase literalmente casinhas que abrigam sentidos, soluções, saídas, corações e almas.

Como dito anteriormente, a escrita de Luft transcende e pode também ser considerada bachelariana em suas alegorias filosóficas de porão, sótão e casa-alma. Ao falar de lembranças, por exemplo, retrata a casa da infância da personagem em "A Velha", assim:

---

14 HEIDEGGER, Martin. *Que é metafísica?* Tradução por Ernildo Stein. São Paulo: Abril Cultural, 1973, p. 41.

15 DUARTE, Constância Lima – Arquivos de mulheres e mulheres anarquivadas: histórias de uma história mal contada. *Estudos de Literatura Brasileira Contemporânea*, nº 30. Brasília, julho-dezembro de 2007, p. 63

16 LUFT, Lya. Duplo olhar sobre o mundo. *Revista palavras.* N. 2. 1999, p. 15.

17 BACHELARD, Gaston. *A poética do espaço*: Coleção Os pensadores. São Paulo: Abril Cultural, 1978, p. 186.

> Eu e meus primos costumávamos ir ao quarto dela, no porão, e pedir que contasse histórias [...] o mais fascinante era a porta na parede dos fundos: uma misteriosa porta, uma portinha, tão pequena que por ela só passaria uma criança ou um anão. A gente olhava disfarçadamente, esperando adivinhar o que ali se ocultava, ou esperando que alguém, um monstrinho, um sapo, uma bruxa de verdade, de lá saísse para satisfazer nossa curiosidade. Mas a porta nunca se abriu, jamais descobrimos a chave para o território das nossas mais loucas fantasias: o que a Velha esconderia ali, que nem meus pais sabiam?[18]

A Velha do conto chamava-se Velha desde sempre. Era em si um ser misterioso, com um quê de bruxa. Ela vivia no porão, elemento recorrente e quase sempre fascinante nos contos de Luft. Bachelard[19] enfatiza a casa enquanto "cosmos e universo primário de cada um de nós" e o porão da casa como a parte mais obscura e irracional da habitação. A autora de "A Velha" apresenta no conto uma mulher adulta que fala da imaginação de uma criança e da casa que esta teria habitado na infância. Acerca disso, nos diz Bachelard em *A Poética do espaço*:

> Quando se sonha com a casa natal, na profundidade extrema do devaneio, participa-se desse calor primeiro, dessa matéria bem temperada do paraíso material. É nesse ambiente que vivem os seres protetores [...] Nossos devaneios nos levam até aí. E o poeta bem sabe que a casa mantém a infância imóvel "em seus braços".[20]

A Velha seria mesmo um ser protetor, pois o conto relata nas memórias da mulher adulta uma velhinha que seria mágica, feito uma bruxa. Quando a criança adoecia e o médico não resolvia, a mãe levava a menina ao quarto do andar de baixo às escondidas. A Velha benzedeira curou a infante de muitos males, ainda que sem o consentimento de seu pai, que não gostava dessas coisas. A mãe teimava e levava, furtivamente, a menina ao porão para a Velha benzer e a magia ocorria, sempre bem-sucedida. Essa recordação, seja real ou fruto do devaneio poético bachelariano presente em Luft, resultou em arte das Letras. O calor e conforto da infância da menina são enriquecidos por essa presença mística e protetora da Velha:

---

18   LUFT, Lya. *O silêncio dos amantes*. 2 ed. Rio de Janeiro: Record, 2011, p. 82.

19   BACHELARD, Gaston. *A poética do espaço*: Coleção Os Pensadores. São Paulo: Abril Cultural, 1978, p. 200.

20   BACHELARD, Gaston. *A poética do espaço*: Coleção Os Pensadores. São Paulo: Abril Cultural, 1978, p. 202.

A Velha era, além disso, benzedeira. Mais de uma vez, quando eu ficava doente, com febre alta, minha mãe me levava ao quarto no andar de baixo, [...] logo vinha a Velha com uma trouxinha, abria o pano em cima da mesa, botava água num copo, jogava dentro uns carvões, murmurando sem cessar coisas incompreensíveis com sua boca desdentada. Depois tirava do pé sadio o seu único chinelo, e passava sobre meu corpo ou minha cabeça ainda fazendo suas rezas. No final, cada vez me pregando um susto, me dava um tapinha no alto da cabeça como quem termina de espantar um mal.[21]

A Velha seria a bruxa boa, o que pode nos remeter a um tempo não muito distante em que mulheres acusadas de bruxaria eram queimadas vivas. Luft rompe com esse pensamento e nos dá uma feiticeira livre, que ficou naquela casa porque e enquanto quis. Essa nova bruxa vivia no obscuro porão e podia ter segredos, que por centenas de anos foram negados às mulheres. Na leitura do conto, também é possível perceber que o personagem do médico respeitava a Velha. Quando descobre que a menina tem um cobreiro, ele diz que não há remédio que dê jeito e pede à mãe da criança que mande "aquela bruxa" benzer.

Entre rompimentos com o patriarcalismo e saídas bachelarianas, como a evasão que a personagem adulta faz à infância onde relembra a figura da Velha, temos uma bruxa diferente que vem do devaneio da mulher ao pensar na casa de sua infância. Bachelard diria a esse respeito que a lembrança no devaneio é confortável e reconstrói casas e situações.

A bruxa de Luft não apenas foi vista, notada e respeitada, mas para sempre seria lembrada pela menina-mulher. A morte trágica das bruxas também foi um traço tanto na história quanto na literatura, como citado no capítulo anterior. Porém, a isso Luft disse não, e a Velha jamais deixou aquela menina, simplesmente não houve óbito: "A Velha nunca morreu". Embora a casa física já não existisse, a Velha continuaria viva para sempre na casa da infância daquela personagem feminina. Nem a morte alcançou essa bruxa, como era norma nos livros em que a mulher transgredia as regras patriarcais de alguma maneira. Teria ido a poderosa Velha do porão ao sótão e alçado voo? O conto não especifica o seu fim, diz apenas que ela sumiu, mas sua presença continua para sempre.

Ao considerar a literatura enquanto fator de influência social, temos uma autora revolucionária, pois, além da quebra de paradigmas, Luft marca a ruptura do discurso masculino sobre as bruxas. Acerca da ingerência de um livro sobre o leitor, Bachelard, em *A poética do espaço* afirma que:

---

21   LUFT, Lya. *O silêncio dos amantes*. 2.ed. Rio de Janeiro: Record, 2011, p. 83.

> O leitor que "leu um quarto" suspende sua leitura e começa a pensar em qualquer antiga morada. Você quereria dizer tudo sobre o seu próprio quarto [...] Os valores de intimidade são tão absorventes que o leitor não lê mais seu quarto, revê o quarto dele.[22]

A leitora de Luft teria então, segundo Bachelard, através da leitura a chance de pensar em si mesma e se ver enquanto mulher no mundo. Ao ler uma mulher que quebra o que sempre foi escrito por homens e aceito sobre o feminino, a espectadora das cenas de "A Velha", por exemplo, através das letras, pode mudar seu pensamento sobre ter poderes e segredos. Lendo sobre uma bruxa boa, poderosa e que nunca morre, a leitora tem a possibilidade de se ver como essa bruxa, ou como a menina que, em lugar de não aceitar a Velha, a amou e respeitou. A personagem fez o que era impossível às mulheres por tantos anos, pois nos negaram o poder para tanto: ela transcendeu e viveu para sempre.

Já o conto "Uma em duas" nos traz a personagem Stessa, que vaga por sua existência de mulher-nada. Determinado dia, em um mergulho dentro de si mesma, percebe-se duas mulheres completamente diferentes. Pode-se afirmar que o conto faz referência a Heidegger[23], quando o autor fala de um modo de estar no mundo que seria como empurrar uma cortina e ver o além, onde o nada cria o ser-si-mesmo.

Luft descortina a psiqué feminina e suas faces, que se mostram desde o trauma vindo da infância de Stessa, e habitam sua casa-alma. Ela se diz pouco boa, muito mentirosa, pouco inteligente, atrapalhada e medrosa desde a infância, tanto que até mesmo seu pai, figura que deveria protegê-la, dizia ofensas à pequena Stessa: "Eu sempre fui meio sonsa. Lerda, dizia meu pai, mas que menina lerda, anda menina!"[24]

A invisível mulher, jamais notada pelo marido e pela filha foi desde a infância a figura apagada pela imagem da irmã que morreu antes dela nascer. A identidade própria foi negada à protagonista desde seu nascimento, já que era vista pela mãe como uma espécie de encarnação da irmã:

---

22   BACHELARD, Gaston. *A poética do espaço*: Coleção Os pensadores. São Paulo: Abril Cultural, 1978, p. 206.

23   HEIDEGGER, Martin. *Que é metafísica?* Tradução por Ernildo Stein. São Paulo: Abril Cultural, 1973, p. 41.

24   LUFT, Lya. *O silêncio dos amantes*. 2.ed. Rio de Janeiro: Record, 2011, p. 75.

Todo mundo pergunta se não é engano. Meus professores levantavam os olhos da lista de presença no primeiro dia de aula, e eu tinha que confirmar, é Stessa mesmo, professora. [...] Há quem pergunte se o escrivão errou na hora de registrar, era Stella e saiu Stessa. Não. Acontece que eu nasci logo depois da morte de minha primeira irmã, que morreu ainda bebê, e a mãe quando me tomou nos braços pela primeira vez, exclamou: É a mesma! Minha avó, velha imigrante italiana, repetiu isso em seu idioma: *ma è la stessa!* E ficou sendo o meu nome.[25]

Quando essa personagem, no conto, retoma a infância – como que explicando o motivo de não se sentir bem sendo ela mesma na idade adulta –, encontramos um traço bachelariano que nos diz que "[...] para além das lembranças, a casa natal está fisicamente inscrita em nós. Ela é um grupo de hábitos orgânicos".[26] O mesmo traço está presente quando a mulher do conto fala de si mesma como alguém apagada, que anda "[...] assim, sempre culpada, sempre em dúvida e me sentindo em dívida".

Stessa era sozinha apesar de estar casada e ter uma filha. Essa personagem constitui-se na solidão de se saber um nada, ignorada primeiramente pelo pai e depois pelo esposo e pela filha. E isso fica ainda mais latente quando ela descobre que "a outra" é a divertida e livre:

A outra não se importa, assume sua diferença, faz tudo que quer. Senta-se de pernas abertas, senta no braço da poltrona, tira o fiapo de carne dos dentes com a unha – mil coisas que só consigo fazer em pensamento, pois eu respeito as regras.[27]

Entretanto, a solidão da personagem gerou sua outra. Essa "outra" veio do devaneio de Stessa, pois a solidão do ser é capaz de construir algo, de fazê-lo sonhar. A mulher de "Uma em duas", em seu devaneio solitário, divide o eu feminino em dois. O primeiro é a esposa modelo do patriarcalismo que lava, passa, é invisível, cuida da filha e dos passarinhos do marido sem poder ao menos possuir um cão, pois o homem não permitiria.

No conto de Luft, assim como em Bachelard, o ser constitui-se na solidão. Seu verdadeiro sentido habita os diálogos internos onde "a Outra" conversa com "a Mesma", significado do nome Stessa em Italiano. Um problema formulado por Luft em seus contos, incluindo "Uma em duas",

---

25 LUFT, Lya. *O silêncio dos amantes*. 2.ed. Rio de Janeiro: Record, 2011, p. 74.

26 BACHELARD, Gaston. *A poética do espaço*: Col. Os pensadores. São Paulo: Abril Cultural, 1978, p. 206.

27 LUFT, Lya. *O silêncio dos amantes*. 2.ed. Rio de Janeiro: Record, 2011, p. 76.

é o fato de a solidão ser tantas vezes não apenas maneira de pensar em si mesmo, como seria em Bachelard, mas a única maneira de existir de verdade, por inteiro. O devaneio feminino, no entanto, em lugar de nos levar à fama como levou Bachelard, nos leva aos hospícios:

> Leio sobre mulheres e loucura. Por que são em maior número em consultórios ou clínicas de psiquiatras? Antigamente já se registravam muito mais mulheres nos chamados 'hospícios". Seria por enlouquecerem mais que os homens? Por que suas mudanças de humor (menopausa, menstruação, gravidez, solidão, por exemplo) eram consideradas sintomas de insanidade?[28]

A autora nos mostra em outro conto, o "Presente de Natal", uma idosa em um asilo, cuja família acreditava estar louca, e a neta ouve os seguintes dizeres dos pais: "Que coisa mais triste, mais desumana, ela não está nem viva nem morta, tem um aspecto horrível. Foi uma mulher tão linda, agora está louca desse jeito"[29].

Apesar da crença da família na insanidade da mulher, o conto mostra que ela estava idosa e a repugnância que a família teria em cuidar dela, pois ficavam reticentes até mesmo em ir visitá-la. Cada visita era motivo de tristeza, o diálogo citado acima, por exemplo, originou-se de uma das visitas à "louca". "Olhamos a rua onde a vida prossegue ignorando toda a tristeza, a loucura e o absurdo".

A descoberta de que essa loucura talvez não existisse, e o que incomodava de verdade eram outros aspectos, veio pela fala da neta, que ao final do conto afirma:

> Foi a última visita à minha avó. E nunca esqueci. Mas o que realmente me inquietou foi um ou dois olhares dela, diretos para mim, com um olhar de malícia, como a me dizer que os doidos eram eles. Que ela estava só fingindo. E que aquele segredo era seu último presente de Natal para mim.[30]

Pode-se retomar Stessa e seu devaneio, sobre o qual ela também teve medo de falar, pois "nunca houve ocasião, nem tive coragem, […], todos iam me chamar de louca".[31] A mulher que se repartiu em duas também

---

28 LUFT, Lya. *O rio do meio*. 18 ed. Rio de Janeiro: Record, 2009, p. 39.

29 LUFT, Lya. *O silêncio dos amantes*. 2 ed. Rio de Janeiro: Record, 2011, p. 103.

30 LUFT, Lya. *O silêncio dos amantes*. 2 ed. Rio de Janeiro: Record, 2011, p. 105.

31 LUFT, Lya. *O silêncio dos amantes*. 2 ed. Rio de Janeiro: Record, 2011, p. 76.

pode ser identificada como o porão de Bachelard. O filósofo nos diz que: "O porão é em primeiro lugar o ser obscuro da casa, o ser que participa das potências subterrâneas. Sonhando com ele concordamos com a irracionalidade das profundezas."[32]

A "outra" de Stessa seria sua porção mais profunda, que emergiu de seu devaneio. A mulher que fugiu para dentro de si e finalmente passou a se conhecer, ao final do conto fica mais aliviada quando se descobre dona do poder de ser ela mesma e, quem sabe, ainda uma outra. Isso poderia nos remeter mais uma vez à filosofia bachelariana, que nos fala do sótão enquanto lugar de claridade de pensamento e mais próximo das nuvens em contraponto à ideia de porão, que seria o que há de mais escuro na psiqué humana. A alma de Stessa estaria, assim, mais próxima do sótão e não do porão. Eis, ao fim da história de uma que se divide em duas, alguém que, sem ter para onde ir, costurou-se para dentro. Fugiu para si mesma. E a tangente bachelariana a libertou com poder do autoconhecimento que veio de seu devaneio. A mulher adulta, já casada e mãe, voltaria a devanear ao se partir em duas e finalmente descobrir-se poderosa. Quando se enxergou por dentro, ela viu o que refletiria por fora se fosse livre. Seria a outra. E ela descobre que pode ser, se assim o desejar:

> Eu, acomodada, agora vejo que posso rir no escuro, dançar em cima do telhado, ficar bêbada de lua, abrir o coração e as pernas, não ter limites nem ser jamais domada. Aprendo a ignorar tudo que antes me oprimia e entediava. Descubro que a realidade não existe. [...] A cada dia estou mais do outro lado, aprendi o pulo do gato; A cada dia aumenta o meu poder de mudar – e a qualquer hora não volto.[33]

Luft quebra mais um paradigma ao "permitir" à mulher seu próprio querer. Também a mulher leitora que, ao ver o porão da alma feminina no conto, pode enxergar a escuridão de sua própria alma e, quem sabe, aprender a lidar com ela, assim como a personagem luftiana. A autora de "Uma em duas" afirma em *Eu falo de mulheres e destinos* que: "Há um duelo permanente entre as duas personalidades que habitam, talvez, todo mundo: uma, a convencional, que faz tudo "direito"; outra, a estranha, agachada num porão da alma ou num sótão penumbroso."[34]

---

32   BACHELARD, Gaston. *A poética do espaço*: Col. Os Pensadores. São Paulo: Abril Cultural, 1978, p. 209.

33   LUFT, Lya. *O silêncio dos amantes*. 2 ed. Rio de Janeiro: Record, 2011, p. 77.

34   LUFT, Lya. *O rio do meio*. 18 ed. Rio de Janeiro: Record, 2009, p. 30.

As palavras de Luft misturam-se à filosofia bachelariana. Entre Luft e Bachelard, temos os anos que os separam desde o nascimento do filósofo do devaneio, em 1884 e o da escritora da liberdade, em 1938. A diferença cultural da vida na França e no Brasil também poderia ser considerada um fator que distingue os autores. Mas eles falam de alma e humanidade, o que é universal tanto ao feminino quanto ao masculino. Luft nos mostra que, por mais que a voz masculina reverbere tentando nos negar, este universo também nos pertence.

CONSIDERAÇÕES TEMPORÁRIAS

Os contos de Luft são gritos de alma feminina. Graças à luta de tantas "bruxas" queimadas na fogueira ou que precisaram morrer de outras formas para que nós hoje estejamos mais perto da liberdade do que elas estiveram, seus escritos podem ser lidos por nós, mulheres. A escrita e a alma femininas foram invisibilizadas por séculos e nós lutamos desde sempre. Sabemos hoje que podemos transcender como "A Velha". Por meio de Luft, tomamos conhecimento de que não morreremos por sermos diferentes. Seus contos nos dizem que podemos querer e buscar, e ainda que haja mulheres reféns nos dias atuais, em último caso, nos costuramos para dentro em devaneio e saímos pela tangente bachelariana. A escrita luftiana nos mostra que somos e fazemos história também. Por muitas vezes silenciada, mas somos alma. Do porão ao sótão, transcendendo por Heidegger, Bachelard e tantos outros homens que filosofaram de e para outros homens, sem saberem que nos davam poder ao descrever nossas almas também. Luft surge e nos traz a alma feminina através de sua obra em contos e personagens diversos, mas não apenas isso, ela escreve liberdade. Saída em costurar-se para dentro e transcender da solidão do porão à claridade do sótão. Nosso grito reverbera nos escritos de Luft.

DOS BECOS DA CONTRA-MEMÓRIA À HISTÓRIA ESCREVIVIDA

André Magri Ribeiro de Melo[1]

Invento? Sim, invento, sem o menor pudor. Então, as histórias não são inventadas? Mesmo as reais, quando são contadas. Desafio alguém a relatar fielmente algo que aconteceu. Entre o acontecimento e a narração do fato, alguma coisa se perde e por isso se acrescenta. O real vivido fica comprometido. E, quando se escreve, o comprometimento (ou o não comprometimento) entre o vivido e o escrito aprofunda mais o fosso. Entretanto, afirmo que, ao registrar estas histórias, continuo no premeditado ato de traçar uma escrevivência.

Conceição Evaristo[2]

Memórias mal adormecidas, sonâmbulas, embriagadas com o líquido buliçoso da imaginação. Memórias a céu aberto, fora da caverna, iluminadas pela consciência histórico-cultural e pela experiência individual. Memórias que retomam espaços e tempos pouco afeitos à exatidão. Memórias costuradas em muitas vozes e corpos, cerzidas no espaçotempo entrelaçado. Memórias erguidas das ruínas do passado e reinauguradas sobre a insígnia

---

1 Doutorando na área de Literatura Brasileira pelo Programa de Pós-Graduação em Letras: Estudos Literários da Universidade Federal de Minas Gerais. Técnico em Assuntos Educacionais no Instituto Federal de Educação, Ciência e Tecnologia do Ceará (IFCE – *Campus* Canindé), onde coordena o Núcleo de Estudos Afro-brasileiros e Indígenas (NEABI). Membro-pesquisador do Núcleo de Estudos Interdisciplinares da Alteridade (NEIA), da Faculdade de Letras da UFMG, e do Grupo de Pesquisas do Letramento Literário (GPELL/Ceale), da Faculdade de Educação da UFMG. E-mail: andre.letraslp@gmail.com.

2 EVARISTO, Conceição. *Insubmissas lágrimas de mulheres*. Belo Horizonte: Nandyala, 2011.

da alteridade, das raízes ancestrais que se espraiam diasporicamente nos cotidianos afro-brasileiros, do testemunho negro contemporâneo narrado desde o presente triplamente concomitante: presente das coisas passadas, presente das coisas futuras, presente das coisas presentes.

A produção literária de Conceição Evaristo inscreve-se em um cenário histórico cindido por mutações sociopolíticas e culturais que têm reconfigurado o painel de representações dos negros na literatura brasileira contemporânea, reorientando modos de narrar e ler as incursões, apagamentos e emergências da memória afrodescendente na formação das letras nacionais. A partir de um projeto de escrita antirracista, a escritora mineira radicada no Rio de Janeiro esfuma as fronteiras entre estrutura e conteúdo nas suas obras e assume a dinamicidade das relações entre forma e força diante das atuais disputas estéticas e éticas no âmbito dos estudos literários. Recorrendo a excertos de histórias de vida negras, sua matéria-prima é o corpo-texto, a voz-texto, a experiência-texto que, interpelados pela confluência entre realidades inventadas e invenções do real, configuram o complexo trabalho de interrogar o presente auscultando os sons de outrora e perspectivando o porvir. Esse procedimento pós-autônomo, que expõe as fragilidades do literário unívoco e realça sua condição interdisciplinar, firma o traço do contemporâneo na ficção evaristana, literatura que não ocupa polos temporais radicalmente definidos, mas que se move entre o "ainda não" do futuro e o "não mais" do passado para receber "em pleno rosto o facho de trevas que provém do seu tempo", mergulhando a pena nesse desvão de obscuridades[3].

Escrito nos últimos anos da década de 1980, *Becos da memória* permaneceu quase 20 anos inédito, fato que precisa ser lembrado porque o mercado editorial brasileiro, embora tenha ampliado suas frentes de composição e atuação, ainda é um limbo para escritoras negras. Os efeitos do colonialismo das relações de poder-ser-saber reforçam assimetrias de classe, gênero e raça no campo literário[4], interditando a autoria afrofeminina e a diversidade de

---

3   AGAMBEN, Giorgio. O que é o Contemporâneo? In: *O que é o Contemporâneo? e outros ensaios*. Chapecó, SC: Argos, 2009, p. 62.

4   Regina Dalcastagnè, inspirada pelo pensamento bourdieusiano acerca das relações entre arte e sociedade, explica que o campo literário é "um espaço estruturado, hierarquizado, que possui um centro, posições intermediárias, uma periferia e um lado de fora" (2012, p. 150). Para a pesquisadora, "não é possível equivaler um livro lançado por um romancista consagrado, comentado na grande imprensa, exposto nas livrarias, adotado nas universidades, com uma obra de edição caseira, distribuída apenas aos parentes e amigos do

perspectivas sociais, raciais, estéticas e linguísticas na literatura brasileira. Num país onde 93,9% dos romancistas publicados pelas principais casas editoriais (no período de 1990 a 2004) são brancos e 72,7% são homens oriundos, em sua maioria, das classes médias, entre os 40 e 59 anos de idade, com diploma de ensino superior e residentes no eixo Rio de Janeiro-São Paulo[5], é imperativo questionar as estruturas sociopolíticas que autorizam a produção de homogeneidades racializadas e generificadas no sistema literário nacional, "é preciso questionar as regras que me fizeram ser reconhecida apenas aos 71 anos"[6], como interroga a própria Conceição Evaristo.

Recordar é preciso. No mar onduloso das lembranças que emergem a contrapelo, *Becos da memória* reverencia os desenraizados do mundo, suas angústias e sociabilidades, seus espaços de fabulação, despontando como narrativa-palimpsesto que ficcionaliza a memória, metaforiza a vida e reinscreve-se sobre escrituras outras, descontinuando e atualizando os movimentos aparentemente lineares da história. À imagem do palimpsesto, pergaminho onde se escrevia duas ou três vezes após a raspagem do texto anterior, a narrativa evaristana é território de cruzamento polifônico, seara de inscrições de vidas sobre vidas que se conectam como raízes flutuantes – paradoxalmente descendentes e díspares, ancestrais e discrônicas. As raspagens às quais o palimpsesto era submetido não apagavam tudo, pois quando colocado contra a luz, era possível ver as cartografias escritas que se mantinham ali, contaminadas umas pelas outras, resultando numa imagem-escritura forjada pelo contato e pela relação. O artifício mnemônico no romance responde a essa alegoria, pois recorre às recordações e histórias compartilhadas coletivamente, rasuradas pelo tempo, fraturadas pela experiência, para narrar as ficções da memória.

Marcada pela dramaticidade e pelo pacto com histórias subalternizadas – aspectos basilares na literatura afro-brasileira, em diferentes modulações, desde Maria Firmina dos Reis, primeira romancista abolicionista brasileira, com *Úrsula*, publicado em 1859 – a obra é uma homenagem aos "homens, mulheres, crianças que se amontoaram dentro de mim, como amontoados eram os

---

autor" (2012, p. 150). Ressalto que a posição da autora, da qual partilho, não incorre em julgamento do valor literário de uma obra, mas especificamente na análise dos efeitos que um texto pode gerar dentro de um sistema literário consolidado, nos termos de Antonio Candido.

5   DALCASTAGNÈ, Regina. *Literatura brasileira contemporânea:* um território contestado. Vinhedo: Horizonte, 2012.

6   https://www.bbc.com/portuguese/brasil-43324948. Acesso em 14/07/2018.

barracos de minha favela"[7]. Nela, somos confrontados com representações da afro-brasilidade que transcendem o negrismo e assentam em ambientes enunciativos descentrados, rompendo com o olhar exótico e estereotípico que o racismo epistemológico endereça aos negros.

De objeto a sujeito, passamos a enunciar nossa própria experiência revoltando-nos contra as visões disciplinadoras do observador alheio ao que vivemos e catalisamos leituras da história e da cultura feitas à revelia da ordem discursiva vigente, dos lugares de memória instituídos e dos quais tentam nos expulsar. A posição epistêmico-política de Conceição Evaristo contribui para que, nos quadros da literatura brasileira contemporânea, seja possível reverter os efeitos da recusa dos poderes e saberes estabelecidos, de modo que os saberes deslegitimados fissurem o discurso dominante, nele se infiltrando e passando a compor o alicerce de sua autoridade enquanto questiona, de dentro para fora, suas regras de reconhecimento[8].

Os movimentos de reconstrução da memória acionam o jogo de ausências e presenças que dilui certezas nas lembranças que a narradora das histórias compartilha com o leitor e que os moradores da favela narram para Maria-Nova. A relação entre a pequena ouvinte e os narradores que compõem seu cotidiano como um mosaico cubista, decomposto e fracionado, oscila entre a singularidade irreprodutível do momento de onde se evocam recordações e a ordem do repetível que marca o fato de todo enunciado comportar "um campo de elementos antecedentes em relação aos quais se situa, mas que tem o poder de reorganizar e de redistribuir segundo relações novas"[9].

Nos pontos de convergência das narrativas dos moradores da favela e nas particularidades de cada uma podemos entrever uma escrita que se situa entre o interdiscurso, como espaço do já dito, e o intradiscurso, espaço das novas relações. Observe-se que esse trânsito de discursividades opera, por exemplo, quando as memórias de Tio Totó são reproduzidas pela voz de Maria-Nova e, então, acessamos parte do imaginário de um senhor cuja vida se deu em meio a privações e sofrimentos, um cotidiano de permanências aflitivas que, resultante da subalternidade material e simbólica imposta aos negros num sistema socioeconômico escravagista, fazem, dia após dia no presente, sucumbir a alegria e a esperança.

---

7 EVARISTO, Conceição. *Becos da Memória*. 2 ed. Ilha de Santa Catarina: Editora Mulheres, 2013, p. 30.

8 BHABHA, Homi K. *O local da cultura*. Belo Horizonte: Editora UFMG, 2012.

9 FOUCAULT, Michel. *A arqueologia do saber*. Petrópolis: Vozes, 1972, p. 155.

À semelhança dos relógios derretidos de Salvador Dalí, em *A persistência da memória* (1931), as memórias de dor de Tio Totó escorrem num presente incompreensível se apartado do passado: lembrar para se certificar, pelo comparativismo, que a desigualdade persiste; lembrar, pela preocupação com as gerações futuras como a vida pode ser violenta conosco. A consciência temporal de Totó é forjada pela crítica à inércia da história, que parece estática, reprodutora indiferente das tragédias passadas. Como um jogo de espelhos, o antes e o agora se confrontam, mas, afinal, "que diferença fazia? Seus pais não escolheram aquela vida e nem ele".[10] É o ponto de vista de Tio Totó, desiludido com a impossibilidade de escolher uma outra vida, de identificar algum avanço significativo numa trajetória violentada pelos grilhões do racismo.

Os becos não se reduzem ao título. A estruturação do texto, sua organização morfossintática, as escolhas semânticas, os meandros do narrar e os movimentos (ora circulares, ora tangenciais) das personagens contribuem para a arquitetura dos becos da contra-memória, tendo em vista que oferecem ao leitor uma narrativa entrecortada, disruptiva e povoada por vidas que habitam calçadas, bares, ruas, barracões, campos de futebol e outros espaços que ambientam a favela. Não somos convidados para uma experiência de leitura confortável, mas que nos exige comprometimento com cada trajetória que se descortina diante do nosso olhar. Como a vida, os becos e a memória não são previsíveis ou retilíneos, mas pontilhados, tracejados, relacionais: "alguns becos tinham saída em outros becos, outros não tinham saída nunca. Eram como ruas estreitas que se cruzavam, que se bifurcavam".[11]

O dever de memória, nos termos de Todorov[12], é o fio de Ariadne que orienta as diferentes histórias que Maria-Nova ouve, inclusive a sua própria, simbolizando o compromisso, assumido pela pequena em vários momentos do romance, de levar à frente as recordações de quem resiste e insiste em viver apesar das misérias diárias. Gente como Vó Rita, Ela, Bondade, Tião Puxa-Faca, D. Isolina, D. Anália, Tio Totó, Tio Tatão, Pedro Cândido, Sô Noronha, D. Maria, Aníbal, Catarino, Velha Lia, Terezinha da Oscarlinda, Mariinha, Donana do Padin. Os becos abertos pela escritura evaristana ganham vida à medida que o leitor se encontra na companhia dos seus moradores e confrontado com suas experiências.

---

10   EVARISTO, Conceição. *Becos da Memória*. 2 ed. Ilha de Santa Catarina: Editora Mulheres, 2013, p. 24.

11   EVARISTO, Conceição. *Becos da Memória*. 2 ed. Ilha de Santa Catarina: Editora Mulheres, 2013, p. 168.

12   TODOROV, Tzvetan. *Los abusos de la memoria*. Barcelona: Paidós, 2000.

A dialética passado-presente na trajetória dos negros no Brasil ocupa lugar central na narrativa, especialmente quando vinculada ao papel emancipatório da educação, da leitura e da escrita, percebidas pelo olhar de mulheres e homens como elementos basilares na construção de uma sociedade igualitária e justa para a população afrodescendente. Numa cena do romance, Maria-Nova tem medo de se tornar como Filó Gazogênia, velha magérrima que acabara de morrer, ou Tio Totó, desesperançoso e angustiado. É quando lembra que está estudando e que isso pode redefinir sua trajetória. Abraça os livros e vê neles a interdição mais eficiente contra a reprodutibilidade da miséria. Tio Tatão lembra a menina que todos morrem, mas ao mesmo tempo permanecem, dado que continuam nas outras pessoas, cujas energias ancestrais se revitalizam nos enfrentamentos do agora, nas trincheiras que hoje ocupamos, nos distintos espaços de luta e resistência civil e pública.

Não é coincidência que ele reconheça o valor do trabalho diário de Maria-Nova: escutar os outros, entender suas histórias, abrir a mente e o coração para as narrativas que precisavam ser acolhidas, respeitadas, partilhadas. É Tio Tatão que diz para ela: "[...] todos os negros escravizados de ontem, os supostamente livres de hoje, se libertam na vida de cada um de nós, que consegue viver, que consegue se realizar".[13] A vida de Maria-Nova, portanto, não é apenas dela, pois a liberdade de outros será conquistada por meio de si. Lembrar e narrar são empreendimentos políticos dos quais depende a continuidade de embates históricos pelo direito à contra-memória – um conjunto de lembranças que evoca descendências, relações familiares, espaços socioculturais, imaginários, ritos, cosmologias e visões de mundo interditadas pela colonialidade de corpos, saberes e bens materiais.

Conceição Evaristo reinventa a forma romanesca tradicional, abolindo heróis e tramas centrais ou secundárias da sua obra e estruturando o discurso literário a partir de uma prosa poética marcada pela contínua oscilação entre voz e letra/fala e escrita, que longe de consolidar um paralelismo rígido, assume o lugar do hibridismo cultural, afeito à complementariedade entre formas de saber, não à sua oposição. Manifesto das mobilidades diaspóricas e suas ressonâncias na constituição de subjetividades negras, o romance convoca o leitor a ensaiar o desafio de compreender a diferença e a desigualdade por meio da escuta/leitura ativa.

---

13 EVARISTO, Conceição. *Becos da Memória*. 2 ed. Ilha de Santa Catarina: Editora Mulheres, 2013, p. 156.

Becos da memória é tecido das escrevivências da autora em estreita socialização com outros, um *modus operandi* de criar literariamente que articula escrita, vivência e experiência ao borrar as divisas entre história e memória, ficção e realidade, resultando num discurso caleidoscópico, rasurado e desafeito a ilações que pretendam correspondências lineares e consecutivas entre vida e narrativa. Distinguir e condensar os polos da arte e da vida por meio de um raciocínio substitutivo e metafórico é o objetivo principal na abordagem contemporânea da crítica autobiográfica. Ignorá-lo é incorrer no risco de naturalizar e reduzir os acontecimentos vivenciados pelo escritor e pelos personagens, aderindo à retórica ilusória de que a vida está refletida na obra "de maneira direta ou imediata ou que a arte imita a vida, constituindo seu espelho".[14]

A assertiva de Oscar Wilde – a vida imita a arte – esboça melhor o projeto dessa leitura, influenciada pela retomada crítica da figura do autor, cujo corpo nos aparece sob lampejos, resíduos, assinatura e contra-assinatura. A crítica autobiográfica como bem de arquivo reorienta nosso olhar sobre as formas de lidar e abordar uma história pessoal ou coletiva, nos convocando à empreitada de significá-la como texto que poetiza e vai além dos próprios acontecimentos sem, com isso, recalcar o *a priori* histórico e o estatuto material da experiência inscrito em objetos, fontes e artefatos.

Se, por um lado, não podemos afirmar que Conceição Evaristo é Maria-Nova ou vice-versa, não estamos proibidos de inferir pontos de contato entre a menina que sonhava em escrever a história do seu povo e a escritora laureada pela sua literatura empenhada e compromissada com a arte, a cultura e a memória afro-brasileira. São os ouvidos atentos de ambas que lhes rendem energia, emoção e força para registrar o que escutam e fazer disso um relicário de narrativas que dizem sobre si mesmas e tantos outros: "Maria-Velha e Tio Totó ficavam trocando histórias, permutando as pedras da coleção. Maria-Nova, ali quietinha, sentada no caixotinho, vinha crescendo e escutando tudo. As pedras pontiagudas que os dois colecionavam eram expostas à Maria-Nova, que escolhia as mais dilacerantes e as guardava no fundo do coração".[15]

---

14 SOUZA, Eneida. *Janelas indiscretas*: ensaios de crítica biográfica. Belo Horizonte: Ed. UFMG, 2011, p. 19.

15 EVARISTO, Conceição. *Becos da Memória*. 2 ed. Ilha de Santa Catarina: Editora Mulheres, 2013, p. 33.

Tanto a autora quanto a personagem encontram na escrita uma forma de manter nossas histórias, costumes, lutas e experiências salvas da pulsão de morte do esquecimento, especialmente se consideramos as motivações racializadas por trás de um "dever de esquecimento" sem sequer termos tido direito à palavra e à memória dos nossos ancestrais e contemporâneos. As narrativas saem da boca dos *griots* e vão habitar as páginas de cadernos, livros, telas de computador e celular e outros suportes textuais, matando aos poucos os efeitos da invisibilidade, da dor, do banzo, da distância e vertendo-os em devir, possibilidade, energia que abastece nossos horizontes de agora.

A imagem do fragmento deixa entrever a impossibilidade de totalizar uma história, de apreender o real e de absolutizar uma vida. Na literatura brasileira do final do século XX e início do século XXI, a marca da partícula, da molécula e da centelha ocupa lugar de destaque na narrativa contemporânea. Conceição Evaristo e seu conceito de escrevivência amplificam a tessitura de vozes na cena literária nacional que se valem do jogo de ambivalências histórico-ficcionais presentes no duplo ofício de acessar o arquivo e de imaginá-lo, fantasiá-lo, alegorizá-lo. *Becos da memória* é um romance que entrecruza o cotidiano de uma favela prestes a ser demolida a vestígios de um passado dilacerado pelo racismo distante e presente que assombra crianças, mulheres, homens e velhos num hoje cindido por fantasmagorias excludentes, violentas e subalternizantes. Essa teia narrativa é sofisticadamente costurada pela escritora, que entremeia linhas e retalhos das ancestralidades africanas, da diáspora negro-brasileira e da experiência "moderna" dos negros favelados para assumir seu lugar de *griot* contemporânea, impregnando as páginas dos seus livros com vozes e corpos exumados do esquecimento ativamente produzido.

A presença das mulheres é outro ponto de destaque no texto, sobretudo em relação à Maria-Nova, que se une à mãe, à bisavó e à avó para ouvi-las e cumprir, pela escrita, o trabalho de transposição da língua falada, das histórias narradas com a voz, o corpo, a psiquê. Nos papéis, grafadas em letras, as narrativas já não são exatamente as mesmas, mas guardam restos, traços, resquícios de valor inestimável nos autos da história das margens que asseguram o não soterramento das lembranças de tempos idos. Aos poucos, a escrita e sua relevância é assumida. Não percebemos antagonismos entre voz e letra, mas um processo de enxerto, conforme Derrida[16], que vai colando uma a outra até que já não podemos pensá-las em separado, fora da relação: "um dia, e agora ela já sabia qual seria sua ferramenta, a escrita. Um dia, ela haveria de narrar, de fazer soar, de soltar

---

16   DERRIDA, Jacques. *Escritura e diferença*. 2 ed. São Paulo: Perspectiva, 1995.

as vozes, os murmúrios, os silêncios, o grito abafado que existia, que era de cada um e de todos. Maria-Nova, um dia, escreveria a fala do seu povo"[17]. Tal imbricação amplia a qualidade da prosa evaristana ao implodir a simetria e a dualidade do eu/outro, do dentro/fora e, com isso, reconhecer as fronteiras no contemporâneo não como fim, mas como início de algo.

O deslocamento da contação de histórias, partilha oral e corporal do vivido para a literatura escrita é uma face importante das articulações textuais que compõem a narrativa. Ao deslocar a linguagem oral do seu contexto de produção e reinventá-la em outro suporte operam-se, duplamente, movimentos de desterritorialização e reterritorialização no cerne do romance, procedimentos discursivos que tipificam a *literatura menor* de que falam Deleuze e Guatarri: "a literatura menor não é a de uma língua menor, mas antes a que uma minoria faz em uma língua maior. No entanto, a primeira característica é, de qualquer modo, que a língua aí é modificada por um forte coeficiente de desterritorialização".[18]

Há, com esse processo de desterritorialização da linguagem, do oral ao escrito, um uso da língua materna que, mesmo marcado pelas convenções da escrita, é lugar de travessia para a oralidade. Recorrer a esse tipo de procedimento na elaboração da sua primeira obra romanesca deixa entrever uma postura crítica da autora em relação à língua vigente, padronizada, aceita e instituída pelo poder, para estilhaçá-la e alçar a diferença afro-brasileira à centralidade da narrativa. Escrever, nesse sentido, não é apenas uma forma de alcançar sucesso ou estabilidade financeira, nem tampouco se reduz ao prestígio sociocultural. Escrever tem a ver, enfaticamente, com o acesso ao mundo e à produção de poderes passíveis de modificá-lo cada vez que o enunciamos.

Em *Becos da memória,* somos espectadores do desmoronamento da supremacia do eu cartesiano, moderno e autônomo. Nas palavras de Constância Lima Duarte, a escrevivência evaristana "pode ser vista como um desafio para o eu lírico transcender o biográfico".[19] A escrevivência

---

17   EVARISTO, Conceição. *Becos da Memória*. 2 ed. Ilha de Santa Catarina: Editora Mulheres, 2013, p. 161.

18   DELEUZE, Gilles e GUATARRI, Félix. A literatura menor. In: *Kafka*, por uma literatura menor. Rio de Janeiro: Imago Editora, 1977, p. 25.

19   DUARTE, Constância Lima. Gênero e violência na literatura afro-brasileira. In: ALEXANDRE, Marcos Antônio; DUARTE, Constância Lima; DUARTE, Eduardo de Assis; (Orgs.). *Falas do outro*: literatura, gênero, etnicidade. Belo Horizonte: Nandyala; NEIA, 2010, p. 229-234.

permite à autora falar de si disruptivamente e sem o pacto de autorreferenciação marcado pelo nome. Dito de outro modo, há um comprometimento, mas sem pactuação. Como é possível inferir, a própria personagem Maria-Nova, semelhante à sua autora, não é a escritora. Ela é uma criação amparada nas frágeis ruínas da memória irreconstituível, nas lembranças da infância, em histórias lidas, canções ouvidas, experiências de vida. Na escrevivência, os textos não emergem de uma atmosfera etérea e abstrata. Pelo contrário, a vida lacunar, fragmentária, estilhaçada, que lampeja como vaga-lumes, é parte do processo criativo e o cinde a todo momento.

O fragmento é a alegoria por excelência no romance de Conceição Evaristo, seja nos caminhos entrecortados labirinticamente – becos de si, becos dos outros –, seja pelo traçado narrativo que compõe o relato das micro-histórias partilhadas entre ouvintes e narradores. À revelia do centro, os becos da memória espraiam-se, ampliam margens, chocam-se e espalham centelhas de vida nos avessos da miséria do racismo, resistindo e lutando contra ele. Não há resgate da memória, pois ela não está perdida. Há um processo de rememoração inspirado pelo componente imaginativo, sem o qual não se pode pensar o real. Recuperar cenas do vivido pintadas com as cores do presente e com os interstícios preenchidos da invenção que reside no coração de cada narrador/ouvinte é o que podemos ver nesse romance, com uma latente mensagem anticolonial e antirracista emitida sem ressentimentos, descartando cenas de violência gratuita tão presentes nas representações dos negros, pobres e excluídos na literatura brasileira. Em *Becos da memória*, forma e força narrativa alimentam-se do afeto, da consciência histórica e do desejo de transformação.

Texto dos mais singulares da literatura brasileira contemporânea afrofeminina, os becos da memória evaristanos colam-se à nossa história de leitura, em especial do povo afro-brasileiro e negro, através da docilidade de Vó Rita e da militância de Negro Alírio, mas em especial pela sensibilidade de uma menina ativa, que ouve as histórias de seus ancestrais, observa o cotidiano, lê e pronuncia a realidade, que lhe convoca sempre a novos enunciados. É uma mulher que busca explicações para sua experiência individual e coletiva, valoriza sua beleza e a dos seus, angustia-se com o fantasma da pobreza absoluta e reúne forças para sonhar e planejar sua história a partir da escuta dos relatos que seu povo compartilha. A palavra, seja falada ou escrita, é alçada ao estatuto de arma para resistir, confrontar e reinventar o mundo e a si mesma.

A MÃO POR TRÁS DO TEXTO: ESCRITA, INSUBMISSÃO E VIDA EM CONCEIÇÃO EVARISTO

Beatriz Azevedo da Silva[1]

PALAVRAS INICIAIS

Escrever, como sabemos, é antes de tudo um exercício de rasgar-se e remendar-se. Qualquer processo de escrita nos impele a isso e também nos coloca questões que são complexas de definir: primeiro, tentar formular algo que pareça minimamente "novo" frente a tudo o que já fora escrito sobre um dos grandes nomes da literatura de autoria feminina negra na atualidade, Conceição Evaristo.

Ter contato com o livro *Insubmissas lágrimas de mulheres* pode nos causar várias sensações: um confronto interno com situações que, enquanto mulheres negras, já vivenciamos ou presenciamos acontecer com nossas irmãs. E a literatura não tem, de fato, nenhuma obrigação de correspondência com a verossimilhança, mas cremos que, para o sujeito negro, que adquire fala, e que está, ainda, em processo de construção de seu espaço na vida acadêmica, não há como não pensar que este lugar de fala não seja *sui generis*.

As experiências pessoais que uma mulher negra, nos quase cem por cento dos casos, dificultam a construção desse "lugar de fala", essa construção de uma identidade, é um "nadar contra a corrente" sem fim. De acordo como Tadeu Tomaz e Silva:

---

1   Mestra em Literatura e Cultura pela Universidade Federal da Bahia (UFBA). Doutoranda em Teoria da Literatura e Literatura Comparada pela Universidade Federal de Minas Gerais (UFMG). E-mail: biattriz23@hotmail.com.

> [...] parece ser fácil definir "identidade". A identidade é simplesmente aquilo que se é: "sou brasileiro", "sou negro", "sou heterossexual", "sou jovem", "sou homem". A identidade assim concebida parece ser uma positividade ("aquilo que sou"), uma característica independente, um "fato autônomo". Nessa perspectiva, a identidade só tem como referência a si própria: ela é autocontida e autossuficiente. [...] Na mesma linha de raciocínio, também a diferença é concebida como uma entidade independente. Apenas, neste caso, em oposição à identidade, a diferença é aquilo que o outro é: "ela é italiana", "ela é branca", "ela é homossexual", "ela é velha", "ela é mulher". [..] Da mesma forma, as afirmações sobre diferença só fazem sentido se compreendidas em sua relação com as afirmações sobre a identidade. [...][2]

Essa compreensão de "identidade" como sendo aquilo que se é, vai também, relacionar-se com o que "não se é". E esse "não ser", essa noção da *diferença* em relação a uma identidade dada (aquela pertencente ao sujeito homogêneo e monolítico, como defende Derrida) foi, no caso de categorias sociais minoritárias (agora em constante luta por espaço), construída de maneira antagônica, negativa. Daí pode-se pensar na construção desse lugar de fala como o deslocamento possível para determinados sujeitos, como é caso da escritora Conceição Evaristo.

A despeito de intelectuais antes considerados periféricos como Gayatri Spivak, em relação aos intelectuais europeus, por exemplo, esse lugar de fala é negado às minorias, pois ela acredita que:

> [...] o subalterno não pode falar. Não há valor algum atribuído à "mulher" como um item respeitoso nas listas de prioridades globais. A representação não definhou. A mulher intelectual como uma intelectual tem uma tarefa circunscrita que ela não deve rejeitar com floreio [...]. Todavia nesse percurso, ela deve ficar atenta para não emudecer mais o subalterno, e sim ser um veículo para que este possa falar e ser ouvido.[3]

É sobre esse limiar entre a "subalternidade" referida pela intelectual indiana que talvez mais atualmente estejamos em um processo de superação, buscando entender como as vozes de intelectuais e artistas da palavra como Conceição Evaristo subvertem essa ordem da linguagem a qual estamos sujeitos.

---

2   SILVA, Tomaz Tadeu. *Identidade e diferença: a perspectiva dos estudos culturais.* 10 ed. Petrópolis, RJ: Vozes, 2011, p. 07.

3   SPIVAK, Gayatri Chakravorty. *Pode o subalterno falar?.* Belo Horizonte: UFMG, 2010, p. 70.

Um dado importante para entendermos como funcionam os mecanismos de silenciamento secular de algumas vozes, dentro da produção de conhecimento e das artes, é justamente o que é feito através da linguagem, como ressaltamos antes. Acerca disso, Judith Butler[4] nos chama a atenção para um aspecto considerável nesse sentido, citando Witttig, que defende que "a linguagem é um instrumento ou utensílio que absolutamente não é misógino em suas estruturas (poderíamos entender também que a linguagem não é, de per si, racista), mas somente em suas aplicações". Para entender o lugar da mulher negra na sociedade brasileira, é preciso revistar a história. Como nos diz Benjamin, "escová-la a contrapelo", ou seja, investigar as demais camadas existentes fora da que é considerada oficial.

Uma boa metáfora para entender como as mulheres se inserem na ordem do dia, em alguns campos epistemológicos, é a que nos conta Stuart Hall. Foi "um pontapé na janela"[5] dos Estudos Culturais. O intelectual jamaicano reconhece que o poder está diretamente relacionado a uma forma sexuada:

> Abríamos a porta aos estudos feministas, como bons homens transformados. E, mesmo assim, quando o feminismo arrombou a janela , todas as resistências vieram à tona- o poder patriarcal plenamente instalado, que acreditara ter-se desautorizado a si próprio. [...] Foi precisamente aí que descobri a natureza sexuada do poder. Falar de abrir mão do poder é uma experiência radicalmente de seu silenciado [...][6].

Stuart Hall reconhece que a posição de poder conferida aos homens, durante praticamente toda a história da civilização ocidental, é sexuada e, com isso, obviamente, temos a construção discursiva baseada numa tríade bem conhecida: homens brancos (e até negros, mas em menor número), heteroafetivos, europeus, ou norte-americanos, produzindo pensamento, cultura, literatura dentre outros bens simbólicos. Pierre Bourdieu aponta

---

4   BUTLER, Judith. *Problemas de Gênero*: feminismo e subversão da identidade. Tradução: Renato Aguiar. 14ª ed. Rio de Janeiro: Civilização Brasileira, 2017, p. 58.

5   Neste caso, Stuart Hall refere-se à forma como os Estudos Feministas adentram a área dos Estudos Culturais. Não exatamente pedindo licença, mas "arrombando a janela dos Estudos Culturais".

6   HALL, Stuart. Quem precisa da identidade? In: SILVA, Tomaz Tadeu; WOODWARD, Kathryn. (Orgs.). *Identidade e diferença*: a perspectiva dos estudos culturais. 10 ed. Petrópolis, RJ: Vozes, 2011, p. 203. Segundo Stuart Hall, ocorreram pelo menos duas interrupções no trabalho do Centre for Contemporary Cultural Studies: a primeira em torno do feminismo.

que a "dominação masculina", em diversos campos da vida em sociedade, reside "na sustentação do pilar do patriarcado no fato de que a ordem dos gêneros sempre é hipostasiada e assegurada por um "véu de relações simbólicas", [...] e confere-lhe, [...] aparência de legitimidade".[7]

Essa dominação fez com que, durante um longo período em nossa história e também na historiografia literária, os discursos de mulheres, sobretudo as negras, fossem ignorados. Como no início no texto, esse fato guarda uma relação estreita com os resultados de uma sociedade ainda extremamente racista, que tem calcada em suas relações sociais o modelo escravocrata, em que o lugar da mulher negra era na cozinha, escondida, a serviço da casa grande, tendo seu corpo vilipendiado por todo tipo de agressões e visto como mero repositório do "prazer alheio": "A ausência de um sistema democrático direcionado à classe dos ex-escravos, [...], contribuiu para a manutenção do estado de exclusão da mulher negra no processo de formação da sociedade mantendo-a no mesmo "status" de escrava [...]".[8]

Intelectuais como Conceição Evaristo, suas antecessoras e contemporâneas como Maria Firmina dos Reis, Carolina Maria de Jesus, assim como algumas atuais como Ana Maria Gonçalves, Alzira Rufino, Miriam Alves, Cidinha da Silva, dentre outros nomes, são responsáveis por "arar o terreno" para as próximas gerações. E temos visto alguma mudança nesse sentido.

A presença da literatura de autoria feminina negra se deve, em grande medida, ao advento de campos como os Estudos Culturais. Stuart Hall traz uma reflexão acerca da presença do negro "na cultura negra" na qual ressalta a importância dos deslocamentos e pressões feitas em torno do *status quo*:[9] "Etnicidades dominantes são sempre sustentadas por uma economia sexual específica, uma configuração específica de masculinidade, uma identidade específica de classe [...]".[10]

---

7   BOURDIEU, Pierre. *A dominação masculina*. Trad. Maria Helena Kühner. 2. ed. Rio de Janeiro: Bertrand Brasil, Rio de Janeiro, 2002, p. 140.

8   AUAD, Sylvia M. Venturoli. *Mulher: cinco séculos de desenvolvimento na América* – Capítulo Brasil. Belo Horizonte: Federação Internacional de Mulheres da Carreira Jurídica, Centro Universitário Newton Paiva, 1999, p. 74.

9   SILVA, Julia. *Personalidade Negra*. Brasília. Palmares Fundação Cultural, 2014. Disponível em http://www. pal mares.gov.br/archives/34293. Acesso em 25 jun. 2018, p.74.

10 SILVA, Tomaz Tadeu. In: SILVA, Tomaz Tadeu; WOODWARD, Kathryn. (Orgs). *Identidade e diferença: a perspectiva dos estudos culturais*. 10 ed. Petrópolis, RJ: Vozes, 2011, p. 12.

É importante pensar que a dispersão do povo negro com o processo de escravidão deu origem a um estado de coisas que mantém, ratifica o "lugar da cultura", de onde ela parte, para quem é produzida, que vozes estão envolvidas nesse processo de produção.

Ainda em relação a esse conceito, Spivak aponta que é necessário entender que para os sujeitos tidos como subalternos em dadas condições, tempo e espaço, é necessária a criação de uma agenda que dê conta da complexidade que envolve a questão do feminismo, que tem como sujeito principal as mulheres e suas múltiplas "identidades". É o caso da necessidade de valer-se de conceitos como o "essencialismo estratégico" a que se refere a autora:

> Os grupos em posição subalterna, como é o caso das mulheres, tendem a ser reduzidos a uma "essência" simplificadora e estereotipada, que tanto nega a multiplicidade de suas experiências quanto naturaliza os efeitos da dominação. [...] é contra essa simplificação que o feminismo enfatiza os problemas da utilização da categoria "mulheres". Spivak propõe um uso estratégico de categorias essencializadoras, entendendo que elas são necessárias à produção da identificação, sem a qual a mobilização política não se realiza.[11]

Esse essencialismo é um dos pontos cardinais na discussão que aqui tentamos elaborar: priorizamos entender como uma escritora negra se insere no espaço literário, qual é seu percurso, já que, no "guarda-chuva" maior da categoria "mulheres", ela, sua cor, sua perfomatividade, sua escrita, apelam para uma especificidade à qual esse tipo de essencialismo é útil.

PRECIOSAS PRECURSORAS

Para que nomes como o de Conceição Evaristo pudesse aqui chegar, outros foram arando o caminho, longo, distante, mas possível. A literatura seja talvez uma das áreas de conhecimento e da cultura mais difíceis de acessar sobretudo para as mulheres, e as não-brancas tiveram ainda mais dificuldades neste sentido. Acerca disso, Nelly Novaes Coelho afirma que:

> A literatura é, como sabemos, uma espécie de "sistemógrafo" do caos em que o mundo mergulhou, com o já inevitável naufrágio do sistema patriarcal herdado, sem que nenhum outro se desenhe no horizonte. Se para os homens as coisas mudaram de maneira irreversível, para

---

11 SPIVAK, Gayatri. *In: Feminismo e política: uma introdução.* Org. Luis Felipe Miguel, Flávia Biroli. São Paulo: Boitempo, 2014, p. 83.

as mulheres tais mudanças evoluem em proporção geométrica a cada dia que passa, e alteraram não só seu antigo lugar na sociedade, mas também sua própria consciência de ser, em relação a si mesma e em relação ao mundo. [12]

Essa assertiva nos faz entender, que, enquanto campo discursivo e cultural, o literário esteve calcado em princípios que não davam conta das alteridades, das outras vozes que produziam, como a de muitas mulheres, na prosa, poesia e outros textos que acabam se tornando importantes para o campo literário como os publicados em periódicos.

Podemos, por exemplo, citar nomes que estiveram presentes na historiografia literária de séculos passados e que, só mais recentemente, estudiosas e estudiosos vêm fazendo o resgate de suas obras, como o de Júlia Cortines (1868-1948), parnasiana cuja poesia "é tecida de reflexões, de ideias, de indagações sobre o sentido da existência [...]". Ainda no século XIX, temos Presciliana Duarte de Almeida (1867-1944), mineira, professora que se destacou no meio cultural regional e paulista, de acordo com Nelly Novais Coelho:

> Colaborou com a imprensa feminina [...], fundou *A Mensageira*. Em 1906, (já no século XX), publica Sombras (prefácio de versos alexandrinos do Conde Afonso de Celso). Auta de Sousa (1876-1901), poeta rio-grandense, negra, permaneceu ao ideário romântico. Em 1897 publica *Dálias*, posteriormente mudando para *Horto* [...] com prefácio de Olavo Bilac".[13]

No romance, o grande nome destacado pela história foi o de Júlia de Almeida (1862-1934), que colaborou intensamente na imprensa carioca e paulista. Entre os títulos de maior sucesso estão: *Traços e iluminuras* (1887), *Memórias de Marta* (188?) e *A família Medeiros* (1891).

Outros nomes se somam a estes nos séculos XVII e XIX, mas nomes de mulheres negras que contribuíram de forma significativa não são também escassos, talvez pouco citados. Uma das escritoras negras que têm uma significativa contribuição para a literatura de autoria feminina no país é Maria Firmina dos Reis (1847-1917), que publica o romance Úrsula, que

---

12   COELHO, Nelly Novaes. *In: Gênero e representação: teoria, história e crítica*. Orgs.: Constância Lima Duarte; Eduardo de Assis; Kátia da Costa Bezerra. ED. UFMG, 2002, p. 55.

13   COELHO, Nelly Novaes. *In: Gênero e representação: teoria, história e crítica*. Orgs.: Constância Lima Duarte; Eduardo de Assis; Kátia da Costa Bezerra. ED. UFMG, 2002, p. 55.

a consagrou e também é considerado o primeiro romance da literatura afro-brasileira. Em 1887, no auge da campanha abolicionista, a escritora publica o livro *A escrava*, reforçando sua postura antiescravista[14], ou seja, uma mulher negra que luta através de sua literatura em um contexto sócio histórico importante para uma coletividade em busca de "liberdade".

Contemporaneamente temos nomes como os das jovens escritoras baianas Aline França, Angelita Passos, Fátima Trinchão, Rita Santana, Mel Adún, Urânia Munzanzu, Jocélia Fonseca, Elque Santos, dentre outras, que são citados por Ana Rita Santiago[15]. Na sua publicação, a pesquisadora mostra, dentro de um recorte, mulheres negras escritoras que tiveram notoriedade com publicações no estado da Bahia, e do quão relevante estas são para a literatura de autoria feminina e negra. Ao citar as poetas Jocélia Fonseca, Rita Santana e Urânia Munzanzu, Santiago defende que:

> Na palavra literária dessas escritoras circula uma visão de feminismos negros, que extrapola aquele entendimento de sua pertinência apenas pelo viés do coletivo e pelas agendas e inserções em organizações sociais negras femininas. [...] Há em seus poemas, uma compreensão de feminismo negro, comprometido com mudanças nas relações étnico-raciais e de gênero, que se opera nos combates e convívios cotidianos, no ordinário das relações entre homens e mulheres, sobretudo, entre homens e mulheres negras. Os eus poéticos femininos negros, mostram-se afeitos, pelos versos, a forjarem mudanças de identidades femininas negras, em práticas socioculturais habituais.[16]

Urânia Munzanzu afirma que "consolidou sua escrita literária através da socialização com escritores negros [...] 'Landê, é meu guru literário'. André após ler meus poemas, fica sempre insistindo para eu publicá-los".[17] No caso de Elque Santos, Santiago destaca seu processo de criação na literária:

> Comecei a escrever quando entrei no movimento Eregêge (espaço de reflexão de raça e gênero) participava de uma oficina de "construção" de poemas, mas não produzia nada, ia todos os sábados para ouvir os

---

14 SILVA, Julia. *Personalidades Negras*. Brasília, Palmares Fundação Cultural, 2014.

15 SANTANA, Ana Rita. *Vozes Literárias Negras*. Cruz das Almas, UFRB, 2012, p. 37.

16 SANTANA, Ana Rita. *Vozes Literárias Negras*. Cruz das Almas, UFRB, 2012, p. 24.

17 SANTANA, Ana Rita. *Vozes Literárias Negras*. Cruz das Almas, UFRB, 2012, p. 35.

ótimos poemas produzidos por meus companheiros de movimento. Resultado, eles me deram um ultimato ou produz ou não produz.[18]

Verificamos que, a partir de apenas dois dos muitos exemplos de que dispomos, o contato de mulheres negras com a literatura se dá de formas variadas, mas um aspecto é fundamental: a noção de coletividade e de uma espécie de filiação "aos seus". Ela passa a ter contato com uma das publicações brasileiras de maior importância para as escritoras e escritores negros: os *Cadernos Negros*.[19]

LONGO CAMINHAR. NO CAMINHO, O VERBO. VIDA A FAZER: ESCREVIVER

> *Caminhanti é caminho*
> *caminho di caminhanti*
> *No verso e inverso*
> *verbo ser é verbo nascer [...].*
>
> Sara Tavares

Como é sabido, Conceição Evaristo nasceu em 1946 numa favela da zona sul de Belo Horizonte, sua mãe era lavadeira e, para se manter, trabalhou durante toda sua formação como empregada doméstica, terminando o Curso Normal em 1971. Esse é um resumo da vida de uma das maiores escritoras negras da atualidade que se encontra em sítios respeitáveis como a Fundação Cultural Palmares.

Para Evaristo, a *escrevivência* consiste em uma escrita profundamente comprometida com a vida, que, no processo de ficcionalização, ela conta histórias que podem ou não ser baseadas em sua própria vida, mas que guardam uma singular relação com a vida em si. Seu texto, como ela diz, é "sempre uma escrita marcada pela minha condição de mulher negra na sociedade brasileira".

---

18 SANTANA, Ana Rita. *Vozes Literárias Negras*. Cruz das Almas: UFRB, 2012, p. 27.

19 Criada em 1978, a série *Cadernos Negros* publica, desde então, ininterruptamente, contos e poemas, tornando-se principal veículo de divulgação da literatura feita por afrodescendentes brasileiros. De acordo com informações colhidas no sítio do Quilombhoje, "quarenta volumes foram publicados de 1978 a 2017, alternando contos e poemas e fomentando não só a literatura negra, mas também a produção literária das periferias".

O "tecer" dessas palavras que se transformam em ficção, é quase uma alquimia, uma dança, um fio condutor que não se parte, puxa para um lado, o ficcional, ora para o outro, o da própria vida e suas inúmeras possibilidades de criação e reinterpretação:

> A palavra escrevivência é um neologismo que por uma questão morfológica, facilmente compreendemos do que se trata. A ideia de juntar escrita e experiência de vida está em vários textos ligados à literatura contemporânea. Entretanto, Evaristo se apropria do termo para elucidar o seu fazer poético e lhe fornece contornos conceituais.[20]

Conceição Evaristo se apropria, epistemologicamente, de um poder conferido à sua forma de escrever, que é singular. Os leitores, ao se depararem com um texto da envergadura de *Insubmissas lágrimas de mulheres*, provavelmente não sairão dela os mesmos (no caso de nós mulheres, em específico, nós negras), sem a revolta, sem dor, sem a esperança e sem a descrença no estado de coisas descritos de forma cortante como navalha, e com todos os aspectos formais, teóricos que a literatura considerada de qualidade deve apresentar.

A *escrevivência* nos serve, sob este ponto de vista, como um caleidoscópio da vida de mulheres tão próximas ou tão distantes, tão nós, ou tão outras, mas, sem dúvidas, haverá um espelhamento, em maior ou menor grau, pois a mão que escreve o texto é da mesma cor das mãos de suas personagens e de suas muitas leitoras.

Voltando-nos às suas palavras, temos:

> Assenhoreando-se "da pena", objeto representativo do poder falocêntrico branco, as escritoras negras buscam inscrever no corpus literário imagens de uma autorrepresentação. Surge a fala de um corpo que não é apenas descrito, mas antes de tudo vivido. A escre (vivência) das mulheres negras explicita as aventuras e as desventuras de quem conhece uma dupla condição, que a sociedade tema em querer inferiorizada, mulher e negra.[21]

---

20 CÔRTES, Cristiane. In: *Escrevivências: Identidade, gênero e violência na obra de Conceição Evaristo*. 2 ed. Belo Horizonte: Idea, 2018, p. 52.

21 EVARISTO, Conceição. Gênero e etnia: uma escre(vivência) de dupla face. In: MOREIRA, Nadilza Martins de Barros; SCHNEIDER, Liane (Org.). *Mulheres no mundo: etnia, marginalidade e diáspora*. João Pessoa: Ideia; Editora Universitária UFPB, 2005, p. 06.

Aqui há duas questões importantes, falamos delas anteriormente, mas a própria autora reivindica para si e para outras mulheres o "poder da pena", por séculos restrito aos homens, cujas características elas já descreve. Ao tomar esse "poder", promove um deslocamento desse "corpo feminino negro" no mundo e o ressignifica através da escrita.

Insubmissas lágrimas de mulheres é um desses livros que, para um(a) leitor(a) atento(a), mas profundamente conhecedor(a) das estruturas sociais que sustentam com toda a força o poder descomunal do racismo, da violência contra as mulheres, especialmente as negras, revela sua potência de transformação e resiliência de suas personagens. Sobre essa coletânea, falaremos, brevemente, sobre dois contos que trazem à tona a noção de *escrevivência*, pois, as narrativas não se descolam da vida, estão ali, juntas por este fio imaginário – de imagens, cenas, vozes – que nos soam familiares.

As histórias se entrelaçam. Em todas, há o traço da violência perpetrada contra as mulheres, as meninas, há o machismo, o racismo que são, como falamos, algumas das "navalhas" cujos cortes doem muito no leitor diferenciado, atento. Para a análise, selecionamos dois contos: o primeiro traz Aramides Florença, mulher trabalhadora, educada, que possui um bom vocabulário, e tem uma vida aparentemente tranquila. Encontrou um "bom" parceiro para dividir a vida, mas no curso dela, percebe que as coisas não estão no lugar que imaginava. Ela não menciona sequer o nome deste homem, apenas o trata, como diz a narradora, como "o pai de meu filho".

Tivera, segundo ela narra, uma gestação tranquila, até perceber gestos vindos de seu ex-companheiro travestidos de uma "certa violência", sutil, inicialmente, como deixar uma lâmina de barbear na cama em que dormiam, que ela entendera como um simples descuido, já que grávida, numa gestação avançada, poderia ter se ferido, ou quando a abraça por trás e "macera e apaga o cigarro em seu ventre".

Após Emildes nascer, o homem voltou a ser solícito. Mas, algum tempo depois, faz a seguinte pergunta "[…] quando ela seria dele, só dele". A família que era antes, "sagrada", foi a cada dia deixando de ser. O fatídico dia chegara. Como diz a narradora-ouvinte:

> O dique foi rompido. Eu estava amamentando meu filho – me disse Aramides, enfatizando o sentido da frase, ao pronunciar pausadamente cada palavra- quando o pai de Emildes chegou. De chofre, arrancou o menino dos meus braços, colocando-o no bercinho sem nenhum cuidado. Só faltou arremessar a criança. Tive a impressão de que tinha sido esse o desejo dele. No mesmo instante, eu já estava de pé, agar-

rando-o pelas costas e gritando desesperadamente. Ninguém por certo para socorrer meu filho e a mim. Numa sucessão de gestos violentos, ele me jogou sobre a nossa cama, rasgando minhas roupas e tocando violentamente com a boca um dos meus seios que já estava descoberto, no ato de amamentação de meu filho. E, dessa forma, o pai de Emildes me violentou. [...] Nunca a boca de homem, com todo seu corpo, me causara tanta dor e tanto asco até então. [...] E quando ele se levantou, com seu membro murcho e satisfeito, a escorrer o sangue que jorrava de mim, ainda murmurou entre os dentes que não me queria mais, pois eu não havia sido dele, como sempre fora nos momentos de prazer.[22]

Esse trecho do conto nos mostra muitos aspectos relativos principalmente à violência que um homem é capaz de cometer contra uma mulher. A narradora escuta e nos conta uma história triste, pesada, não há um *happy end*. Há nuances dessa violência: primeiro, o homem acha que tem posse de sua esposa, de que seu corpo pertenceria a ele e mais ninguém. Nem mesmo seu próprio filho escapa de sua investida ao querer tomar para si aquele corpo. É, sem dúvidas, um homem machista, egocêntrico, não tem a mínima noção do respeito à mulher; à mulher que estava ao seu lado, como companheira.

Ele é, como todos os homens que cometem violência contra a mulher, um covarde, aproveita-se de sua força física, agride e abusa sexualmente da própria parceira. No entanto, ela lhe narra o acontecido, o faz de maneira digna, a despeito de ter sofrido toda aquela violência, sobra-lhe resiliência e vontade de permanecer ao lado de seu filho, protegendo-o.

A insubmissão de Aramides Florença reside na força que ela tem para contar sua história. Ela se desnuda para sua ouvinte, conta a história de uma maneira em que não escapam nem os detalhes, e isso é de uma coragem e de um poder de superação daquela história que fez parte de uma página de sua vida e que agora já foi superada. Houve dor, talvez ainda haja a memória da dor, que fica como uma cicatriz, marcada para sempre, pois não fora só a dor física, mas a psicológica, e não somente contra si, mas contra seu filho. Há lágrimas, mas elas insistem em ser insubmissas, insistem em secar por si mesmas.

Essa é uma ficcionalização de uma história que muitas de nós com certeza já ouviu alguém contar, já presenciamos, ouvimos gritos de mulheres no apartamento de baixo, na casa da esquina da rua, no noticiário policialesco, que explora as desgraças vividas pelas mulheres país afora.

---

22 EVARISTO, Conceição. *Insubmissas lágrimas de mulheres*. Belo Horizonte: Nandyala, 2011, p. 18.

O outro conto é o terceiro da coletânea: Shirley Paixão. É também denso. Outro que traz marcas de violência que quase escapolem do livro e nos confrontam cara a cara. Um aspecto interessante nesse conto é que Shirley Paixão já se enuncia para sua ouvinte de maneira bastante desenvolta, se fazer rodeios (não que as outras o façam), mas traz uma assertiva: "Foi assim— me contou Shirley Paixão. Quando vi caído o corpo ensanguentado daquele que tinha sido meu homem, nenhum compaixão tive. E se não fosse uma vizinha, eu continuaria o meu insano ato." [23]

Esse elemento é, para nossa análise importante sob, novamente o ponto de vista da resiliência e da força apresentada por essas mulheres/personagens, pois, ainda que tenham tido histórias profundamente trágicas, conseguem se enunciar com braveza. Eis um trecho de sua história:

> Havia anos que estávamos juntos. Quando ele veio para minha casa, trouxe as três meninas. Elas eram ainda pequenas as minhas duas regulavam idade com as dele. [...] E logo-logo, selaram irmandade entre elas. [...] Eu feliz assistindo às minhas cinco meninas crescendo. Às vezes o home da casa nos acusava, implicando com o nosso sempre estar junto. Nunca me importei com as investidas dele contra a feminina aliança que nos fortalecia [...].[24]

Nesse primeiro trecho, é possível identificar que há, por parte do homem a quem Shirley atentara contra a vida, um comportamento estranho. Há, por parte da mulher e das meninas na casa, uma cumplicidade, ainda que as três filhas deles tivessem chegado depois, conseguiram rapidamente se integrar as duas dela. Havia, ainda que a personagem não utilize esse termo, sororidade entre elas – ela utiliza o sinônimo, "irmandade". Conceição Evaristo está aí evocando também conceitos, terminologias contemporâneas, para explicar como as mulheres podem se unir, podem se tornar uma força quase indestrutível.

Shirley Paixão continua:

> Seni, a mais velha de minhas filhas, a menina que havia chegado à minha casa quando faltavam três meses para completar cinco anos, sempre foi a mais arredia. [...] Ao pai, faltava paciência, vivia implicando com ela. Via-se que Seni não era sua preferida, pelo contrário. [...] Certa vez, uma de suas professoras me chamou, para saber se, em casa, éramos severos

---

23 EVARISTO, Conceição. *Insubmissas lágrimas de mulheres*. Belo Horizonte: Nandyala, 2011, p. 25.

24 EVARISTO, Conceição. *Insubmissas lágrimas de mulheres*. Belo Horizonte: Nandyala, 2011, p. 25.

com ela. Ela observara que Seni tinha mania de perfeição e autocensura muito grande. Expliquei para a moça que não. Que o pai implicava muito com ela, mas pouco ou nada exigia. Quando se dirigia á menina, era sempre para desvalorizá-la, constantemente com palavras de deboche, apesar da minha insistência em apontar o modo cruel com que ele tratava a filha. [...] comentei com o pai dela a conversa e os conselhos da professora, ele teve um acesso de raiva. Só faltou agredir fisicamente a menina [...] Seni entrou em pânico. Chorava desesperadamente. [...] Abracei minha menina de doze anos. A que eu não tinha parido, mas que tinha certeza ser ela também minha filha. Por ela e pelas outras, eu morreria ou mataria se fosse preciso. E necessário foi o gesto extremado meu de quase matá-lo. Foi com uma precisão quase mortal que golpeei a cabeça do infame. Ao relembrar o acontecido, sinto o mesmo ódio. Repito que não me arrependi [...].[25]

É possível ratificar que Shirley Paixão é um tipo de mulher destemida, ela desconfia que há algo de errado tanto no comportamento de Seni, que pode se sentir culpada pela morte da mãe, como pode sofrer de algum outro mal. Algumas crianças e adolescentes que sofrem abusos podem desenvolver vários distúrbios e síndromes. Ela era perfeccionista. O pai a tratava muito mal diante das outras filhas, diante da esposa, talvez por isto a retração de Seni. Esse comportamento é observado inclusive por uma de suas professoras, o que deixa Paixão ainda mais desconfiada. E o conto segue com o motivo pelo qual a menina era retraída:

E tamanha foi a crueldade dele. Horas depois de ter sido enxotado da sala por Shirley Paixão, o homem retornou á casa e, aproveitando que ela já estava dormindo, se encaminhou devagar para o quarto das meninas. Então puxou violentamente Seni da cama, modificando, naquela noite, a maneira silenciosa como ele retirava a filha do quarto e levava aos fundos da casa, para machucá-la, como vinha acontecendo há meses. Naquela noite, o animal estava tão furioso – afirma Shirley, chorando – que Seni para a sua salvação, fez do medo, pavor, coragem. E se irrompeu em prantos e gritos. As irmãs acordaram apavoradas engrossando a gritaria e o pedido de socorro. [...] E avançou sobre Seni, gritando, xingando, os maiores impropérios, rasgando suas vestes e expondo à nudez aquele corpo ainda meio-menina, violentado diversas vezes por ele, desde quando a mãe dela falecera. Nesse momento eu já estava alcançando o quarto das meninas no andar superior. E não conseguia atinar como alguém, que não tivesse a chave, pudesse ter entrado em

---

25 EVARISTO, Conceição. *Insubmissas lágrimas de mulheres*. Belo Horizonte: Nandyala, 2011, p. 28

nossa casa. [...] Foi quando assisti à cena mais dolorosa de minha vida. Um homem esbravejando, tentando agarrar, possuir, violentar o corpo nu de uma menina, enquanto outras vozes suplicantes, desesperadas, desamparadas, chamavam por socorro. Pediam ajuda ao pai sem saber que ele era o próprio algoz. [...].[26]

Essa é uma das cenas mais duras, cruéis. Ao lermos, podemos ser tomados por um sentimento de angústia muito grande. Uma semelhança com o conto anterior é a forma brutal como esse homem acessa esse corpo feminino, é com voracidade, como se fosse um animal selvagem faminto que enfim, depois de tanto correr, consegue abater sua presa. Quando um homem comete um ato violento contra uma mulher, uma menina, ele está ferindo a todas que estão à sua volta, ele está atacando o um grupo maior de mulheres, pois poderia ser qualquer uma de nós.

Esse tipo de violência, denunciada nos contos de Conceição Evaristo, foi por muito tempo tolerada e até mesmo defendida por vários setores da sociedade, e, em grande medida, esse pensamento retrógrado ainda povoa a cabeça da maior parte das pessoas: o de que as mulheres devem estar sob o julgo do homem, não só para serem controladas, mas para serem abusadas, agredidas física e mentalmente. Shirley Paixão personifica a mulher que reage com o mesmo instrumento do agressor: a força física, a estratégia de matar ou morrer, como ela mesma diz.

A violência perpetrada contra as mulheres, sobretudo as negras no Brasil, ocorre, dentre outros fatores como o machismo e a misoginia, primeiro porque temos um Estado que não se preocupa com a saúde delas, as delegacias especializadas nos atendimentos às vitimas muitas vezes não dispõem de pessoal capacitado para lidar com situações para as quais foram criadas. O resultado é a sensação de desamparo que fica para sempre no corpo e na mente de mulheres e crianças que sofrem esse tipo de trauma.

---

26 EVARISTO, Conceição. *Insubmissas lágrimas de mulheres.* Belo Horizonte: Nandyala, 2011, p. 29.

PALAVRAS NUNCA FINAIS

A literatura produzida por Conceição Evaristo apreendida nesse romance é aquela que está para além de uma forma artística depurada, cujo campo de conhecimento é bastante sério e comprometido com as questões relativas à estética, à mimeses, a ficcionalidade, etc.: a literatura que o sociólogo e crítico literário Antonio Candido pensou. Ele acreditava que "a literatura desenvolve em nós a quota de humanidade na medida em que nos torna mais compreensivos e abertos para a natureza, a sociedade, o semelhante".[27]

Entendemos que fazer literatura é uma das formas de estar no mundo. Para as mulheres como a escritora Conceição Evaristo, esta escrita está e estará, por algum tempo, invariavelmente marcada por alguns traços de pessoalidade, do confessional, da relação com a vivência, que seria do âmbito do coletivo, e com a experiência, talvez mais subjetiva, de prazeres, dores, aventuras e desventuras.

Escrever, escrever-se e viver: trinômio basilar para compreender a histórias dessa grande escritora brasileira.

---

27   CANDIDO, Antonio. O direito à literatura. In: *Vários escritos*. 4 ed. São Paulo; Rio de Janeiro: Duas Cidades; Ouro sobre Azul, 2004, p. 180.

UM JOGO DE SEDUÇÃO: DIÁLOGOS ERÓTICOS ENTRE LYGIA FAGUNDES TELLES E HILDA HILST

Bruna Kalil Othero[1]

Meu texto de ficção é deslumbrante,
é da pessoa ficar gozando o tempo todo.

Hilda Hilst

Me leia enquanto estou quente.

Lygia Fagundes Telles

A enunciação feminina na literatura brasileira é, historicamente, marginalizada e diminuída. Quando falamos de autoras transformadoras, aí é que o cenário se complica ainda mais. Marina Colasanti, na famosa conferência "Por que nos perguntam se existimos", diz:

> [...] a literatura traz consigo outro fator extremamente ameaçador. Literatura – reconhecível como tal – implica linguagem individual. E linguagem individual é transgressão, ruptura das normas, questionamento do já estabelecido. Se nos homens a transgressão é estimulada e louvada pela sociedade – o herói é sempre, de uma maneira ou de outra, um transgressor – nas mulheres ela é execrada.[2]

---

1   Bruna Kalil Othero é escritora e pesquisadora. Graduada em Letras e mestranda em Estudos Literários pela UFMG (bolsista CAPES), é autora dos livros de poesia *Poétiquase* (2015) e *Anticorpo* (2017). Organizou o volume de ensaios *A Porca Revolucionária: ensaios literários sobre a obra de Hilda Hilst* (2018). E-mail: brunakalilof@gmail.com

2   COLASANTI, Marina. Por que nos perguntam se existimos. In: RODRIGUES, Carla; BORGES, Luciana; RAMOS, Tania Regina Oliveira (Org.). *Problemas de gênero*. Rio de Janeiro: Funarte, 2016, p. 329.

Dessa forma, podemos compreender melhor porque nomes de mulheres na literatura são mais hostilizados, sobretudo quando escrevem textos revolucionários. E é esse o caso de Hilda Hilst e Lygia Fagundes Telles, duas autoras que inovaram bastante à sua época, e que agora estão sendo cada vez mais reconhecidas pela crítica e público.[3]

Amigas íntimas, se conheceram por meio da Faculdade de Direito de São Paulo, na qual ambas foram estudantes, embora Lygia tenha se formado antes. Ao falar sobre essa relação de amizade, Hilda disse: "Os nossos universos são parecidos, mas se expressam de modos totalmente diferentes. [...] Eu falo tudo claro. A Lygia se encobre. Quando ela está comigo, por exemplo, a Lygia sozinha, ela é ela. Mas ela tem um certo respeito pelo outro. Eu não tenho o menor respeito."[4] Considerando as diferenças entre as duas, o objetivo deste ensaio é ler o conto "Senhor Diretor", de Lygia Fagundes Telles, com olhos de leitora da obra de Hilda Hilst, enquanto tecemos comparações entre textos de ambas as autoras.

Antes de nos adentrarmos pelas temáticas, porém, iremos discutir acerca da forma desse texto: um conto. Para Mário de Andrade, "[...] sempre será conto aquilo que seu autor batizou com o nome de conto".[5] Para Alfredo Bosi, "[...] se comparada à novela e ao romance, a narrativa curta condensa e potencia no seu espaço todas as possibilidades da ficção".[6] Já para Lygia, o conto pode ser tudo isso, mas ainda ganha um status arrebatador:

> Eu percebo que está começando a nascer um conto quando, ao analisar as personagens, vejo que elas são, de certo modo, limitadas. Elas têm que viver aquele instante com toda a força e a vitalidade que eu puder dar, porque nenhuma delas vai durar. Isso quer dizer que, com elas, eu preciso seduzir o leitor num tempo mínimo. Eu não vou ter a noite in-

---

3 Lygia sempre teve mais reconhecimento que Hilda, pois constantemente se engajava mais em eventos sociais e literários; enquanto Hilda, morando na Casa do Sol, se manteve isolada por muito tempo, reclamando de ser esquecida e pouco lida. Nos últimos anos, estamos em um momento editorial importante para Hilst: homenageada pela FLIP 2018, sua obra está sendo reeditada e uma nova geração de leitores está se formando.

4 HILST, Hilda. Ciranda de amigos. In: CADERNOS DE LITERATURA BRASILEIRA. *Lygia Fagundes Telles*. São Paulo: Instituto Moreira Salles, 1998, p. 22.

5 ANDRADE, Mário de. Contos e Contistas. In: ANDRADE, Mário de. *O empalhador de passarinhos*. São Paulo: Martins Fontes, 1972. p. 5.

6 BOSI, Alfredo. Situação e Formas do Conto Brasileiro Contemporâneo. In: BOSI, Alfredo. *O conto brasileiro contemporâneo*. São Paulo: Editora Cultrix, 1978. p. 7.

teira para isso, com uísque, caviar, entende? Preciso ser rápida, infalível. O conto é, portanto, uma forma arrebatadora de sedução. É como um condenado à morte, que precisa aproveitar a última refeição, a última música, o último desejo, o último tudo.[7]

E é essa sedução arrebatadora do conto de Lygia que nos interessa. Pensar na sua literatura como um jogo erótico, em diálogo com a obscena Hilda Hilst, é uma das chaves de leitura que utilizaremos para compreender melhor esse texto.

"Senhor Diretor", publicado pela primeira vez no livro *Seminário dos Ratos* (1977), é narrado por Maria Emília, uma professora de meia idade, que está chocada com as "modernidades pornográficas" do seu tempo, e escreve uma carta ao diretor de um jornal para reclamar da falta de moralidade. Por trás da ideia dessa carta, contudo, está o não dito, o sugerido, as brechas que passam na mente da personagem enquanto ela profere o discurso oficial.

Nas "Teses sobre o conto", Ricardo Piglia afirma que "[...] um conto sempre conta duas histórias. [...] A arte do contista consiste em saber cifrar a *história 2* nos interstícios da *história 1*. Uma história visível esconde uma história secreta, narrada de modo elíptico e fragmentário".[8] A partir desse pensamento, é possível entender que "Senhor Diretor" é composto por duas histórias, uma dentro da outra: o relato visível – carta ao diretor do jornal – esconde um relato secreto – o interior dessa mulher, uma narração que serve de subterfúgio para a autorreflexão. Nesse contexto, a tensão entre os 2 relatos é o que traz um movimento intrigante ao conto, de acordo com Paes:

> Os desencontros tematizados nas ficções curtas ou longas de Lygia Fagundes Telles abrem-se num leque que cobre áreas fundamentais da experiência humana: desencontros entre dever e prazer, desejo e objeto de desejo, expectativa e consecução, sonho e realidade, possível e impossível, verossímil e fantástico, e assim por diante.[9]

---

7   TELLES, Lygia Fagundes. *A disciplina do amor* [entrevista]. CADERNOS DE LITERATURA BRASILEIRA. *Lygia Fagundes Telles*. São Paulo: Instituto Moreira Salles, 1998, p. 29.

8   PIGLIA, Ricardo. Teses sobre o conto. In: PIGLIA, Ricardo. *O laboratório do escritor*. Trad. Josely Vianna Baptista. São Paulo: Iluminuras, 1994, p. 37.

9   PAES, José Paulo. Ao encontro dos desencontros. In: CADERNOS DE LITERATURA BRASILEIRA. *Lygia Fagundes Telles*. São Paulo: Instituto Moreira Salles, 1998, p. 71.

No conto em questão, há um desencontro interessante entre as noções de *dever* – o papel de gênero que foi incutido à professora – e *prazer* – seus sentimentos mais íntimos, reprimidos na esfera social.

A forma com que esses dois discursos se entrecruzam é feita por meio de um fluxo dialógico entre os pensamentos da personagem e o que ela pretende escrever na carta. Aliás, esse dispositivo estético é um velho conhecido dos leitores de Hilda Hilst, forma inaugurada na sua obra após a publicação de *Fluxo-floema*. Sobre essa estratégia narrativa, Álcir Pécora afirma:

> O "fluxo" em Hilda é surpreendentemente dialógico, ou mesmo teatral: o que dispõe como pensamentos do narrador não são discursos encaminhados como uma consciência solitária supostamente em ato ou em formação, mas como fragmentos descaradamente textuais, disseminados alternadamente entre diferentes personagens que irrompem, proliferam e disputam lugares incertos, instáveis, na cadeia discursiva.[10]

Desse modo, é interessante pensar como dispositivos estéticos semelhantes se expressam de maneiras diversas nos textos das duas autoras. Enquanto Hilda é mais caótica, embaralhando vozes de múltiplos personagens simultaneamente, Lygia se aproveita dessa polifonia para mostrar a duplicidade de uma única figura: "Mas já estou enveredando por outros caminhos, que difícil, meus Céus, dizer exatamente o que se deseja dizer, tanta coisa vem pelo meio"[11]. Essa condição ambígua da personagem se expressa através de uma contradição entre a fachada social que ela performa *versus* o seu interior de sentimentos. Ela vai da recriminação ao autoquestionamento, como quando narra a sua participação em um protesto feminista:

> E de repente desatou a falar em clitóris, porque o clitóris, o clitóris... E com homens por ali, eu já não sabia onde enfiar a cabeça quando ela contou que não sei mais em que país eles faziam uma incisão no clitóris da mulher para que ela não sentisse nenhum prazer, o sexo transformado em agulheiro simples instrumento de penetração. E deu outros exemplos igualmente horríveis, concordo, uma crueldade essas práticas todas. Mas trazer isso num debate? Quis disfarçar, mostrar que não estava chocada mas quando dei conta de mim, estava aplaudindo mais do que todas, sempre acontece que por timidez, por medo do palco, acabo entrando no próprio.[12]

---

10   PÉCORA, Alcir. Nota de apresentação. In: HILST, Hilda. *Fluxo-floema*. São Paulo: Globo, 2003, p. 10.

11   TELLES, Lygia Fagundes. *Seminário dos ratos*. Rio de Janeiro: Nova Fronteira, 1984, p. 25.

12   TELLES, Lygia Fagundes. *Seminário dos ratos*. Rio de Janeiro: Nova Fronteira, 1984, p. 24.

Dessa forma, percebe-se uma forte ambivalência dessa narradora, caminhando na corda bamba entre o que lhe foi ensinado a sentir e o que, em verdade, sente.

O grande tema do texto é o contraste entre um certo conservadorismo de Maria Emília e as ousadias das novas gerações. Logo no início do conto, a professora desvia o olhar para uma capa da revista, onde encontra dois modelos de roupas de banho: "Estavam molhados como se tivessem saído juntos de uma ducha. Sérios. Por que todas essas fotos obscenas tinham esse ar agressivo? Emendados feito animais. E brilhosos, escorrendo uma água oleosa, desde Sodoma e Gomorra os óleos e unguentos fazendo parte das orgias".[13] A imagem vinda de uma revista nos interessa porque remete à indústria cultural como um todo, essa mídia que vende o sexo como um produto. Ao discorrer sobre sua indignação, a narradora não só culpa a televisão por disseminar a "imoralidade" como também faz referência ao cinema, se lembrando da cena da penetração anal feita com a manteiga no filme *O Último Tango em Paris*[14], que chocou imensamente à sua época:

> Televisão era outro foco de imoralidade. Anúncios mais sujos, uma afronta. [...] A coisa já invadiu a intimidade dos nossos lares, não tenho filhos, é lógico, mas se tivesse estaria agora desesperada, essa mania de iniciar as crianças em assuntos de sexo, esses livros, esses programas infantis, Senhor Diretor, e esses programas que conspurcam nossas inocentes crianças, bem como fizeram com a manteiga...[15]

Ao falar de crianças inocentes conspurcadas pelo sexo, uma associação imediata que surge à mente de leitores de Hilst é a pequena escritora Lori Lamby. *O caderno rosa de Lori Lamby*, publicado pela primeira vez em 1990, causou uma enorme polêmica ao trazer um romance escrito por uma garotinha de 8 anos, que, entre os lanches com biscoito e deveres de casa, era prostituída pelos pais. Nesse contexto, também, o mundo do sexo está intrinsecamente relacionado ao dinheiro e à mídia:

---

13   TELLES, Lygia Fagundes. *Seminário dos ratos*. Rio de Janeiro: Nova Fronteira, 1984, p. 17.

14   É importante ressaltar que a atriz Maria Schneider relatou ter sido estuprada por Marlon Brando em cena, e isso não estava no roteiro original. Após anos de denúncia sem ser levada a sério, o relato de Schneider só ganhou corpo novamente após o diretor Bernardo Bertolucci admitir ter gravado a cena sem o seu consentimento.

15   TELLES, Lygia Fagundes. *Seminário dos ratos*. Rio de Janeiro: Nova Fronteira, 1984, p. 18.

Ele perguntou me lambendo se eu gostava do dinheiro que ele ia me dar. Eu disse que gostava muito porque sem dinheiro a gente fica triste porque não pode comprar coisas lindas que a gente vê na televisão. [...] Tudo isso que eu estou escrevendo não é pra contar pra ninguém porque se eu conto pra outra gente, todas as meninas vão querer ser lambidas e tem umas meninas mais bonitas do que eu, aí os moços vão dar dinheiro pra todas e não vai sobrar dinheiro pra mim, pra eu comprar as coisas que eu vejo na televisão e na escola. Aquelas bolsinhas, blusinhas, aqueles tênis e a boneca da Xoxa. [...] Por que será que ninguém descobriu pra todo mundo ser lambido e todo mundo ia ficar com dinheiro pra comprar tudo o que eu vejo, e todos também iam comprar tudo, porque todo mundo só pensa em comprar tudo.[16]

Esse trecho nos interessa pois faz uma crítica mordaz ao capitalismo e à indústria cultural que lhe serve como base de perpetuação. Além disso, Lori não tem medo de ser descoberta porque sua relação com os homens adultos seria imoral ou proibida, aos olhos da sociedade, mas porque isso tiraria da menina a sua fonte de renda e a possibilidade que ela tem de comprar todas as coisas que vê na televisão. Isso se relaciona, também, ao ato da mídia, que promove produtos sistematicamente, criando, nos espectadores – sobretudo em públicos mais vulneráveis, como o infantil –, um desejo incontrolável de comprar.

Enquanto Lori, uma criança, é influenciada pela TV e deseja ter a "boneca da Xoxa", Maria Emília se sente pressionada a comprar um dos grandes símbolos do capitalismo, a Coca-Cola, que não por acaso tem uma conotação sexual:

Por toda parte só um anúncio, BEBA COCA-COLA! BEBA COCA-COLA! Nas estradas, nas cidades, nas árvores e nas fachadas, nos muros e nos postes, até na toalete de lanchonetes perdidas lá no inferno velho, a ordem, BEBA COCA-COLA! E eu então – ai de mim! – com toda a ojeriza que tenho por esse refrigerante, pensando em pedir uma tônica com limão ou um guaraná, naquele calor e naquele cansaço, cheguei no balcão e pedi uma Coca-Cola gelada. [...] A ordem de beber Coca-Cola não corresponde de um certo modo a essa ordem de fazer amor, faça amor, faça amor! Cheguei um dia a ter uma miragem quando em lugar da garrafinha escorrendo água no anúncio, vi um fálus no fundo vermelho. Em ereção, espumejando no céu de fogo – horror, horror, nunca vi nenhum fálus, mas a gente não acaba mesmo fazendo associações desse tipo?[17]

---

16   HILST, Hilda. *Pornô chic*. São Paulo: Globo, 2014, p.12-16.

17   TELLES, Lygia Fagundes. *Seminário dos ratos*. Rio de Janeiro: Nova Fronteira, 1984, p.20-21.

A professora, virgem assumida ("nunca vi nenhum fálus"), sucumbe à ordem do capital e bebe o refrigerante, ao mesmo tempo que relaciona esse movimento da garrafa se abrindo ao pênis tendo uma ereção. Essa aproximação surge novamente, mas agora de forma violenta, na imagem de um estupro, inserida no meio do texto como quem não quer nada:

> Não foi no jornal que a Mariana leu (o fascínio que tem por jornais populares) o caso daquele moço? Monstruosidade, o moço que pegou uma garrafinha de Coca-Cola e enfiou quase inteira lá dentro da menina, horrível, quando chegaram ao hospital ela já estava agonizando, Mas por que fez isso, monstro?!, o delegado perguntou e ele respondeu chorando aos gritos que também não sabia, não sabia, só se lembrava que *uma vez leu numa revista que em Hollywood*, numa festa que durou três dias, um artista enfiou uma garrafa de champanhe na namorada quando também não conseguiu fazer naturalmente. *Mas me lembrei disso por lembrar*, ideias extravagantes.[18]

A construção "me lembrei disso por lembrar, ideias extravagantes" transmite uma ideia que perpassa todo o conto: Lygia quer que acreditemos que as associações ao sexual (e, aqui, ao violento) são inocentes, afinal, estão sendo enunciadas por uma professora aposentada. Porém, nada é por acaso, e esse tipo de afirmação nos parece algo irônico, como quem pisca o olho para o leitor, dizendo: entendeu? Ademais, esse trecho também reforça a crítica à influência dos meios de comunicação – e das grandes instituições culturais, como Hollywood – nas ações das pessoas, demonstrando como a linguagem midiática é poderosa.

De acordo com Silviano Santiago,

> Nos contos de Lygia Fagundes Telles, a sensualidade cultivada pelo narrador obscurece o conhecimento que possa ter do mundo e favorece o conhecimento que venha a ter de si mesmo. Como tarefa proposta pela escrita, a dramatização da sensualidade torna o exercício literário pouco rentável para as indagações ditas metafísicas, questões sobre a essência dos seres, ou a condição do homem no planeta terra e sua situação na história. Torna o exercício literário mais propício para o melhor conhecimento das sucessivas *percepções* que abrem caminho e penetram com força e violência na mente humana. Acomodam-se na consciência do narrador, reordenando e aprimorando o insuficiente saber que ele e o leitor têm, que nós temos sobre as vontades e fraquezas do espírito humano.[19]

---

18   TELLES, Lygia Fagundes. *Seminário dos ratos*. Rio de Janeiro: Nova Fronteira, 1984, p.21, grifos nossos.

19   SANTIAGO, Silviano. A bolha e a folha: estrutura e inventário. In: CADERNOS DE LITERATURA BRASILEIRA. *Lygia Fagundes Telles*. São Paulo: Instituto Moreira Salles, 1998, p. 98, grifo do autor.

Dessa forma, é possível compreender a potência e o alto alcance dos textos de Lygia, uma vez que se utilizam do mote da sexualidade para abranger questões ainda mais amplas e complexas. É o caso, por exemplo, de uma discussão social acerca da herança do desprazer: de geração em geração, numa linhagem feminina, se passa esse repúdio ao sexo, a ideia de que a mulher é um objeto reprodutivo e não sujeito do seu próprio desejo.

Nesse contexto, a reflexão começa quando a narradora se lembra da história da própria mãe: "Fiquei deprimida, pensando na mamãe que não fez a tal incisão [no clitóris] mas que nunca sentiu o menor prazer. E teve oito filhos. Oito. Quarenta anos de casamento sem prazer: um agulheiro calado"[20]. Mais a frente, rumina a partir dessa fobia passada como uma doença congênita: "Mamãe tinha medo do sexo, herdei esse medo – não foi dela que herdei? [...] me lembrei dela dizendo à minha avó que cumpria seus deveres de esposa sem nenhum prazer até o amargo fim. Até o amargo fim, mamãe?"[21] A mãe que "cumpria seus deveres de esposa" de forma robótica, sem curtir o próprio prazer, seguindo modelos de gênero instituídos pelo patriarcado, representa o que Lygia, no texto "A mulher escritora e o feminismo no Brasil", chama de mulher-goiabada: "[...] a tradição da mulher-goiabada mexendo infinitamente o tacho de doce... Trancada a sete chaves, não dispunha de uma fresta sequer para se expressar".[22] Portanto, a partir da dicotomia entre as duas visões expostas, conclui-se que, para Maria Emília, o sexo não é natural: ou é pornográfico (representação da indústria cultural) ou é violento (a força imposta pelo marido no casamento).

Outra dualidade do conto surge a partir da imagem de manchetes que se contrastam: a seca no nordeste *versus* a cheia da Amazônia. Esse binarismo retorna em vários momentos, de forma análoga à sexualidade: nos velhos – seca – e nos jovens – molhada:

> Seca tudo, a velhice é seca, toda água evaporou de mim, minha pele secou, as unhas secaram, o cabelo que estala e quebra no pente. O sexo

---

20 TELLES, Lygia Fagundes. *Seminário dos ratos*. Rio de Janeiro: Nova Fronteira, 1984, p. 25.

21 TELLES, Lygia Fagundes. *Seminário dos ratos*. Rio de Janeiro: Nova Fronteira, 1984, p. 30.

22 TELLES, Lygia Fagundes. A mulher escritora e o feminismo no Brasil. In: RODRIGUES, Carla; BORGES, Luciana; RAMOS, Tania Regina Oliveira (Org.). *Problemas de gênero*. Rio de Janeiro: Funarte, 2016, p. 334.

sem secreções. Seco. Faz tempo que secou completamente, fonte selada. A única diferença é que um dia, no nordeste, volta a chuva.[23]

A construção da duplicidade é feita a partir do seu olhar de professora aposentada, rememorando os tempos de docência em que tinha mais contato com os jovens. Ao comparar o seu corpo velho ao de suas alunas, a oposição entre essas corporeidades a partir do viés da água/secura é evidente:

> [...] me lembro bem do começo dessas rugas, querendo com elas segurar aquela meninada que vinha *espumejante como um rio*, cobrindo tudo, tamanha força, uma classe depois da outra, uma depois da outra – *por que me fazem pensar num rio sem princípio nem fim?* Eu ficava sem voz de tanto pedir silêncio, a garganta escalavrada. Então olhava com essa cara e elas iam sossegando, durante alguns minutos ficavam com medo. Para recomeçar em seguida na maior algazarra, os peitinhos empurrando o avental, excitadas, úmidas, explodiam principalmente no verão. Eu evitava roçar nelas quando voltavam do recreio, mais forte o cheiro ácido de suor e poeira, mastigando ainda a banana, o pão com manteiga.[24]

Essa contradição é potente quando se pensa na noção de fertilidade, que sofre tanto com a falta quanto com o exagero: as terras do Nordeste, secas, não são um solo propício para a proliferação de plantas. E a cheia amazônica, embora úmida e irrigada, por receber chuvas em excesso, também dificulta a geração de vida vegetal. A partir disso, Maria Emília se vê como infértil, sem a possibilidade originária da criação – uma vez que se apresenta como virgem –, enquanto se contrasta às alunas e às próprias amigas, as que tiveram experiências sexuais:

> *O Nordeste passa por uma forte estiagem que já destruiu mais de 90 por cento da produção agrícola, ao passo que a Amazônia sofre o flagelo das cheias com a chegada das chuvas* – leu Maria Emília. Desespero na escassez. Desespero no excesso. Não tive ninguém, mas Mariana exorbitou: três maridos sem falar nos amantes.[25]

Viver nesse mundo do sexo, portanto, é um desafio para a aposentada. Além de rever o seu passado e se arrepender de não o ter aproveitado melhor, ela também tem dificuldade de lidar com as mudanças que vêm com o futuro:

---

23 TELLES, Lygia Fagundes. *Seminário dos ratos*. Rio de Janeiro: Nova Fronteira, 1984, p. 31.

24 TELLES, Lygia Fagundes. *Seminário dos ratos*. Rio de Janeiro: Nova Fronteira, 1984, p. 25-26, grifos nossos.

25 TELLES, Lygia Fagundes. *Seminário dos ratos*. Rio de Janeiro: Nova Fronteira, 1984, p. 22, grifo da autora.

E o biquíni tão ajustado entre as pernas que se via nitidamente o montículo de pelos aplacados sob o cetim, mais expostos do que se estivessem sem nada em cima. Olha aí, Senhor Diretor. A imagem da mulher-objeto, como dizem as meninas lá do grupo feminista. Meninas inteligentes, cultas, quase todas de nível universitário. Mas meus Céus, se ao menos fossem mais moderadas. Mais discretas. Reivindicar tanta coisa ao mesmo tempo, tanta mudança de repente não pode ser prejudicial? *Um abalo nas nossas raízes, acho que estão correndo demais.*[26]

Afinal, entender que as coisas se atualizam significa, de maneira análoga, compreender que ela já não mais faz parte daquilo tudo. O medo do novo, portanto, representa também o medo de si mesma, de ter que se adequar às transformações: já velha, essa mulher precisa renovar-se para sobreviver na contemporaneidade.

Tema caro à Lygia, o envelhecimento é também recorrente na obra de Hilda, sobretudo no romance *A obscena senhora D* (1982). Todo o livro começa pelo fato de Hillé, a nossa narradora obscena, fazer 60 anos e querer se confinar no vão da escada. Esse primeiro movimento dá origem a uma narrativa caótica, num entremeio polifônico entre os pensamentos da Senhora D, as vozes de seu marido Ehud e dos vizinhos. Para ela, chegar aos 60 significa estar mais perto da morte, uma importante pauta à narrativa. Porém, no universo hilstiano, a morte é também vista como uma redenção final, um momento no qual a matéria física finalmente alcançará o êxtase da alma.

Esse pensamento é recorrente, quando Hillé deseja ir ao encontro de Ehud, vislumbrando a completude no destino humano final:

> hei de estar contigo, com teu nós, teu rosto de maçãs, bravias, duras, *morta sim é que estarei inteira*, acabada, pronta como fui pensada pelo inominável tão desrosteado, morta serei fiel a um pensado que eu não soube ser, morta talvez tenha a cor que sempre quis, um vermelho urucum, ou um vermelho ainda sem nome tijolês-morango-sépia e sombra, a teu lado eu cromo feito escarlatim, acabados nós dois, *perfeitíssimos porque mortos.*[27]

Os dois, finalmente juntos – ainda que mortos, ou porque mortos –, buscam, nesse encontro com Deus, a perfeição e a plenitude que apenas o fenecimento pode lhes proporcionar.

---

26 TELLES, Lygia Fagundes. *Seminário dos ratos*. Rio de Janeiro: Nova Fronteira, 1984, p. 23, grifo nosso.

27 HILST, Hilda. *A obscena Senhora D*. São Paulo: Globo, 2001, p. 79, grifos nossos.

Nesse contexto, a imagem religiosa é relevante para ambas as autoras. Hilda se formou em um colégio interno católico[28], assim como Lygia[29]. Ainda no contexto de *A obscena Senhora D*, a evocação de um divino é essencial para a construção narrativa. Hilda Hilst sempre teve nomes muito peculiares para chamar Deus. O Inominável, o Incomensurável, o Outro, um Flamejante Sorvete de Cerejas são apenas alguns. Porém, ao mesmo tempo, a imagem divina está muito relacionada ao corpo e ao erotismo, criando, a todo o momento, uma contraposição entre o sagrado e o profano, como no trecho: "te põe de imediato a mão nas tetas e diz teu Deus sou eu, Hillé [...] uma bela caceta / isso. e delicado mas firme te faz abrir as pernas e repete / sei. teu Deus sou eu."[30]

A correspondência entre o sexo e o divino é importantíssima à toda a obra de Hilda Hilst. Em entrevista no ano de lançamento de *O Caderno Rosa*, a autora afirmou que "a verdadeira natureza do obsceno é a vontade de converter".[31] Ao que Bataille poderia reiterar: "a experiência erótica, entretanto, é vizinha da santidade".[32] As duas experiências seriam similares por trazerem uma certa nostalgia da santidade, um desejo de retornar ao sagrado absoluto, para utilizar termos recorrentes na obra hilstiana. Ou seja, quando se entra em contato com as mais baixas nojeiras, grotescas, surgiria a vontade de rever o divino.

---

28   "Quando eu tinha oito anos, minha maior vontade era ser santa. Eu estudava em colégio de freiras, rezava demais, vivia na capela. Sabia de cor a vida das santas. Eu ouvia a história daquela Santa Margarida, que bebia a água dos leprosos, e ficava impressionadíssima. Vomitava todas as vezes que as freiras falavam disso. Elas diziam: "Não é pra vomitar!". Eu queria demais ser santa." In: DINIZ, Cristiano (Org.). *Fico besta quando me entendem: entrevistas com Hilda Hilst*. São Paulo: Globo, 2013, p. 188.

29   "Eu tive uma formação católica. Frequentei colégios de freiras – houve uma época até em que eu queria ser freira, queria entrar para a Ordem das Carmelitas Descalças –, fiz minha primeira comunhão. Mas eu deixei de ser uma praticante muito cedo." In: TELLES, Lygia Fagundes. *A disciplina do amor* [entrevista]. CADERNOS DE LITERATURA BRASILEIRA. *Lygia Fagundes Telles*. São Paulo: Instituto Moreira Salles, 1998, p. 43.

30   HILST, Hilda. *A obscena Senhora D*. São Paulo: Globo, 2001, p. 67.

31   Trecho de entrevista à TV Cultura em 1990, disponível no link: <https://www.youtube.com/watch?v=5yeFhO4G2OQ>. Acesso em junho de 2018.

32   BATAILLE, Georges. *O Erotismo*. Trad. Fernando Scheibe. Belo Horizonte: Autêntica, 2014, p. 279.

Em *A obscena Senhora D*, há uma palavra chave para compreender essa questão do erótico-sagrado: derrelição. Para a mística, o termo "derrelição" tem tríplice significado. De acordo com o *Dicionário de Mística*,

> [...] o primeiro é de entrega da própria vontade à de Deus [...]. Um segundo significado é o [...] de uma pessoa que [...] antes prefere abandonar tudo para ter "puramente em Deus o próprio tesouro". O terceiro sentido [...] [é] a sensação de ter sido abandonado por Deus.[33]

Essa palavra é cara às duas personagens principais: o casal Hillé e Ehud. O próprio título do livro advém dela: "daqui por diante te chamo A Senhora D. D de derrelição, ouviu? Desamparo, Abandono, desde sempre a alma em vaziez".[34] Porém,

> [...] esse estado é transitório e experimentado em vista da contemplação, na qual Deus introduz cada vez mais profundamente a pessoa para realizar a união de amor. Teresa de Ávila descreve a derrelição como um suplício, uma tempestade que se abate sobre a alma [...] e assume, além do valor de purificação dos afetos efêmeros, valor redentor.[35]

A derrelição, portanto, se aproxima de um gozo espiritual, momento no qual a entrega de si mesmo ao divino é tão grande que o corpo experimenta "uma tempestade sobre a alma". É possível, também, aplicar essa noção de derrelição ao conto "Senhor Diretor". No fim do conto, Maria – esse nome imaculado – vai ao cinema sozinha no seu aniversário e tem um momento de completa entrega, impulsionado por um estímulo erótico, o toque em algo que parecia sêmen:

> Segurou com força no assento e o couro da poltrona lhe pareceu viscoso, sêmen? Calçou as luvas e juntou as pernas. Senhor Diretor: antes e acima de tudo, quero me apresentar, professora aposentada que sou. Paulista. Virgem. Fechou os olhos, virgem, virgem verdadeira, não é para escrever mas não seria um dado importante? Desabotoou o segundo botão, a blusa encolheu na lavagem ou seu pescoço estava mais grosso? Sentiu-se desalinhada, descomposta, mas *deixa eu ficar um pouco assim*, está escuro, ninguém está prestando atenção em mim, nem no claro prestam, quem é que está se importando, quem? *E se por acaso o certo for isso mesmo que está aí? Esse gozo, essa alegria úmida nos corpos*. Nas palavras. Esse arfar

---

33 BORRIELLO, Luigi. *Dicionário de mística*. Trad. Benôni Lemos. São Paulo: Edições Loyola, 2003, p. 311.

34 HILST, Hilda. *A Obscena Senhora D*. São Paulo: Globo, 2001, p. 17.

35 BORRIELLO, Luigi. *Dicionário de mística*. Trad. Benôni Lemos. São Paulo: Edições Loyola, 2003, p. 312.

espumejante como o rio daquelas meninas, aquelas minhas alunas que eram como um rio, tentou detê-lo com sua voz rouca, com seus vincos e o rio transbordou inundando tudo, camas, casas, ruas... E se o normal for o sexo contente da moça suspirando aí nessa poltrona – pois não seria para isso mesmo que foi feito? Virgem, Senhor Diretor.[36]

Esse momento de emancipação é retratado pelo gesto de prender nas roupas uma camélia: movimento de ousadia para os seus costumes de senhora. Essa flor ficou conhecida como símbolo dos abolicionistas, o que traz uma interpretação possível de que ela represente a liberdade que a professora tanto aspira:

Levou a mão à lapela do casaco para se certificar, a camélia ainda estava ali. Uma pequena extravagância, Senhor Diretor, hoje é o meu aniversário e como estava um domingo tão azul, prendi aqui esta flor. Meu costume é sóbrio, meu penteado é sóbrio. Uma sóbria senhora que se permitiu usar uma flor, posso?[37]

Maria Emília, como as mulheres de sua geração, teve uma criação reprimida sexualmente. Após esse momento de derrelição no cinema, ela tem uma epifania que revê toda a sua relação com o que foi aprendido, principalmente as questões perpetuadas pela família, aqui, representadas pela figura da mãe. A professora repensa, portanto, se realmente concorda com os postulados religiosos:

Coma com as asas fechadas, mamãe me dizia. Viva com as asas fechadas, podia ter dito. Sim, o meu amor por Deus. Mas tanta disciplina, tanta exatidão pode se chamar de amor? [...] É a vontade de Deus, mamãe costumava dizer e eu fiquei repetindo, é a vontade de Deus, mas seria mesmo? Que sei eu dessa Vontade?[38]

O direito ao corpo, principalmente para as mulheres, é uma discussão que abarca tanto a sexualidade quanto a relação com Deus. O Brasil, país de formação católica, historicamente cerceou a liberdade sexual do corpo feminino. Em entrevista ao *Cadernos de Literatura Brasileira*, ao ser perguntada se a mulher é dona do seu corpo, Lygia responde: "Ela

---

36 TELLES, Lygia Fagundes. *Seminário dos ratos*. Rio de Janeiro: Nova Fronteira, 1984, p. 29-30, grifos nossos.

37 TELLES, Lygia Fagundes. *Seminário dos ratos*. Rio de Janeiro: Nova Fronteira, 1984, p. 26.

38 TELLES, Lygia Fagundes. *Seminário dos ratos*. Rio de Janeiro: Nova Fronteira, 1984, p. 32.

é dona, sim. Depois desse passado terrível, depois de ser tão reprimida, tão espartilhada, a mulher se apossou do próprio corpo com uma força muito grande, numa espécie de reivindicação".[39]

Ao fim do conto, o leitor fica ansioso para descobrir se essa sóbria senhora, agora mais próxima do seu eu autêntico, irá realmente enviar sua carta, e o que estaria escrito nela. Porém, como apontou Régis, "Jamais conheceremos o teor da carta escrita pela protagonista, mas teremos sempre renovadas suposições".[40] Finalizando o texto com um "Senhor diretor: senhor diretor:" consecutivo, Lygia deixa as portas abertas à imaginação do leitor, intrigando-nos em relação ao futuro dessa protagonista ambígua.

Portanto, segundo o que foi visto, as obras das duas autoras dialogam entre si e se figuram como pertinentes expressões artísticas da literatura brasileira, com grande potencial de mudança e reflexão. Embora os textos escolhidos tenham sido escritos no século XX, lançam luz na nossa compreensão do século XXI, abordando discussões latentes à contemporaneidade. Lygia afirma: "Hoje está aí o feminismo se vingando de tantos anos de servidão e confinamento. Seria possível [alguma] mudança sem a revolução feminista? Jamais".[41]

Para concluir, retomo o título desse ensaio: Lygia e Hilda, duas eróticas senhoras, arrebatam seus leitores com potentes jogos de sedução. Criada por um pai jogador, Lygia estende essa noção à própria literatura: "Tudo isso é um jogo, não é? Se este livro não der certo, eu não vou arrancar os cabelos. O outro dará. Lembro do meu pai: 'Amanhã a gente ganha'. É o jogo, é o jogo".[42] Joguemos, então.

---

39 TELLES, Lygia Fagundes. *A disciplina do amor* [entrevista]. CADERNOS DE LITERATURA BRASILEIRA. *Lygia Fagundes Telles*. São Paulo: Instituto Moreira Salles, 1998, p. 40.

40 RÉGIS, Sônia. A densidade do aparente. In: CADERNOS DE LITERATURA BRASILEIRA. *Lygia Fagundes Telles*. São Paulo: Instituto Moreira Salles, 1998, p. 89.

41 TELLES, Lygia Fagundes. A mulher escritora e o feminismo no Brasil. In: RODRIGUES, Carla; BORGES, Luciana; RAMOS, Tania Regina Oliveira (Org.). *Problemas de gênero*. Rio de Janeiro: Funarte, 2016, p. 337.

42 TELLES, Lygia Fagundes. *A disciplina do amor* [entrevista]. CADERNOS DE LITERATURA BRASILEIRA. *Lygia Fagundes Telles*. São Paulo: Instituto Moreira Salles, 1998, p. 43.

RELAÇÕES DE PODER, VIOLÊNCIA, TRAUMA E RESILIÊNCIA NO CORPO LITERÁRIO FEMININO DE *INSUBMISSAS LÁGRIMAS DE MULHERES*

Bruna Stéphane Oliveira Mendes da Silva[1]

Para Karl Erik Schøllhammer, a violência é um elemento fundador da cultura brasileira, e a literatura se propõe a simbolizá-la, além de buscar nela uma forma de transgredir os limites da escrita literária. Citando o escritor chileno Ariel Dorfman, Schøllhammer destaca que toda a cultura latino-americana se nutre da violência como matéria prima, desde a conquista, ocupação e exploração, passando pela aniquilação da cultura indígena, a escravidão, o imperialismo, a luta pela independência e os regimes autoritários. Assim, para Dorfman, apud Schøllhammer, "a violência é o meio em que o homem vive no continente latino-americano"[2]. Da mesma maneira, Jaime Ginzburg[3] também ressalta que a violência tem um papel constitutivo na cultura brasileira e acrescenta que, a partir dessa constatação, é possível formular a hipótese de que ela tem um papel fundamental também para nossa literatura, formando parte de nossa tradição canônica.

Ginzburg defende enfaticamente a capacidade da literatura de atuar contra a violência. De acordo com o autor, nos dias atuais, nos vemos cotidianamente expostos a uma carga muitas vezes massiva de violência

---

1   Mestranda em Letras: Estudos Literários, na Universidade Federal de Minas Gerais. E-mail: brunamendes.8390@gmail.com.

2   SCHØLLHAMMER, Karl Erik. *Cena do crime*: violência e realismo no Brasil contemporâneo. Rio de Janeiro: José Olympio, 2013, p. 106.

3   GINGZBURG, Jaime. A violência na literatura brasileira: notas sobre Machado de Assis, Graciliano Ramos e Guimarães Rosa. In: SELIGMANN-SILVA, Márcio, GINZBURG, Jaime, HARDMAN, Francisco Foot (Orgs.). *Escritas da violência*. Vol. I. Rio de Janeiro: 7Letras, 2012, p. 123-135.

social, através da televisão, dos jornais, e da internet. Diante disso, caso reagíssemos com intensidade a cada uma dessas notícias, "nosso aparelho psíquico provavelmente não suportaria"[4]. Nesse sentido, segundo o autor, é compreensível que a reação generalizada de parte do público às imagens de violência que recebem através da mídia seja uma certa apatia ou torpor. Essa reação se apresenta como uma proteção contra o risco de colapso emocional, ainda que seja também uma clara desumanização. Trata-se de uma situação socialmente problemática, já que a sociedade tem reagido cada vez com menos sensibilidade diante de fatos violentos.

A literatura, defende Ginzburg, se apresenta como uma forma de romper com essa apatia, "com percepções automatizadas da realidade", já que

> Textos literários podem motivar empatia por parte do leitor para situações importantes em termos éticos. E isso ocorre fora do circuito neurótico do ritmo imediatista da indústria cultural. O estudo de Yudith Rosenbaum sobre a violência em Clarice Lispector, por exemplo, mostra que diante de um texto da autora, que traz o personagem Mineirinho, as relações entre política e crime, entre linguagem e conhecimento, são postas em questão, o leitor é destituído de segurança quanto a "limites claros entre o eu e o outro, o certo e o errado, a verdade e a falsidade".[5]

De acordo com Ginzburg, ao lermos, em algum livro, cenas em que um ser humano agride outro e reagimos a elas com empatia, essa reação torna-se parte de nossa formação ética e poderá ser útil quando estivermos diante de situações reais de violência em que tivermos de tomar posição. Já nossa educação estética é parte decisiva dessa nossa formação ética. Isso porque a interpretação que fazemos das imagens artísticas ajuda a definir critérios a partir dos quais nos relacionamos com outras pessoas e tomamos nossas decisões. Nesse sentido, Schøllhammer traz para a discussão o termo "literacidade", a partir do qual, ao passar pelo texto ficcional, o leitor sente uma ilusão de realidade, capaz de transformar sua compreensão do mundo e apontar para mecanismos de ação.

Da mesma maneira, Schøllhammer nos fala sobre uma violência da representação, na qual, através da literatura, seria possível um movimento transgressivo de ruptura para resgatar as emoções a partir do terror e da piedade. Nesse sentido, o autor coloca em evidência o realismo traumático

---

4   GINGZBURG, Jaime. *Literatura, violência e melancolia.* Campinas, SP: Autores Associados, 2013, p. 23.

5   GINGZBURG, Jaime. *Literatura, violência e melancolia.* Campinas, SP: Autores Associados, 2013, p. 24.

de Foster, que, segundo ele, ativaria o poder estético negativo, propondo-se "a romper a anestesia cultural da realidade espetacular, propondo um choque do real, que já não pode ser integrado ou absorvido no próprio espetáculo".[6] Schøllhammer também menciona "o outro lado" do fazer literário, ao ressaltar que quem narra a violência pode encontrar formas de lidar melhor com ela, criando meios de proteção ou digestão de suas consequências. E, segundo o autor, esse movimento vai muito além de um simples uso da violência como tema para a literatura, uma vez que, "se a literatura privilegia a violência como tema e matéria-prima, é porque a literatura penetra na violência exatamente naquilo que escapa aos outros discursos apenas representativos, naquilo que é o elemento produtivo e catalizador na violência e faz comunicar"[7].

Rancière, apud Vidal[8], distingue voz e linguagem, destacando a importância de "saber quem possui a palavra e quem possui somente a voz"[9]. Para o autor, determinados grupos de pessoas foram historicamente destituídos da categoria de seres políticos e, assim, automaticamente, sua voz sempre foi considerada como mero som vazio de discurso. Para Ginzburg, outra atribuição importante da literatura frente a violência é a de "dar voz aos silenciados da história, trazer o passado para o presente por meio da linguagem", o que "é em si uma mudança social".[10] Do mesmo modo, Schøllhammer afirma que utilizar a violência como tema pode ser relevante para forçar relações de poder engessadas a se reformularem. De acordo com o autor, o compromisso social tem sido frequente na obra de muitos escritores contemporâneos.

---

6   SCHØLLHAMMER, Karl Erik. *Cena do crime*: violência e realismo no Brasil contemporâneo. Rio de Janeiro: José Olympio, 2013, p. 168.

7   SCHØLLHAMMER, Karl Erik. *Cena do crime*: violência e realismo no Brasil contemporâneo. Rio de Janeiro: José Olympio, 2013, p. 108.

8   VIDAL, Paloma. Configurações do comum na narrativa latino-americana contemporânea. In: SELIGMANN-SILVA, Márcio, GINZBURG, Jaime, HARDMAN, Francisco Foot (Orgs.). *Escritas da violência*. Vol. II. Rio de Janeiro: 7Letras, 2012, p. 13-23.

9   VIDAL, Paloma. Configurações do comum na narrativa latino-americana contemporânea. In: SELIGMANN-SILVA, Márcio, GINZBURG, Jaime, HARDMAN, Francisco Foot (Orgs.). *Escritas da violência*. Vol. II. Rio de Janeiro: 7Letras, 2012, p. 88.

10   GINGZBURG, Jaime. *Literatura, violência e melancolia*. Campinas, SP: Autores Associados, 2013.

Assim, tem-se observado uma literatura cada vez mais comprometida a intervir na realidade, a partir de temas que preocupam grande parte das pessoas e estão fortemente presentes na mídia e na esfera pública. Assim, se a literatura, ao dar voz aos silenciados e despertar no leitor a empatia adormecida, pode ser uma aliada importante no combate à violência, é fundamental refletirmos sobre as representações da mulher nos textos literários, por se tratar de um sujeito historicamente silenciado e profundamente exposto à violência de gênero.

É sabido que, durante muito tempo, as mulheres foram escritas pelo olhar dos homens, aprisionadas à imagem de "anjo do lar" ou objetificadas. De acordo com uma pesquisa desenvolvida por Camila Doval[11], é comum que muitas autoras optem por inserir-se na escrita através da linguagem do homem, neutralizando as marcas do feminino em prol de um masculino universal. Para explicar este fato, Doval aponta que existem diferenças importantes entre a forma como a mulher e o homem se movem no mundo, estando aquela reclusa no ambiente doméstico e este situado em posição de poder. Dessa forma, os dois sujeitos não se encontram no mesmo nível e o diálogo entre eles é sempre desigual, de modo que a mulher se sujeita à fala do homem enquanto ele nem sequer a escuta. Logo, inserir-se na literatura através da linguagem masculina representa, para muitas mulheres, um recurso para que elas consigam ser ouvidas, ainda que sua voz apareça repleta de silêncios.

Contudo, Constância Lima Duarte[12] vai mais a fundo e problematiza o fato da história da literatura de autoria feminina ter se constituído a partir de um cânone produzido por escritoras brancas e burguesas que, ao representar a violência, privilegiam a simbólica. Desse modo, Duarte questiona onde estariam as marcas da violência física na literatura de autoria feminina, tão comuns ao cotidiano das mulheres. Ao fazer essa pergunta, a autora problematiza a própria ausência de voz da mulher a respeito das diferentes formas de violência que sofre, uma vez que frequentemente os jornais noticiam abortos, espancamentos, estupros, em

---

11   DOVAL, Camila Canali. Escritura feminina e desgarrada. 74 f. Dissertação (Mestrado em Letras) – Pontifica Universidade Católica do Rio Grande do Sul, Porto Alegre, 2012. Disponível em: http://tede2.pucrs.br/tede2/bitstream/tede/2069/1/440652.pdf. Acesso em 26 ago. 2017.

12   DUARTE, Constância Lima. Gênero e violência na literatura afro-brasileira. In: DUARTE, Constância Lima, DUARTE, Eduardo de Assis, ALEXANDRE, Marcos Antônio (Orgs.). *Falas do outro: Literatura, gênero e etnicidade.* Belo Horizonte: Nandyala; NEIA, 2010, p. 229-234.

que a mulher é o objeto das histórias e não o sujeito delas. Em resposta a esse questionamento, Duarte recorre às escritoras dos *Cadernos Negros*, que, segundo ela, sob uma perspectiva étnica, de classe e feminista, desenvolvem "agudas releituras da violência, expondo sem melindres personagens-chagas do cotidiano feminino"[13].

Uma dessas escritoras é Conceição Evaristo, especialmente em *Insubmissas lágrimas de mulheres*, obra a ser analisada neste trabalho. Trata-se de uma coletânea de contos cujos títulos são sempre o nome da mulher que compartilhará sua história, e a estratégia narrativa parte de uma voz feminina que recolhe todas as outras vozes e as entrelaça. Esse fio condutor se estabelece através de uma narradora-personagem contadora de histórias que procura pelas mulheres – ou é procurada por elas – a fim de registrar seus relatos em um livro. As narrativas parecem entrelaçar-se, pouco a pouco compondo a história coletiva de violência compartilhada pelas mulheres.

PROTAGONISMO FEMININO: MULHERES QUE SE FAZEM OUVIR

De acordo com Benjamim[14], as experiências transmitidas entre as pessoas são a fonte de todos os narradores. Para ele, as narrativas escritas que mais se aproximam das histórias orais são as melhores. Quanto ao narrador que porta essas histórias, Benjamim considera dois perfis possíveis, sendo o primeiro o "marinheiro comerciante", que viaja recolhendo histórias, e o segundo o "camponês sedentário", que porta suas histórias desde o lugar em que se fixou. Essas definições são bastante interessantes para pensarmos a estratégia narrativa de *Insubmissas lágrimas de mulheres*, pois a obra conta com os dois perfis de narradores que nos apresenta Benjamim. A figura do "camponês sedentário" surge na voz das mulheres que partilham suas histórias sem se deslocar do lugar em que vivem, enquanto a do "marinheiro comerciante" se apresenta no intermédio da

---

13   DUARTE, Constância Lima. Gênero e violência na literatura afro-brasileira. In: DUARTE, Constância Lima, DUARTE, Eduardo de Assis, ALEXANDRE, Marcos Antônio (Orgs.). *Falas do outro: Literatura, gênero e etnicidade*. Belo Horizonte: Nandyala; NEIA, 2010, p. 229.

14   BENJAMIN, Walter. O narrador: considerações sobre a obra de Nikolai Leskov. In: BENJAMIN, Walter. *Magia e técnica, arte e política: ensaios sobre literatura e história da cultura*. Trad. Sérgio Paulo Rouanet. 3. Ed. São Paulo: Brasiliense, 1987, v. 1. p. 197-221

narradora-personagem, contadora de histórias, que viaja a procura dessas mulheres, recolhendo e entrelaçando seus relatos. No entanto, esses perfis se confundem, porque há mulheres, como Mary Benedita, que também se deslocam pelo mundo, colecionando os mais diversos tipos de vivências.

Na introdução da primeira edição do livro *Olhos d'água*, de Conceição Evaristo, Jurema Werneck identifica na autora a figura de Iyalodê, "a que fala pelas mulheres que não podem falar, contando, dizendo, amaldiçoando"[15]. Para Werneck, Evaristo inventa um mundo que existe, com histórias que muitos se recusam a ouvir. Em *Insubmissas lágrimas de mulheres*, as personagens são fortes o bastante para exercer sua voz e narrar-se, contando apenas com o intermédio de uma voz feminina que as escuta e costura suas histórias. Constância Lima Duarte[16] destaca o fato dessa narradora-personagem não ser nomeada e definir a sua própria voz como produto da "voz-outra", assim como suas histórias. Como não se nomeia, o eu narrador permite que as mulheres se coloquem em posição de destaque, narrando-se a partir de sua própria perspectiva. E a partir dessas narrativas, a narradora-personagem, como ela mesma afirma, recria as histórias, "inventa um mundo que existe", para usar as palavras de Jurema Werneck.

Tal fato dialoga com as reflexões de Benjamim, para o qual a narrativa não se interessa pela veracidade absoluta dos fatos, "ela mergulha a coisa [narrada] na vida do narrador para em seguida retirá-la dele. Assim se imprime na narrativa a marca do narrador, como a mão do oleiro na argila do vaso"[17], de modo que "o narrador retira da experiência o que ele conta: sua própria experiência ou a relatada pelos outros".[18] A essa

---

15 EVARISTO, Conceição. *Olhos d'água*. Rio de Janeiro: Malê, 2016, p. 14.

16 DUARTE, Constância Lima. Marcas da violência no corpo literário feminino. In: DUARTE, Constância Lima, CÔRTES, Cristiane, PEREIRA, Maria do Rosário A. (Orgs.). *Escrevivências: Identidade, gênero e violência na obra de Conceição Evaristo*. Belo Horizonte: Editora Idea, 2016, p. 147-157.

17 BENJAMIN, Walter. O narrador: considerações sobre a obra de Nikolai Leskov. In: BENJAMIN, Walter. *Magia e técnica, arte e política: ensaios sobre literatura e história da cultura*. Trad. Sérgio Paulo Rouanet. 3. Ed. São Paulo: Brasiliense, 1987, v. 1. p. 205.

18 BENJAMIN, Walter. O narrador: considerações sobre a obra de Nikolai Leskov. In: BENJAMIN, Walter. *Magia e técnica, arte e política: ensaios sobre literatura e história da cultura*. Trad. Sérgio Paulo Rouanet. 3. Ed. São Paulo: Brasiliense, 1987, v. 1. p. 201.

fusão entre escrita e vivência, em que à realidade é acrescentada certa dose de ficção, Conceição Evaristo batizou de escrevivência. Nas palavras da narradora-personagem de *Insubmissas lágrimas de mulheres*:

> Estas histórias não são totalmente minhas, mas quase que me pertencem, na medida em que, às vezes, se (con)fundem com as minhas. Invento? Sim invento, sem o menor pudor. Então as histórias não são inventadas? Mesmo as reais, quando são contadas. Desafio alguém a relatar fielmente algo que aconteceu. Entre o acontecimento e a narração do fato, alguma coisa se perde e por isso se acrescenta. O real vivido fica comprometido. E, quando se escreve, o comprometimento (ou o não comprometimento) entre o vivido e o escrito aprofunda mais o fosso. Entretanto, afirmo que, ao registrar estas histórias, continuo no premeditado ato de traçar uma escrevivência.[19]

Retomando a questão do exercício da voz por parte das personagens, segundo Maria Godoy, ao narrar-se, elas passam a ser (re)criadoras de sua trajetória, negando imposições características da construção histórica patriarcal em que seu espaço foi definido pelo outro. Godoy enfatiza ainda que, a partir do momento em que a narradora-personagem cede voz às mulheres, está lhes permitindo ser, pelo breve espaço de um conto, participante da criação artística. Pois, segundo Telles, apud Godoy:

> Tanto na vida quanto na arte, a mulher no século passado aprendia a ser tola, a se adequar a um retrato do qual não era a autora. As representações literárias não são neutras, são encarnações "textuais" da cultura que as gera. [...] Para poder tornar-se criadora, a mulher teria de matar o anjo do lar, a doce criatura que segura o espelho de aumento, e teria de enfrentar a sombra, o outro lado do anjo, o monstro da rebeldia ou da desobediência. O processo de matar o anjo ou o monstro refere-se à percepção das prescrições culturais e das imagens literárias que de tão ubíquas acabam também aparecendo no texto das escritoras.[20]

Para Godoy, a posição de ouvinte da narradora-personagem demonstra respeito à voz e às vivências relatadas pelas mulheres que escuta, além da identificação com as dores vividas por elas. Nessa relação, se coloca em evidência a singularidade do encontro de duas histórias: "a

---

19 EVARISTO, Conceição. *Insubmissas lágrimas de mulheres*. Rio de Janeiro: Pallas, 2016, p. 7.

20 GODOY, Maria Carolina de. *Recontando histórias em Insubmissas lágrimas de mulheres, de Conceição Evaristo*. 2015. Disponível em: <http://revistazcultural.pacc.ufrj.br/recontando-historias-em-insubmissas-lagrimas-de-mulheres-de-conceicao-evaristo/>. Acesso em 05 set. 2016, parra 32.

da ouvinte *griot*, desejosa de conhecer o relato, e da vivência da protagonista, ansiosa por compartilhar sua trajetória. Ambas condensadas
na escrevivência de Conceição Evaristo".[21]

Muito mais do que voz, Conceição Evaristo concede às personagens de
seu livro identidade. Isso porque todas elas são identificadas com nome e
sobrenome, contrariando as estatísticas da violência, em que as mulheres
figuram como meros números, desumanizadas.

A FARSA DO PATRIARCADO: PODER E DOMINAÇÃO DISFARÇADOS DE AFETO E PROTEÇÃO

Segundo Ginzburg, a história de hegemonia política do patriarcado
está associada ao mito do pai como âncora da estrutura social. Por isso
as posições de poder na sociedade são sempre destinadas a homens,
brancos, heterossexuais, pertencentes a famílias consideradas dignas,
de grupos religiosos dominantes, que defendem interesses de seu próprio grupo social. Assim, todos os indivíduos que não se enquadram
nessas características têm sido historicamente subordinados ao grupo
dominante, detentor do poder.

A figura paterna é colocada como base segura "para a proteção, para
garantir a ordem e constituir as referências para o entendimento da
realidade"[22], e seria, portanto, mais competente para governar tanto
no campo público quanto no privado. No entanto, o autor apresenta
diferentes notícias que comprovam que nem sempre os pais protegem
os filhos, muito pelo contrário, também podem ser violentos e inclusive matar. Do mesmo modo, sabemos, são muitos os casos de violência
praticada por homens contra mulheres. Logo, o mito cai por terra e
torna-se evidente a farsa do patriarcado: "a figura paterna não é a base
segura de proteção que deveria ser".[23]

---

21 GODOY, Maria Carolina de. *Recontando histórias em Insubmissas lágrimas de mulheres, de Conceição Evaristo.* 2015. Disponível em: <http://revistazcultural.pacc.ufrj.br/recontando-historias-em-insubmissas-lagrimas-de-mulheres-de-conceicao-evaristo/>. Acesso em 05 set. 2016.

22 GINGZBURG, Jaime. *Literatura, violência e melancolia.* Campinas, SP: Autores Associados, 2013, p. 78.

23 GINGZBURG, Jaime. *Literatura, violência e melancolia.* Campinas, SP: Autores Associados, 2013, p. 81.

As considerações de Heleieth Saffioti[24] sobre o patriarcado estabelecem um importante diálogo com essas reflexões de Ginzburg. Para a socióloga, o termo determina as relações homem-mulher, figurando-se não com uma acepção de poder paterno do direito patriarcal, mas como direito sexual. Assim, nessa estrutura, os homens teriam direitos quase irrestritos sobre o corpo feminino. Desse modo, o conceito delineia uma modalidade hierárquica de relação entre homens e mulheres que invade todos os espaços da sociedade, oprimindo a mulher com base tanto na ideologia quanto na violência.

Insubmissas lágrimas de mulheres é profundamente marcada por relações de poder em que os homens se sentem legitimados a impor-se violentamente sobre as mulheres. E essa violência quase sempre passa pelo corpo, seja de forma simbólica ou física. Desse modo, os personagens masculinos coisificam as mulheres e atuam como se os corpos delas fossem territórios – sobre os quais eles se convenceram de que possuem direitos ilimitados.

A exemplo disso, tomemos primeiro as histórias das personagens Aramides Florença, Shirley Paixão, Isaltina Campo Belo e Lia Gabriel. As três primeiras vivenciaram situações de violência sexual, enquanto a primeira e a última foram submetidas à agressão física.

A prática do estupro vai muito além do sexual e se justifica essencialmente pelo desejo do agressor de dominar sua vítima, obtendo poder absoluto sobre ela. Quando se trata de relações conjugais, são muito frequentes os casos de abusos sexuais praticados por homens que se sentem donos dos corpos de suas companheiras a tal ponto que lhes parece absolutamente natural obrigá-las a satisfazer desejos que são apenas deles. É o caso de Aramides Florença, estuprada pelo companheiro durante o período de resguardo. Ainda durante a gestação, o homem passa a sentir-se preterido e nutre um profundo ciúme do próprio filho.

Assim se iniciam as agressões disfarçadas de acidentes, em que ele atenta contra o corpo da companheira visando atingir a criança, uma vez que seu alvo é a barriga da gestante. Em determinada situação, o ventre é queimado por um cigarro durante um abraço. Em outra, um barbeador é esquecido na cama perto da mulher e a fere profundamente na carne que protege o filho. O ápice se dá quando, já após o parto, o homem violenta sexualmente Aramides, de uma forma que, nas palavras da personagem,

---

24   SAFFIOTI, Heleieth. Gênero, patriarcado, violência. São Paulo: Fundação Popular: Fundação Perseu Abramo, 2015.

"esse homem estava me fazendo coisa dele".[25] Em seguida, o personagem a deixa e parte, alegando que não queria mais a mulher porque ela não havia sido dele, como em outros momentos. Logo, evidencia-se nesse conto a condição da mulher vista pelo companheiro como objeto de seus desejos, cuja posse estaria ameaçada pela chegada do filho. O estupro ocorre com a intenção de recuperar o domínio sobre aquele corpo que para o homem um dia o pertenceu e parecia-lhe não pertencer mais. Ao dar-se conta de que havia perdido poder, o homem então se retira.

Em "Shirley Paixão", também podemos perceber essa relação de posse e poder, nesse caso exercido sobre o corpo de uma filha. Trata-se da menina Seni, de treze anos, violentada desde muito pequena pelo próprio pai. É comum que a criança ocupe uma posição de inferioridade nas relações de poder estabelecidas entre ela e os adultos na estrutura familiar, o que acaba por torná-la mais vulnerável a violência desses sujeitos ao mesmo tempo em que lhe impõe um silêncio absurdo. E o silêncio, em Seni, torna-se uma marca bastante representativa de sua personalidade, já que a menina é descrita como extremamente silenciosa desde muito pequena. Além disso, o conto não é narrado por Seni, mas por Shirley, o que revela, muito mais do que a voz da mãe, o silêncio da filha; o que nos parece indicar que essa história se enquadra nos casos em que, segundo Aleida Assmann, o trauma "transforma diretamente o corpo em uma área de gravação e, com isso, priva a experiência do processo linguístico e interpretativo"[26].

Em determinado momento, uma professora questiona a Shirley se ela e o marido eram muito duros com Seni, já que a menina apresentava um comportamento estranho. Ao tomar conhecimento deste questionamento, o homem, enfurecido, invade o quarto da filha e a retira violentamente da cama, "modificando naquela noite, a maneira silenciosa como ele retirava a filha do quarto e levava aos fundos da casa, para machucá-la".[27] Nesse momento, revela-se o modo como ocorreram todos os abusos anteriores: de maneira silenciosa. De acordo com a psicanalista Ana Iencarelli[28], esse

---

25 EVARISTO, Conceição. *Insubmissas lágrimas de mulheres*. Rio de Janeiro: Pallas, 2016, p. 18.

26 ASSMANN, Aleida. *Espaços da recordação*. Trad. Paulo Soethe. Campinas-SP: Editora da Unicamp, 2011, p. 283.

27 EVARISTO, Conceição. *Insubmissas lágrimas de mulheres*. Rio de Janeiro: Pallas, 2016, p. 28-29.

28 IENCARELLI, Ana Maria Brayner. (n.d.). *O perfil psicológico do abusador sexual de crianças*. Disponível em: <www.profala.com/artpsico27.htm.>. Acesso em 05 set. 2016.

comportamento é típico do abusador, que pode chegar a ser agressivo, mas, na maioria das vezes, a violência da qual se utiliza é silenciosa e suas ameaças são apenas verbais ou veladas.

E a violência intrínseca no comportamento habitual deste homem, através da qual ele conseguiu imobilizar e silenciar completamente a criança, diz respeito ao modo sutil como ela era agredia por ele diariamente. Seni era tratada pelo pai de forma depreciativa, diferente do tratamento que ele dava às outras filhas, sempre direcionando à protagonista diversas críticas e deboches. De acordo com Iencarelli, o abusador "necessita da fantasia de poder sobre sua vítima, usa das sensações despertadas no corpo da criança ou adolescente para subjugá-la, incentivando a decorrente culpa que surge na vítima".[29] Logo, nos parece evidente que o abusador não encontrava prazer apenas na violência sexual em si, mas especialmente na posição de poder que ocupava, isto é, no domínio que ele conseguia estabelecer sobre a menina a partir da violência, enquanto ela se colocava em papel de submissão.

No caso de "Isaltina Campo Belo", o estupro como forma de dominação traz em si as marcas da opressão relacionada a gênero, sexualidade e etnia. Durante muito tempo, a personagem não compreende que é lésbica e, desde a infância, acredita que seu interesse por mulheres se deve ao fato de carregar dentro de si um menino. Isso porque ela foi socializada para conceber o mundo através de uma ótica heteronormativa e, assim, seu interesse por suas iguais só podia ser justificado com a concepção de que ela era na verdade um homem preso em um corpo feminino. A personagem compartilha isso com um namorado, ao explicar a ele o porquê de sua falta de interesse por sexo. O homem decide então "ensiná-la a ser mulher", já que para ele seria impossível que ela, sendo negra, não possuísse um "fogo natural". Assim, Isaltina torna-se vítima de um estupro coletivo, praticado pelo companheiro e amigos dele. Machismo, homofobia e racismo se desvelam em uma relação de dominação em que um homem, mais uma vez, sente-se legitimado para impor violentamente o seu poder sobre o corpo feminino.

Em "Lia Gabriel", a imposição de poder se dá a partir da agressão física. Lia é espancada pelo companheiro junto com um filho pequeno. Um detalhe chama a atenção nessa cena: a mulher está nua. A violência então extrapola em muito os limites da dor física ao situar o corpo nu

---

29   IENCARELLI, Ana Maria Brayner. (n.d.). *O perfil psicológico do abusador sexual de crianças.* Disponível em: <www.profala.com/artpsico27.htm.>. Acesso em 05 set. 2016, parra 1.

de Lia em uma posição de maior vulnerabilidade e inferioridade diante de seu agressor, desumanizando-a e coisificando-a ainda mais. Após a agressão, Lia Gabriel deixa a casa do marido e quando retorna ela só encontra vazio: "Por vingança [o homem] havia levado tudo, inclusive as nossas roupas"[30]. Nesse gesto, se esconde o desejo do homem de tirar da companheira a própria dignidade, mais uma vez reduzindo-a à categoria de coisa, objeto – um corpo nu, esvaziado por ele.

Já para Natalina Soledad, Adelha Limoeiro e Mary Benedita, a violência imposta é a simbólica. Todas essas mulheres experimentam no corpo a rejeição. No caso de Natalina Soledad, os pais a rejeitam pelo simples fato da personagem ter nascido mulher, entre vários irmãos do sexo masculino. Como um sinal de vingança, a menina recebe o nome de Troçoleia Malvina Silveira, uma marca impositiva da rejeição familiar. O corpo de Adelha Limoeiro vivencia a rejeição em consequência de um problema que, segundo ela própria, é do marido e não seu. Isso porque, com o passar dos anos, o homem percebe-se sexualmente impotente e a partir daí se deprime. A mulher, que ao contrário do companheiro desfrutava junto dele o prazer no corpo todo e não apenas no órgão sexual em si, percebe que o problema do marido é na verdade uma masculinidade frágil, concentrada no falo, símbolo do poder masculino perdido.

Mary Benedita sofre com a rejeição da família, que decorre de sua decisão de romper com o *status quo*, traçando um caminho diferente do esperado para uma mulher. Em vez de se casar e ter filhos, Mary decide viajar, estudar arte e idiomas estrangeiros. Para tanto, se muda para a casa de uma tia na capital, uma mulher que também transgrediu o "destino feminino" e optou por estudar e viver sozinha. Nesse conto, evidencia-se como a liberdade e autonomia de uma mulher muitas vezes podem ser sinônimo de solidão, imposta por aqueles que reprovam essa liberdade feminina transgressora. No entanto, podemos considerar que a solidão vivenciada pela personagem também é advinda de si própria. Isso porque Mary Benedita, pintora, revela que se navalha, com a finalidade de usar o próprio sangue como matéria-prima de seus quadros. Compreendemos que esses cortes podem atuar como um símbolo de sua solidão, nesse caso imposta por ela mesma, "no afã de se bastar", para usar as palavras de Constância Lima Duarte.

---

30 EVARISTO, Conceição. *Insubmissas lágrimas de mulheres*. Rio de Janeiro: Pallas, 2016, p. 98.

Por outro lado, tomando a definição platônica da escrita como seme-lhante à pintura, podemos interpretar que, ao pintar com seu sangue, Mary atrai para si dor, mas também redenção, exatamente como o relato ou escrita de um evento traumático. Para aprofundar um pouco essa análise, é importante trazermos uma consideração de Seligmann-Silva[31], segundo o qual "a linguagem é antes de mais nada o traço – substituto nunca perfeito e satisfatório – de uma falta, uma ausência"[32].

Desse modo, entendemos que Mary Benedita encontra, na pintura realizada com seu próprio sangue, uma forma de linguagem que busca desesperadamente saciar uma incompletude, preencher sua solidão. Por outro lado, a mutilação física a que a personagem se submente pode ainda representar uma metáfora da castração da mulher, discutida por Eurídice Figueiredo[33]. Desse modo, a repressão sofrida por Mary ao longo de sua infância e juventude retornariam frequentemente sob o signo da automutilação.

CONSIDERAÇÕES FINAIS

Percebemos que a violência, física ou simbólica, se destaca em todos os contos analisados, encenando algumas das diferentes formas de opressão a que as mulheres são submetidas em nossa sociedade. Identificamos conexões profundas entre violência e relações de poder, posse e domina-ção, passando diretamente pelo corpo. As personagens são confrontadas por figuras masculinas que as desumanizam e as situam na categoria de objeto de seus desejos, empenhando-se em dominar seus corpos a partir de diferentes gestos violentos.

---

31 SELIGMANN-SILVA, Márcio. A literatura do trauma. Cult, n. 23, junho de 1999. Disponível em: <https://acd.ufrj.br/pacc/z/rever/4/ensaios/seligmann.html>. Acesso em 12 out. 2005.

32 SELIGMANN-SILVA, Márcio. A literatura do trauma. Cult, n. 23, junho de 1999. Disponível em: <https://acd.ufrj.br/pacc/z/rever/4/ensaios/seligmann.html>. Acesso em 12 out. 2005, parra 2.

33 FIGUEIREDO, Eurídice. *Mulheres ao espelho*: autobiografia, ficção, autoficção. Rio de Janeiro: EdUERJ, 2013.

No que se refere à memória traumática, Jeanne Marie Gagnebin[34] define trauma como "a ferida aberta na alma, ou no corpo, por acontecimentos violentos, recalcados ou não, mas que não conseguem ser elaborados simbolicamente, em particular sob a forma da palavra, pelo sujeito". Percebemos que as mulheres de Evaristo trazem no corpo e na alma as cicatrizes da violência. Cada uma delas vivenciou situações diferentes que, por vários motivos, se entrecruzam. Entretanto, todas elas se mostram fortes e resilientes, de modo que "a partir de seus corpos mulheres, concebem a sua própria ressureição e persistem vivendo"[35], por meio de desfechos que sempre apontam para o caminho da superação. Em outras palavras, as mulheres de Evaristo se mostram capazes de falar sobre suas vivências traumáticas, porque suas feridas já se converteram em cicatrizes, mesmo que algumas ainda insistam em revisitá-las.

---

34 GAGNEBIN, Jeanne Marie. *Lembrar, esquecer, escrever*. São Paulo: Ed. 34, 2006, p. 110.

35 EVARISTO, Conceição. *Insubmissas lágrimas de mulheres*. Rio de Janeiro: Pallas, 2016, p. 95.

O DEMÔNIO DE OLHOS VERDES: O CIÚME EM "A CEIA" E "A ESTRUTURA DA BOLHA DE SABÃO", DE LYGIA FAGUNDES TELLES

Camila Stefânia Gomes Bispo[1]

Julio Cortázar evidencia as diferenças entre os gêneros romance e conto em seu "Alguns aspectos do conto"[2], haja vista que o romance é um gênero muito mais popular e estudado, detentor de mais tempo para que o leitor esgote a matéria romanceada, ao passo que o conto parte da noção de limite: o contista deve trabalhar verticalmente e de forma profunda. O bom contista seria como um boxeador muito astuto, atento a todos os detalhes, sendo "incisivo, mordente, sem trégua desde as primeiras páginas"[3]. O conto se torna admirável não pela pequena história que narra, mas pelas impressões e sensações que causa no leitor tanto no ato da leitura quanto após ela.

É impossível estudar o conto no Brasil sem destacar a figura de Lygia Fagundes Telles. Vencedora do Premio Camões, maior láurea concedida a escritores de língua portuguesa, em 2005, além de ocupante da cadeira de número dezesseis da Academia Brasileira de Letras, Lygia é, sem dúvidas, uma das maiores escritoras brasileiras de todos os tempos.

Como ressaltado por Lucena, "em mais de seis décadas de produção literária, Lygia firmou-se como expressiva ficcionista brasileira, cuja obra até o momento já foi traduzida por cerca de quinze países"[4], além das adaptações para teatro, televisão e cinema.

---

1   Mestranda no Programa de Pós-Graduação em Estudos Literários, da UFMG. E-mail: camilasgomesb@gmail.com.

2   CORTÁZAR, Julio. *Valise de Cronópio*. São Paulo: Perspectiva, 2006. p. 147-163.

3   CORTÁZAR, Julio. *Valise de Cronópio*. São Paulo: Perspectiva, 2006. p. 152.

4   LUCENA, Suênio Campos de. *Memória, lembrança e esquecimento em Lygia Fagundes Telles*. In: CONGRESSO DA ABRALIC. [Anais eletrônicos]. Rio de Janeiro: UERJ, 2006.

Profunda conhecedora das emoções humanas, Lygia (re)cria em seu universo ficcional a perfeita representação de mulheres fortes, por vezes até decadentes, ambíguas, detentoras dos mais diversos sentimentos, destacados aqui através da análise de dois contos: "A ceia" e "A estrutura da bolha de sabão", sob o viés de um dos temas mais humanos explorados na Literatura – o ciúme.

É muito recorrente na obra da autora tanto o ciúme quanto a presença da cor verde, muitas vezes simultaneamente. A primeira associação desses dois aspectos, na Literatura, se deu por Shakespeare no terceiro ato de Otelo, através da fala de Iago:

> O meu senhor, tomai cuidado com o ciúme! É o monstro de olhos verdes que se diverte com a comida que o alimenta! Vive feliz o cornudo que, certo de seu destino, detesta o defensor; mas, oh! que minutos malditos conta aquele que o idolatra e, não obstante, duvida; aquele que suspeita e, contudo, ama loucamente! [5]

Assim como o dramaturgo inglês, Telles ilustra o ciúme como potencialmente destrutivo, causador de cólera e intrigas, propulsor de desafetos tanto em relacionamentos conjugais quanto familiares. Nos contos aqui selecionados, nota-se o comportamento arredio, agressivo e tenso tanto em quem sente (Alice em "A Ceia") quanto em quem é objeto do sentimento (a ex do Físico em "A Estrutura da Bolha de Sabão").

O leitor atento de Lygia nota tanto o ciúme matizado a partir do tom verde quanto inúmeras outras sensações, emoções, figuras, vestimentas e até paisagens, entre outros. Não se trata de uma escolha aleatória, mas da preferência da própria escritora. Em entrevista a Steen, ela diz:

> Gosto de verde – *color de la muerte*, disse J.E. Cirlot. Pra mim, a cor da esperança, se eu tivesse uma bandeira ela seria vermelha e verde, esperança e paixão não destituída de cólera. Aposto no verde como meu pai apostava – ele era jogador – arriscava no baralho.[6]

Em suma, a influência do pai e a própria preferência da contista deram tonalidade à sua narrativa: o verde. Elucida Silva (1985):

---

5   SHAKESPEARE, William. *Romeu e Julieta; Macbeth; Hamlet; Otelo, o Mouro de Veneza.* Trad. de F. Carlos de Almeida, Cunha Medeiros e Oscar Mendes. São Paulo: Abril Cultural, 1981. p.384-385.

6   TELLES, Lygia Fagundes. Entrevista. In: STEEN, Edla Van. *Viver & escrever.* Porto Alegre: L&PM, 1981. p.85-97.

O verde, cor ambígua também, que tanto pode representar a esperança e a juventude como a decomposição e a perfídia, espalha-se profundamente por cenários, pessoas e objetos. Há céus esverdeados de tempestades, bancos verdes de musgo, baile verde, perfume com nome "vent vert", um irmão ciumento que se imagina um lagarto verde, um rio de águas verdes e quentes, vestidos e bolsas verdes, e até mesmo uma gentil moça vestida toda dessa cor, simbolizando a morte.[7]

A ambiguidade da cor é explorada ao longo dos contos, partindo do afeto das memórias de infância: "Importante era o quintal de minha meninice com seus verdes canudos de mamoeiro, quando cortava os mais tenros que sopravam as bolas maiores, mais perfeitas"[8]; ao monstro de olhos verdes – como o de Shakespeare – personificado na figura da atual do Físico em "A estrutura da bolha de sabão":

Mas ela queria fazer perguntas. Uma antiga amizade? Uma antiga amizade. Ah. Fomos colegas? Não, nos conhecemos numa praia, onde? Enfim, uma praia. Ah. Aos poucos, *o ciúme foi tomando forma e transbordando espesso como um licor azul-verde*, do tom da pintura dos seus olhos. Escorreu pelas nossas roupas, empapou a toalha de mesa, pingou gota a gota.[9]

Além da associação à cor verde, o ciúme escrito por Lygia em vários contos, por exemplo, nos dois aqui analisados, é representado pelos olhos das personagens – ao sentir ciúmes, eles se retraem e formam dois riscos:

Mas querido, não é preciso ficar com essa cara, prometo que desta vez não vou quebrar nenhum copo, não precisa ficar aflito... – Sorriu. *Os olhos reduziram-se outra vez a dois riscos pretos.* – Foi horrível, não, Eduardo? Foi horrível, hein?[10]

---

7   SILVA, Antonio Manoel dos Santos. Existência e coisificação nos contos de Lygia Fagundes Telles. *Revista de Letras da Universidade Estadual Paulista*, São Paulo, n. 26/27, p. 1-16, 1986/1987.

8   TELLES, Lygia Fagundes. *A estrutura da bolha de sabão*. São Paulo: Companhia das Letras, 2010. p. 157.

9   TELLES, Lygia Fagundes. *A estrutura da bolha de sabão*. São Paulo: Companhia das Letras, 2010. p. 158, grifos nossos.

10   TELLES, Lygia Fagundes. *Antes do baile verde*. São Paulo: Companhia das Letras, 2009. p. 123-124, grifos nossos.

Estávamos num bar e seus olhos de egípcia se retraíam, apertados. A fumaça, pensei. *Aumentavam e diminuíam até que se reduziram a dois riscos* de lápis-lazúli e assim ficaram[11]

Conheçamos agora as duas histórias e suas peculiaridades.

A CEIA

"A Ceia" é um conto da autora, escrito em 1958, pertencente à obra *Antes do baile verde*. Narrado em terceira pessoa e constituído por apenas três personagens (embora haja a presença de uma quarta por meio de relatos), aproxima-se do que diz Cortázar sobre a inspiração para o escritor às vezes ser apenas algo trivial e corriqueiro: trata-se de um jantar entre um casal que terminou após quinze anos de relacionamento.

O ambiente é um restaurante decadente, modesto e pouco frequentado, com um abajur feito de garrafa em cada mesa guarnecida por toalhas de "xadrez vermelho e branco".[12] A mulher é apresentada como Alice e é quem escolhe a mesa mais afastada do canto, que parecia a menos favorecida pela iluminação. Ao chegar ao local, ela apaga a luz do abajur sobre o pretexto de que, assim, poderiam ver melhor as estrelas. As primeiras características dela são exibidas com a descrição: "seu rosto fanado e branco era uma máscara delicada emergindo pela gola negra do casaco"[13], algo que, até então, não chama a atenção do leitor ou demonstra muitas coisas sobre a personagem.

Ao longo de toda a narrativa, o homem demonstra tanto irritação quanto pressa, embora negue sempre que a interlocutora acusa seus gestos de desespero em livrar-se da situação, como na passagem:

> - Não pense mais nisso, Alice, que bobagem, você estava nervosa – interrompeu-a, voltando-se para chamar o garçom. Estendeu a mão. O gesto foi discreto, mas no rápido abrir e fechar dos dedos, *havia um certo desespero.* – Acho que jamais seremos atendidos.
> - Você está com pressa.

---

11 TELLES, Lygia Fagundes. *A estrutura da bolha de sabão.* São Paulo: Companhia das Letras, 2010. p. 158, grifos nossos.

12 TELLES, Lygia Fagundes. *Antes do baile verde.* São Paulo: Companhia das Letras, 2009. p. 121.

13 TELLES, Lygia Fagundes. *Antes do baile verde.* São Paulo: Companhia das Letras, 2009. p. 122.

- Não, absolutamente. Absolutamente[14]

Os indícios da segunda história começam a aparecer sutilmente, dados por Lygia tanto na descrição de Alice como alguém repleta de maquiagem e que se esconde da claridade; quanto por pedaços do diálogo:

> - Como é forte! ... queixou-se, recuando mais, à medida que ele avançava com o isqueiro. Apagou a chama com um sopro e tragou, soprando a fumaça para o chão. Tremia a mão que segurava o cigarro. – Detesto isqueiros, você sabe disso.
> - Mas este tem uma chama tão bonita. Pude ver que seu penteado é também novo.
> - Cortei o cabelo. *Remoça* não é mesmo?[15]

Alice descreve, ao longo da conversa, o que teria sido um desastroso último encontro entre eles, citando-o: "A última vez foi horrível, me arrependi tanto!" e "dessa vez não vou quebrar nenhum copo [...] imagine, quebrar o copo na mão, aquela coisa assim dramática do vinho ir escorrendo misturado com o sangue... Que papel miserável!"[16]

O vinho é uma figura importante no enredo, uma vez que retrata tanto a bebida escolhida para a ocasião quanto metaforicamente é bastante reconhecido como o símbolo bíblico do sangue. Inúmeros outros elementos religiosos são utilizados ao longo da escrita, demonstrando o cuidado de L.F.T. em aproximar o leitor da situação vivenciada e do drama que a envolve, explicando até mesmo a seleção do próprio título. Não é coincidência que o conto tenha também uma última refeição, tal como é conhecido o evento em que Jesus se despediu de seus discípulos. Alice é quem explicita:

> - Quem diria, hein? Nossa última ceia. Não falta nem o pão nem o vinho. Depois, você me beijará na face esquerda...
> - Ah, Alice... – Ele riu frouxamente, um riso sem alegria. – Não tome agora esse ar assim bíblico, ora, a última ceia! Não vamos começar com símbolos, quero dizer, não vamos ficar aqui numa cena patética de separação.[17]

---

14   TELLES, Lygia Fagundes. *Antes do baile verde*. São Paulo: Companhia das Letras, 2009. p. 122, grifos nossos.

15   TELLES, Lygia Fagundes. *Antes do baile verde*. São Paulo: Companhia das Letras, 2009. p. 123, grifos nossos.

16   TELLES, Lygia Fagundes. *Antes do baile verde*. São Paulo: Companhia das Letras, 2009. p. 124.

17   TELLES, Lygia Fagundes. *Antes do baile verde*. São Paulo: Companhia das Letras, 2009. p. 128.

Não é preciso chegar ao fim do conto para saber que esta será possivelmente a última vez que os dois se encontrariam. Até mesmo porque a própria Alice pergunta a Eduardo sobre o casamento dele que se realizará em breve. Embora tente mascarar tanto a si quanto aos próprios sentimentos, é possível notar a desolação da mulher ao perder seu companheiro de tantos anos e ouvir dele mesmo que a situação que tiveram era falsa.

As metáforas usadas pela contista são belíssimas e demonstram o poder que o tempo tem de mudar e acabar com as coisas. Símbolos do próprio restaurante representam tanto a decadência da mulher quanto do relacionamento entre eles e de todo o amor que possa ter existido um dia. Há a comparação através da descrição:

> No meio do jardim *decadente*, uma fonte *extinta*. O peixe de pedra tinha a boca aberta, *mas há muito a água secara*, deixando na boca escancarada o rastro negro da sua passagem. Por entre as pedras, tufos de samambaia enredados no mato rasteiro[18]

Os adjetivos mostram a maneira da autora de destacar como o tempo deixa suas marcas definitivas tanto nas pessoas quanto nos lugares. Os próprios personagens ilustram:

> - Secou a fonte, secaram as flores, imagino como devia ter flores nesse jardim e como essa casa devia estar sempre cheia de gente, uma família imensa, crianças, velhos, cachorros. Desapareceram todos. Ficou a casa, as portas escancaradas...
> - Acabou-se, não, Eduardo? Acabou-se. Nem água, nem flores, nem gente. Acabou-se.
> Ele encarou a mulher que rodava a bolota de miolo de pão num ritmo mais acelerado.
> - Não acabou, Alice, transformou-se apenas. Transformou-se, passou de um estado para o outro, o que é menos trágico. As coisas não acabam.[19]

Paralelas às referências bíblicas, há também grande incidência de símbolos de disputa e jogos, como a descrição da mesa como um tabuleiro de xadrez e as vezes em que Eduardo e Alice conversam sobre o jogo que costumavam praticar. O leitor nota a tensão entre ambos e como cada um assume a postura de jogador, embora a batalha travada ali seja silenciosa e aparentemente amistosa. Alice é quem sempre toma a iniciativa do jogo, mas é tarde demais para qualquer movimento que desarme o homem:

---

18 TELLES, Lygia Fagundes. *Antes do baile verde*. São Paulo: Companhia das Letras, 2009. p. 129, grifos nossos.

19 TELLES, Lygia Fagundes. *Antes do baile verde*. São Paulo: Companhia das Letras, 2009. p. 130.

- Tem jogado?
- Não. O tabuleiro lá está com todas as peças como deixamos na última partida, lembra?
- Alice, Alice!... – cantarolou, abrindo os braços no mesmo tom do negro do jazz. O riso foi breve. – *Você me deixou ganhar,* meu bem, eu não podia ter ficado com a torre[20]

A segunda história é simultânea à primeira, embora se desvele apenas por símbolos e descrições breves. O leitor sabe que o homem terminou com a mulher com quem vivera por quinze anos e que está prestes a se casar com outra, mas até a revelação final, a única causa do término parece ser o fim do amor. Nota-se que Alice vê a noiva de Eduardo como uma rival e fala dela apenas por meio de ironias.

Após uma discussão, Alice pede que Eduardo vá embora e, embora demonstre uma breve hesitação, ele a obedece. É o garçom quem nos revela a segunda história, ou melhor, o sentido principal do texto, dada por Lygia através de sutis interferências e relatos até então; para o comportamento sombrio da mulher que tentava se esconder de todas as formas. Alice é, na verdade, muito mais velha que Eduardo e esse é o motivo pelo qual opta pela maquiagem pesada e foge da claridade todo o tempo:

O garçom recolheu o pão e o vinho. Suspirou.
- Também discuto às vezes com a *minha velha,* mas depois fico chateado à beça. *Mãe tem sempre razão.* – murmurou, ajudando-a a levantar-se.
– Não quer mesmo um taxi?[21] [grifos meus].

O CIÚME DE ALICE

O ciúme é uma das emoções mais recorrentes na obra de Lygia, sendo apresentado tanto sob o ponto de vista masculino quanto feminino em relações familiares ou românticas. As personagens são descritas como ciumentas ou como objeto ou vítimas do ciúme. No caso de "A Ceia", é Alice a pessoa quem o sente e o demonstra de forma irônica e sarcástica.

Durante o jantar, ela traz a todo tempo a presença da personagem que não está ali: a atual noiva de Eduardo. A princípio o confronto é sutil:

---

20 TELLES, Lygia Fagundes. *Antes do baile verde.* São Paulo: Companhia das Letras, 2009. p. 130, grifos nossos.

21 TELLES, Lygia Fagundes. *Antes do baile verde.* São Paulo: Companhia das Letras, 2009. p.133, grifos nossos.

- Ela soube?

- Quem?... – e o homem encarou a companheira – Ah... Não, imagine se eu havia de.

- Você contou Eduardo, você contou. Está claro que você contou até com detalhes. E a raposinha foi fazendo mais perguntas ainda...

- Por que você a chama de raposinha?

- Porque ela tem cara de raposinha, não tem? Tão graciosa. E já sabe tudo a meu respeito. Não? *Até a minha idade*[22]

Após a leitura completa do conto e do conhecimento de que Alice é uma mulher já bem mais velha, o leitor nota que o que a incomoda na atual de Eduardo não é apenas ela ter conquistado o homem que ela ama, mas também a sua juventude. De acordo com Rufino:

> O envelhecimento, na ficção de Lygia, aparece como um momento de pesar na vida das personagens, pois é ele quem muda o rumo das coisas e vai se superpondo à beleza da juventude. Nas mulheres, é o prenúncio da solidão.
>
> Assim como Alice, outras personagens são abandonadas por seus pares nessa etapa da vida.[23]

O apelido de *raposinha* demonstra o sarcasmo de Alice em relação à rival, uma vez que, embora diga para Eduardo que a chama assim pela fisionomia e graciosidade, trata-se de uma alcunha popularmente dada às pessoas consideradas espertas e perigosas. De acordo com Chevalier (1986), a raposa é:

> Um símbolo de astúcia, porém uma astúcia nociva quase sempre. As concepções mais típicas a este respeito são as do Extremo Oriente, onde o animal toma verdadeiramente um caráter satânico. [...] A raposa tem na China e no Japão o poder de metamorfosear-se em toda classe de seres ou coisas, especialmente em mulher; também o de criar miragens. Sabe retirar dos humanos seu princípio vital, produzir o elixir da vida.[24]

---

22   TELLES, Lygia Fagundes. *Antes do baile verde*. São Paulo: Companhia das Letras, 2009. p. 124, grifo nosso.

23   RUFINO, M. C. *A representação do amor em contos de Lygia Fagundes Telles*. Dissertação (Mestrado em Literatura Brasileira) – Faculdade de Letras da UFRJ, Rio de Janeiro, 2007. p. 46.

24   CHEVALIER, Jean; GHEERBRANT, Alain. *Diccionario de los simbolos*. Barcelona: Editorial Herder, 1986. p. 1090. [tradução minha]

Toda a descrição da outra mulher é feita através dos comentários ácidos de Alice e do momento em que Eduardo "vacila" e fala sobre ela distraidamente. O leitor pode notar como o ciúme de Alice é evidente e como ela vê a outra como rival, oponente:

> - Alice, não comece com as ironias, por favor! Ainda ontem a Lili...
> - Lili?
> Ele baixou a cabeça. Mordiscou o lábio. [...]
> - É o apelido para Olívia. Eu queria dizer que ainda ontem ela perguntou por você com tamanha simpatia.
> - Ah! Que generoso, que nobre! Tão fino da parte dela, não me esquecerei disso, *perguntou por mim*. Quando nos encontrarmos, atravesso a quadra, como nas partidas de tênis, e vou cumprimentá-la, tudo assim muito limpo, muito esportivo.[25]

A vulnerabilidade de Alice motivada tanto pelo álcool quanto pelo teor da conversa revela como o término ainda não foi superado. Ela mostra como se sente substituída, trocada pela mulher mais jovem. Seu apego ao homem é tamanho que ela até sugere que ele a visite: "Venha me ver, mesmo que seja para falar nela, ficaremos falando nela, é preciso que eu me acostume com a ideia".[26]

A demonstração de incômodo com a própria aparência aparece quando, ao evitar o isqueiro, ela diz: "é que a luz desse isqueiro mostra tudo".[27] Sob a luz, Eduardo poderia ver como ela estava mais velha e abalada pela sua perda. Alice até tenta disfarçar a própria dor e desconforto, mas entrega a si mesma pelo tom irônico e cheio de malícia:

> - Mas vamos conversar sobre coisas alegres, estamos por demais sinistros, que é isso? Vamos falar sobre seu casamento, por exemplo, esse é um assunto alegre. Quero saber os detalhes, querido, estou curiosíssima para saber os detalhes. Afinal, meu amado amigo de tantos anos se casa e estou por fora, não sei de nada.[28]

---

25 TELLES, Lygia Fagundes. *Antes do baile verde*. São Paulo: Companhia das Letras, 2009. p.126.

26 TELLES, Lygia Fagundes. *Antes do baile verde*. São Paulo: Companhia das Letras, 2009. p.127.

27 TELLES, Lygia Fagundes. *Antes do baile verde*. São Paulo: Companhia das Letras, 2009. p.128.

28 TELLES, Lygia Fagundes. *Antes do baile verde*. São Paulo: Companhia das Letras, 2009. p.128.

A preocupação com a idade é constante em Alice, principalmente porque acredita que o término da relação foi provocado por esse motivo. Seu ciúme não permite que ela converse com o antigo parceiro sem insinuações e ofensas disfarçadas. Embora ele tente se desvencilhar e falar de outras coisas, ela sempre retorna à figura de Olívia e fala dela em tom depreciativo, mesmo que controle e guarde as últimas ofensas para o fim do encontro. Todo seu preconceito e despeito em relação à rival aparecem quando ela insinua:

> - Tão jovem, não, Eduardo?
> - Alice, você prometeu.
> - E naturalmente vai vestida de noiva, ah, sim, a virgenzinha... Já dormiu com todos os namorados, mas isso não choca mais ninguém, imagine! Tem o médico amigo que costura num instante, tem a pílula, *morro de inveja dessa geração*, como as coisas ficaram fáceis! [...]
> - Como você já é uns bons anos mais velho, ela mandou costurar, questão de princípio. E vai chorar na hora, fingindo a dor que está sentindo mesmo porque às vezes a tal costura...[29]

Alice é um símbolo de uma geração que envelheceu e encara a maturidade de forma depreciativa, culpando-a pela perda do parceiro e de seus tempos de glória. O ciúme é sua maneira de manter Eduardo presente, embora ele deixe bem claro que ela já fora substituída em todas as esferas de sua vida. Em suma, é um exímio desenho de como Lygia desenvolve em suas personagens as características psicológicas tão comuns em situações corriqueiras como o fim de um relacionamento. Podemos notar a riqueza das descrições e a forma como o jogo de palavras é capaz de revelar as intenções por trás de alguém que se mascara a todo tempo. "A Ceia" é, pois, o ambiente do último beijo na face esquerda da mulher que só tem por companhia o isqueiro deixado pelo ex e a própria velhice.

A ESTRUTURA DA BOLHA DE SABÃO

"A estrutura da bolha de sabão" foi publicado pela primeira vez em 1978 no livro *Filhos pródigos* e, em 1991, reeditado e utilizado como o título principal do livro. Semelhante ao "A Ceia" e diversos outros contos de L.F.T., a narrativa gira em torno de eventos cotidianos e aparentemente sem grande relevância, focando especialmente na parte psicológica das personagens.

---

29 TELLES, Lygia Fagundes. *Antes do baile verde*. São Paulo: Companhia das Letras, 2009. p.131, grifo nosso.

O relato é em primeira pessoa, feito por uma mulher que nunca menciona seu nome. Ela inicia sua história descrevendo um antigo amor: um físico que estudava a estrutura da bolha de sabão. Através de *flashbacks* e de uma construção fragmentada, levada pela memória, o leitor sabe que os dois tiveram um relacionamento fracassado: "amor de ritual sem sangue. Sem grito. Amor de transparência e membranas, condenado à ruptura".[30]

Os encontros e desencontros do antigo casal são recontados sem nenhuma obrigação cronológica, seguindo apenas o tempo psicológico e os eventos relevantes para a narradora. Ela, a ex, reencontra o Físico, pela primeira vez, em um bar. Ele estava acompanhado pela atual: uma mulher descrita como ciumenta e possessiva. Não há por parte da narradora uma confissão explícita de que ainda o amava, mas vários indícios são dados, por exemplo, quando descreve seu desalento após vê-lo com a outra pela primeira vez:

> Quando me voltei, já dobravam a esquina. Que palavras estariam dizendo enquanto dobravam a esquina? Fingi me interessar pela valise de plástico de xadrez vermelho, estava diante de uma vitrine de valises. Me vi perplexa no vidro. Mas como era possível. *Choro em casa, resolvi.* Em casa telefonei a um amigo, fomos jantar e ele concluiu que *meu* cientista estava felicíssimo.[31]

Toda a história gira ao redor do triângulo amoroso em que o homem não passa de um figurante. Há a disputa entre as duas mulheres, embora não aconteça nenhum confronto direto ou briga entre elas. Como é característico do universo lygiano, as brigas acontecem muito "por debaixo dos panos". Há forte rivalidade e troca de farpas, insinuações e comportamentos maliciosos, mas dificilmente algo chega ao limite físico.

O segundo encontro entre eles acontece em uma exposição de pintura. O Físico se aproxima da ex por pouco tempo, mas o suficiente para despertar o ciúme e a ira da atual. Como fizera no primeiro encontro, ela utiliza uma dor de cabeça como desculpa para levá-lo embora e afastá-lo da antiga parceira.

Chama a atenção a forma poética como a narrativa fragmentada é conduzida tanto por lembranças quanto por referências diretas de conversações entre a narradora e outros, como em:

---

30   TELLES, Lygia Fagundes. *A estrutura da bolha de sabão.* São Paulo: Companhia das Letras, 2010. p.158.

31   TELLES, Lygia Fagundes. *A estrutura da bolha de sabão.* São Paulo: Companhia das Letras, 2010. p.159, grifos nossos.

Ele está doente, sabia? "Aquele cara que estuda bolhas, não é seu amigo?" Em redor, a massa latejante de gente, música. Calor. Quem é que está doente? Eu perguntei. Sabia perfeitamente que se tratava dele, mas precisei perguntar de novo. É preciso perguntar uma, duas vezes para ouvir a mesma resposta, que aquele cara, aquele que estuda essa frescura da bolha, não era meu amigo? Pois estava muito doente, quem contou foi a própria mulher [...][32].

A fórmula utilizada por Lygia em seu conto segue o padrão de vários outros, por exemplo, "A ceia", em que duas histórias são contadas ao mesmo tempo e várias dicas são dadas ao longo da narrativa. O leitor sabe que tem diante de si um mistério a desvendar, mas provavelmente só encontrará a solução nas últimas linhas.

Ao descobrir que o homem estava muito doente e que seu antigo amor iria visitá-lo, seria bem previsível que a atual do Físico a destratasse ou mantivesse a rivalidade em níveis extremos como anteriormente, mas a expectativa é logo quebrada: ela não apenas age de forma bastante hospitaleira, como brinca e tenta aproximar a antiga adversária do objeto tão desejado pelas duas todo o tempo.

Lygia guarda para a última linha do conto a solução para o fim da briga e o comportamento frágil do homem desde o relacionamento passado – a segunda história – na fala da personagem: "Saiu e fechou a porta. Fechou-nos. Então descobri o que estava faltando, ô Deus. Agora eu sabia que ele ia morrer".[33]

CIÚME E MORTE

Embora descreva apenas a rival como a ciumenta, a narradora que ainda ama o Físico utiliza da soberba em relação à rival descrevendo-a: "Tem boca à-toa, pensei. Artificiosamente sensual, à-toa. Mas como é que um homem como ele, um físico que estuda a estrutura das bolhas, podia amar uma mulher assim".[34]

---

32 TELLES, Lygia Fagundes. *A estrutura da bolha de sabão*. São Paulo: Companhia das Letras, 2010. p. 159-160.

33 TELLES, Lygia Fagundes. *A estrutura da bolha de sabão*. São Paulo: Companhia das Letras, 2010. p.162.

34 TELLES, Lygia Fagundes. *A estrutura da bolha de sabão*. São Paulo: Companhia das Letras, 2010. p.158.

O ciúme na narrativa além de ter cor, forma e escorrer pela mesa, também adquire o caráter de patologia, uma vez que a atual esposa do homem sempre utiliza uma dor de cabeça como motivo para livrarem-se da rival, algo que a própria narradora ironiza:

> Não ficamos distantes dela nem cinco minutos. Quando voltamos, os olhos já estavam reduzidos aos dois riscos. Passou a mão na nuca. Furtivamente acariciou a testa. Despedi-me correndo antes da dor fulgurante. Vai virar sinusite, pensei. A sinusite do ciúme, bom nome para um quadro ou ensaio.[35]

A mulher ciumenta do Físico também é reduzida ao costume de ouvir a ligação do cônjuge, quando a ex diz: "Tinha pensado em pedir notícias por telefone, mas a *extensão* me travou".[36]

As ironias sobre o comportamento da adversária permanecem até o final do conto em que, ao visitar o homem doente, a narradora espera encontrar a tal *sinusite*. É possível ao leitor ver a diferença no ciúme – agora a mulher a olhava de forma diferente: "E a fulgurante? Os olhos continuavam bem abertos, a boca descontraída. Ainda não".[37]

O tratamento amistoso e o único verde presente na cena – o chambre do doente – começam a incomodar quem relata. Ela sente a ausência da rivalidade, do clima hostil, do comportamento esquivo da outra mulher: "Comecei a sentir falta de alguma coisa, era do cigarro? Acendi um e ainda a sensação aflitiva de que alguma coisa faltava, mas o que estava errado ali?".[38]

A solução para o ciúme é basicamente a trégua dada por um dos lados. A dona da casa pede para a visitante sentir-se à vontade enquanto precisava sair, oferecendo não apenas bebida quanto o próprio telefone (e a extensão!) caso ele tocasse. Trata-se da renúncia, mas não de uma bandeira branca. O arremate vem de forma arrebatadora: o homem está prestes a morrer. Em suma, não há mais motivos para ciúmes, uma vez que a disputa estava fadada ao desaparecimento. O homem, assim como as próprias bolhas de sabão que estudava, estava prestes a se esvair rapidamente.

---

35 TELLES, Lygia Fagundes. *A estrutura da bolha de sabão*. São Paulo: Companhia das Letras, 2010. p.159.

36 TELLES, Lygia Fagundes. *A estrutura da bolha de sabão*. São Paulo: Companhia das Letras, 2010. p.161, grifo nosso.

37 TELLES, Lygia Fagundes. *A estrutura da bolha de sabão*. São Paulo: Companhia das Letras, 2010. p.161

38 TELLES, Lygia Fagundes. *A estrutura da bolha de sabão*. São Paulo: Companhia das Letras, 2010. p.162

CONSIDERAÇÕES FINAIS

A escolha dos contos "A ceia" e "A estrutura da bolha de sabão" atribui-se à aproximação e distanciamento entre eles. Ambos são semelhantes por representar o universo feminino, triângulos amorosos em que há sempre o desconsolo da ex-parceira e a rivalidade em relação à atual de seus amores passados. A diferença é que um descreve a mulher deixada como a ciumenta que não mede os próprios impulsos e, o segundo retrata o objeto do ciúme, a causa da dor de cabeça fulgurante.

O crítico Fábio Lucas afirma: "Lygia Fagundes Telles tem a arte de construir situações humanas, principalmente amorosas, plenas de expectativas, mas quase sempre atingidas de modo dramático pelo desencontro. Há um determinismo cruel em condenar as criaturas ao insucesso."[39]

O amor escrito por Lygia nos dois contos é fadado ao fracasso. O ciúme está no ar, na comida, nas cores e nos olhos, mas, no fim, não leva a lugar algum. Alice em "A ceia" e a narradora de "A estrutura da bolha de sabão" ficam apenas com símbolos/objetos do amor que tiveram: o isqueiro de Eduardo que se casará em breve; e as bolhas de sabão estudadas pelo Físico que chegou a se casar, mas ia morrer.

---

39 LUCAS, Fábio. *A ficção giratória de Lygia Fagundes Telles*. In: *Cult* – Revista Brasileira de Literatura, São Paulo, Ano II, n.23, p.12-17, jun.1999. p.75.

"MARIA DO ROSÁRIO IMACULADA DOS SANTOS" E A INTERDIÇÃO DA EXPERIÊNCIA FEMININA NEGRA

Fernanda Rocha da Silva[1]

A proposta deste texto é apresentar o conto "Maria do Rosário Imaculada dos Santos", de Conceição Evaristo, intercalando as teorias decolonial e de Walter Benjamin sobre experiência, analisando como se deu a interdição da experiência da personagem como efeito da presença da colonialidade, e como essa interdição torna-se comum aos sujeitos negros, diante das opressões geradas por essa matriz colonial de poder.

A autora do livro *Insubmissas lágrimas de mulheres* é escritora brasileira com diversos livros publicados. As histórias contadas por ela caracterizam-se pela afrocentralidade e por retratarem a mulher negra sem os estereótipos comuns (hiperssexualizada e subalterna, por exemplo) ao campo literário e à sociedade brasileira.[2]

Em 2015, Conceição recebeu o Prêmio Jabuti, prêmio literário de grande relevância no país, com o livro *Olhos d'água*. Com esse fato, segundo ela, para o meio acadêmico e literário, a sua presença e escrita passaram a ter legitimidade para figurarem na cena literária brasileira. Nas palavras da autora: "foi preciso o Prêmio Jabuti para comprovar que essa mulher negra não está neste espaço literário por intromissão. É porque ela escreve

---

1　Aluna Especial do Mestrado em Direito da UFMG. Graduada em Direito pela PUC Minas. Advogada. Apaixonada pelos escritos de Conceição Evaristo, entusiasta dos estudos das obras da autora e da produção literária de mulheres negras no país. E-mail: fernandarrochas@gmail.com.

2　EVARISTO, Conceição. Da representação a auto representação da mulher negra da mulher negra na literatura brasileira. *Revista Palmares*: cultura afro-brasileira, Brasília, ano 1, n. 1, ago. 2005-b. p. 52-57.

mesmo. Essas são as sutilezas do racismo brasileiro, que acontecem até no meio que você pressupõe mais democrático".[3]

E ela escreve mesmo. Seus primeiros textos publicados datam da década de 1990, na série *Cadernos Negros*, de publicação coletiva organizada pelo Quilombhoje.[4] Até os dias atuais, além das obras coletivas, ela possui seis livros publicados, entre romances, contos e poemas. Seus livros vêm alcançando notoriedade nacional e internacional, e alguns deles já contam com traduções para o inglês e o francês.

Dentre esses livros, o que aqui é alvo dos meus estudos é o *Insubmissas lágrimas de mulheres*, publicado a primeira vez em 2011, com segunda edição de 2016. O título do livro já enuncia o que viria a seguir: narrativas sobre mulheres que exerceram cada uma a sua maneira a insubordinação de se manterem altivas, demonstrando a nobreza e dignidade de suas lágrimas, e que, apesar das dores e traumas vividos, não se perderam de si próprias e puderam narrar as suas histórias, fazendo ecoar e ressoar em nós, seus leitores, a potência de suas vozes.

São treze histórias de mulheres negras cujos nomes dão nome aos títulos dos contos, e as narrativas são desenvolvidas a partir das perspectivas delas sobre o vivido. As histórias desenrolam-se em torno dessas mulheres e de suas reminiscências. Elas são contadas por uma narradora que se identifica com as mulheres ouvidas e com as suas rememorações, "há não só uma identificação, mas também 'identidades múltiplas' entre as mulheres que relatam suas histórias e a mulher que as ouve"[5]. É o caso desse trecho da história de "Mary Benedita", quando, no início do conto, a narradora se assusta com a procura de Mary a fim de lhe contar a própria história:

---

3 EVARISTO, Conceição. *Conceição Evaristo*: "foi preciso o prêmio Jabuti para comprovar que esta mulher negra aqui não está no espaço literário por intromissão". Entrevista concedida a Larissa Saram, Lamparina Scope, São Paulo, 06 jun. 2017. Disponível em: < https://bit.ly/2PpQzZp>. Acesso em 02 jul. 2018.

4 DUARTE, Constância L. Marcas da violência no corpo literário feminino. In: DUARTE, Constância. L. et al (org). *Escrevivências*: Identidade, gênero e violência na obra de Conceição Evaristo. 2ed. Belo Horizonte: Idea, 2018, pp. 147-157.

5 FIALHO, Elisângela A. L. *Insubmissas lágrimas de mulheres*: um projeto estético, narrativo e autoral. In: DUARTE, Constância. L. et al (Org.). *Escrevivências*: Identidade, gênero e violência na obra de Conceição Evaristo. 2 Ed. Belo Horizonte: Idea, 2018, p. 189.

Pensei que tivesse vindo para pedir alguma informação sobre a vida na capital, lugar de minha residência. Para pedir trabalho, enquanto eu estivesse por ali. Ou ainda para solicitar algum auxílio. Sim, alguma ajuda urgente. Experiente que sou da vida de parcos recursos, sei das diversas necessidades que nos assolam no dia a dia.[6]

Além dessa identificação narradora-mulher-personagem, é possível que a mulher negra que estiver lendo as histórias de Conceição também se veja retratada nas narrativas do livro, pois em um país marcado pelas opressões do racismo e do sexismo, que mulher negra não possui em sua trajetória, interdições provocadas por essas opressões? São dores, que muitas vezes, passam por nossos corpos, pois trazemos em nossas peles as marcas da colonialidade, as quais, no silenciamento e na invisibilidade, nos inferiorizam. Isso pode produzir em nós sentimentos contraditórios, assim como afirmou "Isaltina Campo Belo": sentir-se "como o símbolo da insignificância".

Apesar de ser um livro de contos, a princípio, formado por histórias livres, que poderiam ser lidas em sequência aleatória, sem prejuízo para a compreensão do leitor, no caso do *Insubmissas lágrimas de mulheres*, ao longo do virar de suas páginas, percebe-se que essas histórias estão interligadas umas às outras, pois há a "presença de uma voz narradora costurando as histórias, e se fazendo de mediadora entre personagens e leitores".[7] **São exemplos disso, o quinto e o oitavo contos.**

No quinto, "Maria do Rosário Imaculada dos Santos", enquanto a personagem começava os seus primeiros relatos sobre a constituição de seu nome, a narradora rememorava a história de "Natalina Soledad", do segundo conto, "e quando, embora brincando, revelou o seu descontentamento com o próprio nome, me lembrei da mulher que havia criado um nome para si própria. Tive vontade de contar a história de Natalina Soledad, mas, naquele momento, o meu prazer era o da escuta".[8] **Já no oitavo conto, "Mirtes Aparecida da Luz",** a condição física da personagem causava estranhamento à narradora, devido à ausência de contato entre elas via olhar. A narradora, silenciosamente refletindo sobre essa questão, retoma o ocorrido no sexto conto, "Isaltina Campo Belo":

---

6   EVARISTO, Conceição. *Insubmissas lágrimas de mulheres*. 2 ed. Rio de Janeiro: Malê, 2016, p. 69.

7   DUARTE, Constância L. Marcas da violência no corpo literário feminino. In: DUARTE, Constância. L. et al (Org.). *Escrevivências: Identidade, gênero e violência na obra de Conceição Evaristo*. 2 ed. Belo Horizonte: Idea, 2018, p. 149.

8   EVARISTO, Conceição. *Insubmissas lágrimas de mulheres*. 2 ed. Rio de Janeiro: Malê, 2016, p. 44.

Como contemplar os olhos dela encobertos por óculos escuros? Para mim, uma conversa, ainda mais que eu estava ali para ouvir, tinha de ser olho no olho [...] nos casos em que a narradora [a personagem ouvida] não me contemplava, eu podia acompanhar o olhar dela, como aconteceu, quando ouvi Campo Belo, que falava comigo, mas seu olhar estava dirigido para a foto da filha.[9]

É a intratextualidade, provocada pela narradora, o fio que une os contos. E os olhares mais atentos podem percebem esse jogo que ela faz conosco, seus leitores.

A COLONIALIDADE, A MULHER NEGRA E A LITERATURA

A colonialidade, termo cunhado por Aníbal Quijano[10], é uma matriz colonial de poder cujos eixos de dominação são baseados nas categorias de raça, gênero e classe. Dessa associação, formou-se o padrão de poder utilizado na classificação e hierarquização de lugares, saberes e sujeitos, a partir dos parâmetros do homem branco heterossexual e norte-europeu, considerado como sujeito ideal, portador de valores de grande relevância e superioridade[11]. Do estabelecimento da colonialidade, se instituiu a dicotomia superior-inferior, que norteia as relações sociais e estrutura a sociedade, inclusive a brasileira, se fazendo presente nos dias atuais.

No lado inferiorizado dessa dicotomia, foram situados todos aqueles sujeitos que se diferenciavam do padrão eurocêntrico, como os índios, mulheres, mulheres e homens negros. Eles não eram considerados indivíduos, portadores de subjetividades, mas, eram tidos como coisas, "espécies não humanas – como animais, incontrolavelmente sexuais e selvagens".[12] E, por isso, a escravização deles era justificada. Não haveria problemas em sujeitar coisas a serviços forçados até a exaustão.

---

9   EVARISTO, Conceição. *Insubmissas lágrimas de mulheres.* 2 ed. Rio de Janeiro: Malê, 2016, p. 81-82.

10 Quijano, Aníbal. *Cuestiones y horizontes:* de la dependencia histórico-estructural a la colonialidad / descolonialidad del poder. Ed. Danilo Clímaco. Buenos Aires: CLACSO, 2014.

11 LUGONES, María. Rumo a um feminismo descolonial. *Revista Estudos Feministas.* Florianópolis, v. 22, n.3, set.-dez/2014, p. 935-952.

12 LUGONES, María. Rumo a um feminismo descolonial. *Revista Estudos Feministas.* Florianópolis, v. 22, n.3, set.-dez/ 2014, p. 936.

A partir disso, decorre a desumanização sistematizada de sujeitos negros. São eles, ainda, vistos como corpos destoados de almas, sempre prontos e disponíveis para servir o outro, o superior, de modo que não tenham margem para atender os anseios de sua individualidade e aos seus desejos.[13] Outra consequência da colonialidade, para mulheres e homens negros, é a hiperssexualização e a estigmatização de seus corpos, frutos amargos dos mais de 300 anos em que vivemos sob o regime escravocrata. E, embora tenha se abolido a servidão em terras brasileiras, ela ainda se faz presente nosso imaginário, por meio dos estereótipos construídos e atribuídos ao sujeito negro.[14]

Nesse sentido, Conceição Evaristo relata sobre como esse imaginário pode se concretizar no cotidiano, em estigmas e desvalorização. Ela conta também como é ser mulher negra em um país marcado pelo racismo e sexismo, ainda que seja reconhecida escritora literária:

> Se eu sair desse espaço aqui, fico vulnerável como qualquer outra mulher negra na sociedade. O imaginário brasileiro não permite jamais que alguém passe por mim e não me veja simplesmente como uma mulher negra. Já aconteceu de chegar em alguns lugares para assinar documentos e as pessoas perguntarem se eu sabia assinar. O que leva a essa pergunta? Por que tem que perguntar se um homem ou uma mulher negra sabem assinar?[15]

Não se espera que uma mulher negra ocupe espaço de poder, de visibilidade e de autonomia, ou que ao menos saiba ler. A posição normalizada para ela é a da subalternidade, aquela que está presente, mas não é vista. O que se espera, conforme o padrão eurocêntrico de poder, é que essa mulher esteja atrás de uma bandeja servindo ou com uma vassoura na mão limpando os vestígios deixados por esse sujeito padronizado. Não estou aqui desvalorizando essas duas profissões, ao contrário, questiono-as enquanto posições sociais normalizadas e esperadas à mulher negra, pois

---

13 HOOKS, bell. Intelectuais Negras. *Revista de Estudos Feministas*, Florianópolis, v.3, n.2, 1995, p. 464-478.

14 EVARISTO, Conceição. Da representação a auto representação da mulher negra da mulher negra na literatura brasileira. *Revista Palmares*: cultura afro-brasileira, Brasília, ano 1, n. 1, ago. 2005-b. p.52-57.

15 EVARISTO, Conceição. *Conceição Evaristo*: "foi preciso o prêmio Jabuti para comprovar que esta mulher negra aqui não está no espaço literário por intromissão". Entrevista concedida a Larissa Saram, Lamparina Scope, São Paulo, 06 jun. 2017. Disponível em: < https://bit.ly/2PpQzZp>. Acesso em 02 jul. 2018.

são sabidamente ocupações de pouca visibilidade e baixa remuneração. Questiono a você, meu interlocutor, se a notícia sobre um apresentador de televisão[16], o qual afirmou que a fisionomia de uma Senadora da República não correspondia ao cargo que ela ocupa, mas sim a da "tia do café", chamou a sua atenção? Questiono-o mais, qual seria a cor de pele dessa Senadora, que fisionomia é essa esperada para a mulher que desempenha a função de servir o café? Provoco-o a fim de que juntos possamos pensar nos porquês desse fato acontecer ainda hoje.

A minha hipótese, para essas indagações, está na atuação dos eixos de poder da colonialidade, o racismo e o sexismo, nos quais se insere a mulher negra na condição de subalterna, ocorrendo, por isso, a sua marginalização. A atuação dessas opressões não acontece de forma isolada, mas em conjunto. A interseccionalidade delas propicia a constituição e a acumulação de camadas de desigualdade e exclusões sociais[17]. De acordo com María Lugones[18], o encontro dessas opressões não revela a mulher negra, mas mostra o seu não-lugar, pois ela carrega consigo, em seu corpo, as marcas de sua inferioridade e de sua subalternidade, segundo a matriz colonial de poder. Isso nos faz compreender porque, a priori, uma mulher negra não tem aparência de senadora da República – lugar de poder e expressivamente masculino e branco –, assim como a sua presença ainda é tímida no campo literário, alcançando visibilidade somente após o reconhecimento institucionalizado, como o que ocorreu com Conceição Evaristo.

Regina Dalcastagnè, professora de Literatura Brasileira na Universidade de Brasília – UNB, coordenou pesquisa sobre os romances publicados por três grandes e reconhecidas editoras brasileiras, delineando o quê e quem escreve literatura no país. A primeira etapa da pesquisa já fora publicada em artigo científico de 2005 e se refere ao período 1990-2004. A segunda etapa está em vias de publicação e deve revelar os dados dos períodos 1965-1979 e 2005-2014.[19]

---

16 É possível ver mais sobre esse episódio, neste link: https://congressoemfoco. uol.com.br/especial/noticias/danilo-gentili-pede-desculpas-a-tia-do-cafe/

17 CRENSHAW, Kimberlé. A interseccionalidade na discriminação de raça e gênero. *Revista Estudos Feministas*. Salvador, v. 1, n. 1, p.7-16, 2002.

18 LUGONES, María. Rumo a um feminismo descolonial. *Revista Estudos Feministas*, Florianópolis, v. 22, n.3, set.-dez/2014, p. 935-952.

19 DALCASTAGNÈ, Regina. A personagem do romance brasileira contemporâneo: 1990-2004. *Revista de Literatura Brasileira Contemporânea*, Brasília, n. 26, jul.-dez./2005, p. 13-71.

A pesquisa revelou a semelhança entre o campo literário e o espaço social/ de poder brasileiro, cuja ocorrência se dá na sub-representação e na marginalização literária de personagens e autores correspondentes aos sujeitos já inferiorizados pela colonialidade. Há uma sintonia entre eles, literário e social. Foi o que ficou constatado, pois, de acordo com os resultados parciais de 2005: há, na literatura brasileira contemporânea, uma "ausência de dois grandes grupos em nossos romances: dos pobres e dos negros", tendo em vista que "esse tipo de ausência costuma ser creditada à invisibilidade desses mesmos grupos na sociedade brasileira como um todo". Além dessa quase não-representação de personagens pobre e negros nos romances brasileiros, os mesmos grupos "como produtores literários [...] são quase inexistentes".[20]

Da análise dos dados obtidos na pesquisa, foi possível traçar "o perfil do escritor brasileiro. Ele é homem, branco, aproximando-se ou já ter entrado na meia idade, com diploma superior, morando no eixo Rio-São Paulo", grandes centros urbanos do país. E que, majoritariamente, escreve sobre personagens do sexo masculino, brancos e heterossexuais. As personagens do sexo feminino estão apenas em 37,8% dos romances analisados. E, ainda, quando retratadas, ficam adstritas ao ambiente privado do lar.[21] O que me leva a pensar no padrão eurocêntrico de poder, não seriam essas características (homem branco heterossexual graduado morador de cidade grande) as mesmas padronizadas pela colonialidade, como símbolo de superioridade?

Apurando o olhar, sob a perspectiva apontada por Lugones, a representação da mulher negra nos romances estudados é baixíssima, das obras analisadas apenas três apresentaram a mulher negra como protagonista, e, em se tratando da função de narrador, somente uma ocupa essa posição tão importante no desenvolvimento das histórias literárias. Isto é, a pesquisa desenvolvida na UNB escancarou a ausência da mulher negra, tanto como autora quanto personagem da literatura brasileira contemporânea.

No entanto, desde a sua *escrevivência*, Conceição Evaristo conseguiu atravessar a barreira colonial, que há muito vem impedido o sujeito negro de falar e de ser visto. Ela vem sendo ouvida e a força de sua voz tem ressoado em muitas de nós.

---

20 DALCASTAGNÈ, Regina. A personagem do romance brasileira contemporâneo: 1990-2004. *Revista de Literatura Brasileira Contemporânea*, Brasília, n. 26, jul.-dez. /2005, p. 14-15.

21 DALCASTAGNÈ, Regina. A personagem do romance brasileira contemporâneo: 1990-2004. *Revista de Literatura Brasileira Contemporânea*, Brasília, n. 26, jul.-dez. /2005, p. 13-71.

Refletindo sobre o papel da escrita em sua trajetória, a autora se questiona, mas com os olhos voltados para nós, seus leitores, provocando o nosso pensar, se seria "preciso comprometer a vida com a escrita ou é o inverso? Comprometer a escrita com a vida?". Contudo, mais adiante, ela afirma que a sua conscientização quanto às dificuldades do vivido a fez comprometer-se com o que escreve. É nesse sentido a fala dela, vejamos: "consciência que compromete a minha escrita como um lugar de auto-afirmação de minhas particularidades, de minhas especificidades como sujeito-mulher-negra".[22]

Ou seja, não obstante, a presença da colonialidade também no campo literário, que marginaliza e subalterniza e, por isso, invisibiliza a mulher negra, Conceição Evaristo, consciente da sua identidade feminina e negra, escreve a partir desse lugar: personagens, protagonistas e narradoras, na maioria de suas histórias, são mulheres e negras. Com uma escrita não estereotipada, ela desenha as mulheres de suas narrativas com todas as suas peculiaridades. No livro *Insubmissas lágrimas de mulheres*, todas as 13 histórias são narradas por mulheres nomeadas, para uma narradora também mulher. Negras, elas nos contam de suas dolorosas reminiscências, regadas às lágrimas, ora delas ora nossas, porém, apesar da dureza de suas histórias, as personagens demonstraram "uma atitude de sobreviventes, de quem exorcizou a dor e se encontrou inteira para além dela", da dor vivida.[23]

---

22   EVARISTO, Conceição. Da grafia-desenho de minha mãe, um dos lugares de nascimento de minha escrita. Mesa de Escritoras Afro-brasileiras. XI Seminário Nacional Mulher e Literatura / II Seminário Internacional Mulher e Literatura. Rio de Janeiro, 2005.

23   DUARTE, Constância L. Marcas da violência no corpo literário feminino. In: DUARTE, Constância. L. et al (Org.). *Escrevivências*: Identidade, gênero e violência na obra de Conceição Evaristo. 2 ed. Belo Horizonte: Idea, 2018, p. 150.

MARIA DO ROSÁRIO E A INTERDIÇÃO DA EXPERIÊNCIA DO SUJEITO NEGRO

Maria do Rosário, ainda criança, fora separada de sua família. Tudo aconteceu com a chegada de um casal de estrangeiros em um jipe, que se ofereceram para levar as crianças para passear. "Os grandes", diante da novidade da presença de um automóvel naquela região, concordaram com a oferta dos estrangeiros. Eles "deram duas ou três viagens" com o carro cheio de crianças ávidas por aquela aventura. Maria do Rosário e seu irmão foram deixados por últimos, e foi a partir desta última viagem que a sua vida mudou. Com ela já dentro do jipe, "o carro aos poucos foi ganhando distância, distância, distância..."[24]

Nos primeiros momentos, com a inocência de uma criança, ainda acreditava "que nada de mal estivesse realmente acontecendo", visto que o temor comum aos seus familiares não era referente aos "perigos reais e sim [aos] de imaginários". Só depois de vários dias viajando, tomou consciência do que estava vivendo. Ela narra o seguinte: "E, quando alcancei a gravidade da situação, por muito tempo pensei que fosse acontecer comigo, o que, muitas vezes, escutei os mais velhos contar. As histórias de escravidão de minha gente. Eu ia ser vendida como uma menina escrava."[25]

Nesse instante, ocorre a interdição da experiência de Maria do Rosário. Ela não mais poderá viver entre os seus, "na vilazinha em que [...] havia nascido lá no Brasil"; a sua residência passa a ser, portanto, no estrangeiro, em uma "casa grande, que parecia uma fazenda" com o casal que havia lhe roubado de seus pais. É momento de ruptura. É tempo de desumanização e de desidentificação forçadas. O nome, que a individualizava, desaparece, e, ela passa a ser somente a menina: "eles nunca me bateram, mas me tratava como se eu não existisse. Jamais perguntaram o meu nome, me chamavam de 'menina'".[26]

---

24 EVARISTO, Conceição. *Insubmissas lágrimas de mulheres*. 2 ed. Rio de Janeiro: Malê, 2016, p. 45.

25 EVARISTO, Conceição. *Insubmissas lágrimas de mulheres*. 2 ed. Rio de Janeiro: Malê, 2016, p. 46.

26 EVARISTO, Conceição. *Insubmissas lágrimas de mulheres*. 2 ed. Rio de Janeiro: Malê, 2016, p. 46-47.

De acordo com Walter Benjamin[27], a experiência está atrelada a dois aspectos, à tradição e à memória. A transmissão da tradição se daria de modo artesanal, por meio do exercício da memória, por via de narrativas orais, que podem exprimir a sabedoria daqueles que vieram primeiro. Esta última, a sabedoria, é formada por um acúmulo de experiências. O sábio está intrinsecamente ligado às camadas de experiências que ele apresenta, e, por tal condição, a ele é possibilitado aconselhar, em virtude dele poder "recorrer ao acervo de toda uma vida (uma vida que não inclui apenas a própria experiência, mas em grande parte a experiência alheia)"[28].

Nesse sentido, sobre a importância da transmissão da experiência e da ancestralidade em seu âmbito familiar, para constituição de sua escrita, Conceição Evaristo conta que:

> Na origem da minha escrita ouço os gritos, os chamados das vizinhas debruçadas sobre as janelas, ou nos vãos das portas contando em voz alta uma para outras as suas mazelas, assim como as suas alegrias. Como ouvi conversas de mulheres! Falar e ouvir entre nós, era a talvez a única defesa, o único remédio que possuíamos [...].
> [...] Mas digo sempre: creio que a gênese de minha escrita está no acúmulo de tudo que ouvi desde a infância. O acúmulo das palavras, das histórias que habitavam em nossa casa e adjacências. Dos fatos contados a meia-voz, dos relatos da noite, segredos, histórias que as crianças não podiam ouvir. Eu fechava os olhos fingindo dormir e acordava todos os meus sentidos. O meu corpo por inteiro recebia palavras, sons, murmúrios, vozes entrecortadas de gozo ou dor dependendo do enredo das histórias. De olhos cerrados eu construía as faces de minhas personagens reais e falantes. Era um jogo de escrever no escuro. No corpo da noite.[29]

---

27 BENJAMIN, Walter. Experiência e Pobreza. In: *Magia e Técnica, Arte e Política*. Trad. Paulo Sérgio Rouanet. 3 ed. São Paulo: Brasiliense, 1987, pp. 114-119.

28 BENJAMIN, Walter. O narrador: considerações sobre a obra de Nikolai Leskov. In: *Magia e Técnica, Arte e Política*. Trad. Paulo Sérgio Rouanet. 3 ed. São Paulo: Brasiliense, 1987, p. 221.

29 EVARISTO, Conceição. Da grafia-desenho de minha mãe, um dos lugares de nascimento de minha escrita. Mesa de Escritoras Afro-brasileiras. XI Seminário Nacional Mulher e Literatura / II Seminário Internacional Mulher e Literatura. Rio de Janeiro, 2005.

Ela sintetiza em si as características do narrador de Benjamin[30], articulando memória e ficção, transmite sabedoria por meio de seus textos, desenvolvidos com linguagem próxima ao leitor, quase em forma de uma conversa ao pé do ouvido. Ela faz isso como boa conselheira, assim como a narradora do livro *Insubmissas* **lágrimas** *de mulheres*, que, apesar de ter se apresentado mais como boa ouvinte do que como conselheira, ouso atribuir a ambas essa qualidade do saber aconselhar.

Justifico essa minha opção em virtude das duas, por meio de suas histórias, deixarem as mulheres negras falar de suas dores indizíveis; sugerindo o traçar do caminho a ser percorrido por elas, de modo a desafiar "as contas de um infinito rosário de dor. E, depois, elas mesmas, a partir de seus corpos mulheres, concebem a sua própria ressurreição e persistem vivendo".[31] Insubmetendo-se. Seja no se tornar escritora literária, em um país cujo campo literário é dominado por homens brancos heterossexuais; seja em dar tom mais alto a sua voz para contar histórias de outras iguais, contrariando o que se espera dela, o silêncio; ou, ainda, seja em não se embrutecer com as suas dores, revelando as suas "insubmissas lágrimas".

O contar histórias faz parte da transmissão da experiência, segundo Benjamin[32]. O primeiro lugar no qual isso ocorre é no ambiente familiar. É nesse local que os familiares podem transmitir aos pequenos as histórias que acumularam desde a infância. Maria do Rosário nos conta de que no seu clã familiar contavam-se histórias sobre "mula sem cabeça, lobisomem, almas do outro mundo", bem como de seus antepassados que foram escravizados.[33] Ela foi retirada arbitrariamente da convivência com os seus, provocando a interdição da sua experiência, fragmentando sua trajetória, e tornando-a pobre nesse sentido. Ela não mais seria destinatária das histórias contadas pelos "grandes", não podendo, assim, acumular experiências.

---

30   BENJAMIN, Walter. O narrador: considerações sobre a obra de Nikolai Leskov. In: *Magia e* **técnica,** *arte e política*. Traduzido por Paulo Sérgio Rouanet. 3 ed. São Paulo: Brasiliense, 1987, pp. 197-221.

31   EVARISTO, Conceição. *Insubmissas lágrimas de mulheres*. 2 ed. Rio de Janeiro: Malê, 2016, p. 95.

32   BENJAMIN, Walter. Experiência e Pobreza. In: *Magia e* **técnica,** *arte e política*. Traduzido por Paulo Sérgio Rouanet. 3 ed. São Paulo: Brasiliense, 1987, pp. 114-119.

33   EVARISTO, Conceição. *Insubmissas lágrimas de mulheres*. 2 ed. Rio de Janeiro: Malê, 2016, p. 46.

Sucedeu do ocorrido, a negação do passado da menina e quase o esquecimento completo dos tempos em que era Maria do Rosário. Ela não podia narrar-se, não havia para quem transmitir as histórias que aprendera outrora. O que, sobremaneira, contribuiu para o apagamento dos detalhes dos dias vividos entre os seus semelhantes. Ela fala sobre isso, da negação de sua memória, como no seguinte trecho: "a moça, que me ensinou a ler, me ensinou outras coisas, mas nunca me perguntou nada sobre o tempo antes de eu chegar ali. Eu tinha um desejo enorme de falar de minha terra, de minha vida e nunca pude. Para eles, era como se eu tivesse nascido a partir dali".[34]

A memória de Maria do Rosário ficou comprometida. Como não conseguia contar da sua origem para outra pessoa, ela repetia pra si todas as noites aquilo que sabia. Apesar desse insistente ato de menina, os detalhes do vivido e da história de sua gente se perdiam no tempo, e, para preencher esse vazio, ela criava e recriava a própria história, ficcionalizando sua memória: "confesso, a minha história é feita mais de inventos do que de verdades..."[35]. Ela estava se tornado pobre em experiência comunicável.[36] Ecoava, no vazio da "casa grande", o silenciamento forçado da subjetividade e a mudez de voz da personagem.

Algum tempo depois, após a separação do casal que a tirou de seus pais, ela foi acolhida por outro familiar deles, uma tia. Foi nessa nova casa que ela relatou ter trabalhado imensamente, aprendido a cuidar da casa, a fazer as tarefas domésticas e a cuidar das crianças. Ela tinha levado um rádio, que a "ligava ao mundo externo", mas, nessa casa, fora proibida de ligá-lo e o aparelho "acabou perdendo a função. Recebi ordens para não o ligar, para não gastar luz e não me distrair no trabalho".[37] O vínculo dela com o mundo mais uma vez havia sido rompido. Novamente estava sozinha consigo mesma.

---

34 EVARISTO, Conceição. *Insubmissas lágrimas de mulheres*. 2 ed. Rio de Janeiro: Malê, 2016, p. 47.

35 EVARISTO, Conceição. *Insubmissas lágrimas de mulheres*. 2 ed. Rio de Janeiro: Malê, 2016, p. 48.

36 BENJAMIN, Walter. Experiência e Pobreza. In: *Magia e técnica, arte e política*. Trad. Paulo Sérgio Rouanet. 3 ed. São Paulo: Brasiliense, 1987, pp. 114-119.

37 EVARISTO, Conceição. *Insubmissas lágrimas de mulheres*. 2 ed. Rio de Janeiro: Malê, 2016, p. 51.

A interdição ainda na infância produziu nela adulta o medo de perder, novamente, os seus entes queridos, e, por isso, decidiu não formar família, não queria ter filhos. Mudou de cidade, sucessivas vezes. Essas mudanças possuíam rumo certo, ela estava refazendo o percurso de volta rumo a sua cidade natal, guiada por "uma força maior". "A força do desejo dos perdidos em busca do caminho de casa".[38]

Segundo Benjamin, "a experiência é matéria da tradição, na vida coletiva como na vida privada. Constitui-se [...] a partir de dados acumulados, muitas vezes não conscientes, que afluem à memória".[39] A fixação dessa acumulação se dá no repassar para o outro o que se sabe, com o transmitir a tradição aos que vierem depois, frequentemente por meio de narrativas orais. E sua a ausência pode levar à pobreza de experiência, ao não ter o que contar. Ao silenciar-se.

Maria do Rosário se fez sozinha, o lastro que a ligava ao passado foi roubado. O vivido em *soledad* transformou-a em outra. A interdição a comprometeu na retenção de experiências, sua memória ficou fragmentada, tornando-a, assim, pobre de experiências, fazendo com que se constituísse a partir do pouco, do raso, que lhe fora oferecido pelo casal de estrangeiros.

Para finalizar essa seção, nada melhor do que a fala da própria Maria do Rosário, expressando a angústia de se ter um vazio no lugar do passado, de ver suas experiências comprometidas pelo rapto ainda menina: "nunca tinha relatado minha história para ninguém. Inventava sempre uma história sobre as minhas origens. Uma espécie de vergonha me consumia. Vergonha e culpa por ter me apartado dos meus".[40]

---

38 EVARISTO, Conceição. *Insubmissas lágrimas de mulheres*. 2 ed. Rio de Janeiro: Malê, 2016, p. 53.

39 BENJAMIN, Walter. Sobre alguns temas em Baudelaire. In: *Charles Baudelaire: um lírico no auge do capitalismo*. Trad. José Martins Barbosa e Hemerson Batista. São Paulo: Brasiliense, 1989, p. 105.

40 EVARISTO, Conceição. *Insubmissas lágrimas de mulheres*. 2 ed. Rio de Janeiro: Malê, 2016, p. 53.

DA COLONIALIDADE À TRANSGRESSÃO: SOBREVIVÊNCIA E ESCRITA

No âmbito deste ensaio, utilizei a teoria decolonial na tentativa de compreender a interdição da experiência de Maria do Rosário, menina negra, de origem pobre, moradora de vilarejo interiorano, onde se vivia sem se preocupar com as maldades da cidade grande. Um lugar onde eles, os "Dos Santos", segundo ela narra, "inimigos homens não tínhamos, nem ouvíamos os grandes comentarem".[41] O imaginário deles era permeado pelo sobrenatural, por histórias folclorizadas, como as informadas pela menina, de mula sem cabeça e lobisomem. Havia certa ingenuidade entre eles, fazendo com que a passagem de um veículo se tornasse motivo de espetáculo.

A colonialidade, como tratado anteriormente, assujeita a pessoa negra, produz a concepção de que se trata de indivíduo de inferior categoria, e, portanto, disponível a sempre atender aos anseios do sujeito valorizado pelo padrão eurocêntrico de poder. Instituiu uma dicotomia entre pessoas, subalterna *vs.* superior. Ou seja, foi o estabelecimento do padrão eurocêntrico de dominação que facilitou, durante o período colonial, a sujeição de africanos e seus descendentes à escravização, por aqueles que desenvolveram a noção de raça como critério classificatório.[42] E, por outro lado, estimulou o sujeito europeizado, típico do padrão colonial de poder, a constituir-se como ideário de superioridade e por isso destinatário da servidão da pessoa negra.

Tendo em vista que a colonialidade produz seus frutos ainda nos dias de hoje, histórias como a de Maria do Rosário, não obstante ser ficção, demonstram como o sujeito negro continua sendo marginalizado na sociedade. A história da personagem de Conceição Evaristo me remeteu a uma época não tão distante, de quando era comum, normalizado até, os moradores da cidade grande procurarem nos recônditos do interior dos estados, meninas para "ajudarem" nos cuidados domésticos e de seus filhos.

---

41 EVARISTO, Conceição. *Insubmissas lágrimas de mulheres.* 2 ed. Rio de Janeiro: Malê, 2016, p. 46.

42 Quijano, Aníbal. *Cuestiones y horizontes:* de la dependencia histórico-estructural a la colonialidad/ descolonialidad del poder. Ed. Danilo Clímaco. Buenos Aires: CLACSO, 2014.

São as opressões do racismo e do sexismo, eixos de poder da colonialidade, que me fazem refletir sobre o que autorizou o casal de estrangeiros, diferentes da menina e dos seus, a passar com um jipe (navio?) e a roubá-la de seus pais. A desenraizá-la de sua terra natal, rompendo, assim, com a tradição vivida naquele clã familiar. De modo que ela crescesse sozinha, maculando sua experiência.

Da interdição se deu o rompimento da trajetória de uma vida, que poderia ter sido rica de memórias, de afeto e de pertencimento, quando se vive entre seus iguais. O acúmulo de experiências por Maria do Rosário ficou comprometido, foi reduzida a objeto, que não deveria ser nomeada, mas servir, servir, servir...

Apesar disso, havia nela um desejo, falado muitas vezes durante a história, de voltar para sua cidade, Flor de Mim. De retomar o fio roubado e costurar suas memórias junto com as de sua família. Era esse desejo que a impulsionava no traçar de seu percurso. Não há ao longo da narrativa dela, sinais de desesperança. Houve medo de não se lembrar do vivido e até uma lamentação quanto "as desgraças da vida". Quando as forças estavam quase se esvaindo, ela encontra nos estudos os motivos para continuar. "E foi na ambiência dos estudos que surgiu [...] salvação".[43] Foi lá que ela retornou a si, voltando a ser só dela, não mais propriedade do outro.

Na última palestra do evento "Crianças desaparecidas", o qual acontecia no colégio onde a personagem estudava, foi que Maria do Rosário, após síncope momentânea, reencontrou "uma irmã, que ela nem conhecera, pois tinha sido roubada ainda menina e nunca mais a família soubera qualquer notícia". Em uma poética passagem, ela nos conta de como esse momento aconteceu, e, aqui, peço licença a elas para transcrever integralmente a derradeira lembrança narrada:

> Quando acordei do desmaio, a moça do relato segurava a minha mão; não foi preciso dizer mais nada. A nossa voz irmanada no sofrimento e no real parentesco falou por nós. Reconhecemo-nos. Eu não era mais a desaparecida. E Flor de Mim estava em mim, apesar de tudo. *Sobrevivemos, eu e os meus. Desde sempre.*[44]

---

43 EVARISTO, Conceição. *Insubmissas lágrimas de mulheres.* 2 ed. Rio de Janeiro: Malê, 2016, p. 52.

44 EVARISTO, Conceição. *Insubmissas lágrimas de mulheres.* 2 ed. Rio de Janeiro: Malê, 2016, p. 54.

É no trecho destacado acima, que Maria do Rosário sintetiza toda sua transgressão. Embora tenha tido sua experiência interditada, materializada no seu roubo ainda menina, ela sobreviveu. Superou o vazio de se fazer sozinha, a ausência de "experiências comunicáveis", e reencontrou-se na consanguinidade, desabrochando-se. Reconheceu no refletido dos olhos da irmã, aquela menina de outrora. Não se deixou endurecer, "apesar de tudo" e de todo sofrimento.

Sobreviver, para a mulher negra, em uma sociedade maculada pela colonialidade é transgredir, cuja tradução pode se dá na não aceitação da subalternidade imposta pelo racismo e sexismo, como algo comum, finalístico.

Transgredir é também não submeter-se. É contar a sua história e fazê-la ser vista e ouvida, podendo, inclusive, "se concretiza[r] na ação de narrar essas histórias a outros, como faz a narradora; e culmina na escrita e divulgação dessas narrativas individuais e coletivas de mulheres levada a cabo pela autora".[45]

E é com as palavras do depoimento de Conceição Evaristo que gostaria de interromper a minha escrita, lembrando que escrever esse ensaio é também transgredir. A mulher negra, de forma positiva, ocupou a centralidade do que apresentei nestas breves linhas, na história de uma personagem feminina negra, do livro de uma autora reconhecidamente "sujeito-mulher-negra", ou, ainda, na minha insistência de falar sobre nossas condições e histórias. Finalmente, Conceição e sua escrita em forma poética revelam a nossa dura realidade:

> O que levaria determinadas mulheres, nascidas e criadas em ambientes não letrados, e quando muito, semialfabetizados, a romperem com a passividade da leitura e buscarem o movimento da escrita?
>
> Tento responder. Talvez, estas mulheres (como eu) tenham percebido que se o ato de ler oferece a apreensão do mundo, o de escrever ultrapassa os limites de uma percepção da vida. Escrever pressupõe um dinamismo próprio do sujeito da escrita, proporcionando-lhe a sua auto inscrição no interior do mundo. E, em se tratando de um ato empreendido por mulheres negras, que historicamente transitam por espaços culturais diferenciados dos lugares ocupados pela cultura das elites, escrever

---

45 FIALHO, Elisângela A. L. Insubmissas lágrimas de mulheres: um projeto estético, narrativo e autoral. In: DUARTE, Constância. L. et al (Org.). *Escrevivências*: Identidade, gênero e violência na obra de Conceição Evaristo. 2 Ed. Belo Horizonte: Idea, 2018, p. 197.

adquire um sentido de insubordinação. Insubordinação que pode se evidenciar, muitas vezes, desde uma escrita que fere "as normas cultas" da língua, caso exemplar o de Carolina Maria de Jesus, como também pela escolha da matéria narrada.[46]

E, com essa fala de Conceição, não poderia deixar de mencionar o texto de Glória Anzaldúa[47], no qual ela convida as mulheres negras a escrever, a materializar suas perspectivas e experiências, por meio da escrita. E é nesse excerto que Conceição Evaristo nos explica a importância disso, da insubmissão que é uma mulher negra, de origem pobre, narrar as suas histórias, transgredindo um campo literário formado majoritariamente por sujeitos típicos do padrão eurocêntrico do poder. Transgredir é sobreviver, porém, sobretudo, escrever. Escreveremos.

---

46   EVARISTO, Conceição. Da grafia-desenho de minha mãe, um dos lugares de nascimento de minha escrita. Mesa de Escritoras Afro-brasileiras. XI Seminário Nacional Mulher e Literatura / II Seminário Internacional Mulher e Literatura. Rio de Janeiro, 2005.

47   ANZALDÚA, Glória. Falando em línguas: uma carta para as mulheres escritoras do terceiro mundo. *Revista de Estudos Feministas*, Florianópolis, v. 8, n. 1, 2000, p. 229-236.

O FEMININO E A SIMBOLOGIA DOS CONTOS DA COLETÂNEA *ANTES DO BAILE VERDE*, DE LYGIA FAGUNDES TELLES

Gabriela Florentino Dantas[1]

A ficção consiste não em fazer ver o invisível, mas em fazer ver até que ponto é invisível a invisibilidade do visível.

Michael Foucault

INTRODUÇÃO

Lygia Fagundes Telles nasceu em 1923, em São Paulo. Cresceu em Sertãozinho e em outras cidades do interior paulista, devido ao trabalho do pai, o advogado Durval de Azevedo Fagundes, que também era promotor público. A mãe era a pianista Maria do Rosário. Desde pequena, Lygia sempre demonstrou interesse pelas letras. Sempre gostou de criar histórias, muitas que eram construídas a partir dos contos das pajens que viviam em sua casa. Além de escritora, Lygia também é advogada e formada em Educação Física. Trabalhou como funcionária pública até se aposentar em 1991. Seu primeiro marido foi seu professor Goffredo da Silva Telles Jr., com que se casou e teve o seu único filho, Goffredo da Silva Telles Neto. Em 1960, ela se separa e, em 1963, passa a viver com o segundo marido, Paulo Emílio Salles Gomes.

Lygia sempre deu indícios de sua personalidade forte, como ao escolher profissões ditas "masculinas" na época. Não teve medo de enfrentar os comentários de cunho machista nos cursos de direito e tampouco de sua mãe, que dizia que Lygia teria dificuldades para se casar se continuasse estudando tanto.

---

1   Bacharel e Licenciada em Letras - Português- Literaturas pela Universidade Federal do Rio de Janeiro. E-mail: gabrieladantas23@hotmail.com

A autora relata em entrevistas como era sua relação com o pai. Ele gostava de levá-la para os jogos, pois dizia que ela trazia sorte. Ele sempre apostava na cor verde na roleta, cor escolhida por Lygia. E ela diz[2]: "Eu, que no jogo da palavra sempre preferi o verde, ele está em toda a minha ficção. É cor da esperança, foi assim que aprendi com o pai."

Antes de ser considerada uma dama da literatura brasileira, Lygia escreveu o livro de contos *Porão e sobrado* (1938), cuja primeira edição foi paga pelo seu pai. Contudo, Lygia considera *morto* tudo que ela escreveu antes do romance *Ciranda de pedra* (1954), no qual, diz Antonio Candido, ela atingiu a maturidade e cita[3]: "Lygia Fagundes sempre teve o alto mérito de obter, no romance e no conto, a limpidez adequada à visão que penetra e revela, sem recurso a qualquer truque ou traço carregado na linguagem ou na caracterização."

Essas palavras de Antonio Candido definem muito a obra da Lygia como um todo. Ela considera suas obras anteriores imaturas e diz que, num país que pouco se lê, deveria oferecer o seu melhor. Mas, desde o seu primeiro livro, Lygia já mostra uma preocupação com a linguagem, característica marcante nas obras da autora. Seus textos foram ganhando um estilo mais elaborado, mas sem perder sua essência original no que diz respeito às técnicas já utilizadas desde os primeiros textos. E o cuidado com a produção técnica em relação à escrita e sua habilidade de costurar as tramas são traços que aparecem em suas obras futuras.

DAS INTENÇÕES

Neste trabalho, irei analisar alguns recursos estéticos de alguns contos dentro do livro *Antes do baile verde*, de Lygia Fagundes Telles. O objetivo é mostrar algumas características que aparecem nesses contos e que são marcantes na obra da Lygia. Essa estética está muito ligada à preocupação com a escrita, com a qualidade na escolha e organização das palavras. A linguagem é ponto forte dentro da obra da Lygia: é ela que vai moldando as personagens carregadas de conflitos, abordando temas variados e marcantes dentro da narrativa.

---

2   INVENTÁRIO DOS RASTROS. In: CADERNOS DE LITERATURA BRASILEIRA. São Paulo: Instituto Moreira Salles, n. 5, mar. 1998, p. 10.

3   GAGLIANONE, Isabela. *O baile de Lygia*. *O Benedito*, 7 mar. 2016. Disponível em: http://obenedito.com.br/o-baile-de-lygia. Acesso em: 23 jun. 2018.

E *Antes do baile verde* traz, em muitos contos, um olhar feminino das personagens, que está além da questão de gênero ou sexo. A figura feminina, usada como elemento principal que conduz as estórias, é uma escolha consciente estética e ideológica para a escritora moderna. A representação da mulher e do homem, em relações ao gênero, dentro da literatura, são diferentes em relação ao estar no mundo. O assunto se modifica ao ser representado por uma mulher, traz a alma feminina com o olhar dentro desse "mundo das mulheres".

E dependendo da estória, a mulher consegue traduzir melhor do que o homem e vice-versa[4]: "O que existe são mulheres e homens que escrevem bem e mulheres e homens que escrevem mal. A única distinção que faço é em relação à qualidade dos textos. Mas é claro que mulheres e homens têm vivências diferentes e isso de algum modo vai aparecer na literatura."

SOBRE *ANTES DO BAILE VERDE*

Antes do baile verde marcou o sucesso internacional de Lygia, sendo o livro pelo qual recebeu O Grande Prêmio Internacional Feminino para Estrangeiros, na França. Para muitos, este livro publicado em 1970, escrito entre 1949 e 1969, é a obra mais marcante da autora. A coletânea de contos retrata os desencontros, as insatisfações sociais, os conflitos internos e externos; as desconstruções afetivas; a fraqueza humana; a infidelidade que, embora possam ser considerados banais nos dias de hoje, certamente não o eram na época em que foram escritos.

E é esta obra rica em construção que consolida a carreira de Lygia como contista. O que a princípio seria só um conto, acabou se transformando em uma coletânea de 16 contos, todos escolhidos pela própria autora. Lygia deixa claro em algumas entrevistas que o autor, como conhecedor da sua obra e da maneira como ele se identifica dentro da sua criação, deva ter o direito de organizar, escolher, editar antes de mandar para edição. E ela organiza estes contos com um olhar maduro ao compor o livro com o que julga ser relevante ao leitor em relação a um conteúdo de qualidade.

Outro ponto interessante é que este livro teve várias edições, mas em nenhuma delas o primeiro conto "Os objetos" e o último conto "O menino" mudaram de posição dentro da coletânea. Isso acontece porque estes contos trazem traços temáticos que estruturam a narrativa.

---

4   ENTREVISTA. In: CADERNOS DE LITERATURA BRASILEIRA. São Paulo: Instituto Moreira Salles, n. 5, mar. 1998, p. 38.

Porém, os contos eleitos pela autora como sendo os melhores e que fazem sempre parte das diferentes edições são: "A caçada", "Venha ver o pôr do sol" e as "Pérolas".

Ao pensar na parte estética do texto, podemos pensar no autor como um artista pintando uma tela em branco. Ele buscará elementos para a sua composição e todos os recursos necessários tanto internos (psicológico) como externos (os objetos), sem deixar de recorrer à parte técnica; a linguagem, a temática, o tipo de texto, o espaço em que esta narrativa vai se ambientar sem ignorar o contexto histórico e social que a obra retratará. Estas características vão estruturar o texto e o estilo da escrita do autor. Lygia faz isso muito bem ao utilizar desses recursos fundamentais da escrita, tornando suas narrativas bem costuradas, arrebatando o leitor logo nas primeiras linhas.

A literatura, por ser um tipo de arte, leva o leitor a experimentar as diferentes sensações através da escrita. E são essas sensações que vão estimulando o leitor ao longo do texto. O belo da obra atrai este leitor e o seduz, como a própria Lygia gosta de ressaltar. Ela consegue seduzir seu leitor ao ponto de fazer com que ele seja um elemento essencial para que a estória tenha vida, pois é ele quem vai dando cabo das brechas (deixadas de propósito) a serem preenchidas ao longo do enredo.

Esses recursos de escrita e ao falar de temas tão universais levam o leitor a ter uma proximidade com essas personagens ficcionais, uma verossimilhança. E o resultado dessa combinação é o leitor seduzido pela narrativa. E como diz Antonio Dimas, no posfácio do livro *Antes do baile verde*[5]: "Aproxima-se do leitor como seus gatos, de que ela tanto gosta. Parece até que são apenas estórias em torno daquelas mesas de barzinho refinados, em fim de tarde de verão."

A leitura dos contos dessa coletânea deixa claro o porquê do livro ter sido um marco na sua obra. Em primeiro lugar, mostra um amadurecimento da autora em relação à linguagem, com a preocupação na escolha de cada palavra que vai dar vida a estas personagens elaboradas e fortes, mas limitadas, por ter um tempo curto, já que se trata de um conto. Outra razão fundamental é a escolha dos temas abordados, em que Lygia aborda assuntos polêmicos para a época em que foram escritos; em que a mulher não tinha um espaço de fala dentro dessa sociedade patriarcal.

---

5   TELLES, Lygia Fagundes. *Antes do baile verde*. Rio de Janeiro: Companhia das Letras, 2009, p. 124.

A mulher ganha voz na maioria dos contos ao tratar de questões da natureza humana. Elas são a retratação da família urbana burguesa brasileira, mostrando seus conflitos/aflições, comuns a qualquer humano. Os textos tratam também de como estas mulheres podiam ocupar diferentes espaços dentro dessa sociedade representando a vida do ser humano em si, independentemente de gênero. Assim como a própria autora, essas mulheres não precisam ser limitadas quanto ao seu posicionamento e aos seus anseios. Elas serão fundamentais até quando não ocupam a posição de protagonista.

Lygia escreve sobre a burguesia, mas sem que o homem seja o centro na maior parte da coletânea. As figuras femininas são as centrais; as personagens masculinas também aparecem, mas muitas vezes, em segundo plano. Poucos são os contos em que o homem é a personagem principal. Lygia faz parte da geração de 45, que teve o concretismo como influência poética. A análise das suas obras deixa claro o quanto a autora é engajada, não só em relação às questões do feminino, mas também em relação ao político em geral.

A BREVIDADE DO CONTO

O conto, ao contrário do romance, não possui um tempo longo para ficar preso a tantos detalhes. O início do conto tem que dar todos elementos essenciais para ele seja arrebatador. E a linguagem, a construção das personagens e o enredo devem ser bem compostos logo no começo por se tratar de uma narrativa curta, que não tem tempo para elaborar um cenário, pois não há tempo para isso. O conto tem que chegar já arrebatando o leitor nas primeiras linhas: é como a minhoca presa no anzol para atrair o peixe, não há tempo para tanta descrição nos contos.

As personagens precisam ter uma composição bem estruturada junto a um enredo interessante para que o leitor queira ser levado. Elas mostram como são de forma intensa, não escondem sua postura em relação aos seus posicionamentos, possuem conflitos comuns a qualquer ser humano. E poderiam ser vividas por ambos os gêneros.

Em todos os contos, os conflitos interiores, os mistérios, as ambiguidades das personagens centrais são o fio da construção do enredo das narrativas de Lygia. Eles aparecem logo no início e são desenvolvidos ao longo da história. Mas Lygia o define em entrevista[6]: "No conto, as personagens são,

---

6   ENTREVISTA. In: *CADERNOS DE LITERATURA BRASILEIRA*. São Paulo: Instituto Moreira Salles, n. 5, mar. 1998, p. 29.

de certo modo, limitadas. Elas têm que viver aquele instante com toda a força e a vitalidade que eu puder dar, porque nenhuma delas vai mudar. Isso quer dizer que, com elas, eu preciso seduzir o leitor num tempo mínimo."

Já no início, os contos são elaborados para prender o leitor, usando muito artifícios linguísticos: de pontuação, da sinestesia, da articulação das personagens, dos muitos recursos técnicos bem elaborados e empregados pela autora, com intenção de seduzir o leitor e o levar a participar da narrativa. Para Edgar Allan Poe, um dos autores que inspiram Lygia, o conto precisa manter uma "unidade de impressão", o que faz com que seja lido sem interrupção.

A preocupação de Lygia com a estética do texto é notada quando analisamos a forma de linguagem utilizada, a escolha das palavras, a habilidade de escrever de forma clara, corrida, objetiva, fazendo com que haja uma fluidez em seus textos. A narrativa é escrita de forma direta, porque no conto não há tempo para a descrição dos detalhes desnecessários para a ficção. A autora é precisa ao trabalhar um tema, ela se prende à construção do lado psicológico da personagem e na importância dos objetos em cena. Os símbolos têm uma grande importância com seus significados para a estrutura dos contos dentro das obras da Lygia, é algo que caracteriza o estilo da autora, trazendo os símbolos para compor a narrativa.

Logo no início do conto "O menino", é mostrada a imagem criada pelo menino nas primeiras linhas; sua admiração, a importância da figura da mãe, o orgulho ao exibi-la e andar de mãos dadas com ela. Há uma estética não só na linguagem usada ao descrevê-la fisicamente, mas também ao descrever os objetos que compõem toda a cena através do olhar de admiração do filho. Ela é a imagem da perfeição, na visão dele. Depois, a narrativa vai nos levando com as personagens pela rua até o cinema. Cria-se uma expectativa em nós leitores, assim como no menino; sobre o que virá a seguir. O leitor se mescla com o menino dentro da cena, vive as suas expectativas, fica no mesmo plano da criança por não saber o que irá acontecer.

A técnica de linguagem empregada faz com que o leitor abrace a imagem do menino em relação a essa mãe "perfeita". E no cinema, com a inquietude do menino e a impaciência da mãe, o comportamento das personagens e seus diálogos mostram que há algo errado. O esperado seria assistir ao filme quando chegasse ao cinema, mas não é o que acontece. E o clímax do conto é o momento em que ele percebe que sua mãe tão "perfeita" e admirada não o tinha levado a um passeio entre mãe e filho, mas que o tinha usado para se encontrar com o amante dela.

Nessa hora, o conto toma outro rumo com a desconstrução da imagem "perfeita" da mãe, criada pelo filho. Ele fica tão sem ação quanto o leitor. A princípio, fica imobilizado dentro da situação, não querendo olhar para o lado e ver a figura do amante no lugar que deveria ser do pai. No final, ele não consegue mais manter a admiração anterior pela mãe, que é descontruída junto ao sentimento do próprio menino. Há uma mudança da mãe e do menino, mas não do pai que continua alheio.

A personagem do menino representa bem a parte traída quando passa pelo choque e depois pela repulsão. Há uma ruptura na relação entre mãe e filho. As atitudes do menino em relação à mãe mostram, além do seu desencantamento, o juízo de valores diante da situação. E toda a angústia vivenciada pela criança fica ainda maior diante do pai, e da mãe, que age normalmente ao retornar para casa. O menino ensaia uma possível reação de contar ao pai a traição, mas não o faz, enquanto a mãe não demostra nenhuma culpa.

Em "O menino", Lygia trata de uma traição conjugal executada por uma mulher burguesa através do olhar de seu filho, algo inaceitável dentro de uma sociedade dominada por homens. E por ser uma mulher no papel de adúltera, a construção também se dá dentro desse mundo feminino. Caso fosse um homem no lugar da personagem da mulher, o conto teria um outro viés por se tratar de um mundo dentro do masculino e em uma sociedade patriarcal. O adultério cometido por um homem não teria tanto impacto como o de uma mulher na presença do filho.

A parte do não-arrependimento da mãe, mesmo afetando o filho de forma tão direta, mostra bem como são as personagens dos contos da obra da Lygia. São personagens desprendidas de culpa. Elas executam suas ações de forma rápida e eficaz, pois, dentro do conto, não há tempo para um desdobramento maior das personagens.

A escolha do lugar e do menino trazem uma significância fundamental para a elaboração do conto. O cinema é o lugar perfeito para um encontro por ser escuro, público e, de certa forma, íntimo e livre de qualquer suspeita quando o álibi é o próprio filho. Tudo ocorre dentro de uma normalidade até que haja uma quebra com a presença do amante.

É incrível como a autora consegue atrelar as personagens aos objetos inseridos que, muitas vezes são essenciais à construção dos conflitos das personagens, e de como o diálogo é outro mecanismo importante para dar vida aos contos.

As conversas bem elaboradas das personagens com suas falas e lembranças; a presença de um narrador para ajudar a contar estórias tão marcantes, fazem o leitor ser absorvido para dentro do enredo sem chance de volta.

OS OBJETOS

Todos os objetos ocupam, junto às personagens, espaços dentro da narrativa, já dizendo algo sobre o texto. Isso é evidente no conto "O objeto": os objetos aparecem ao longo do conto atrelados aos sentimentos de Miguel e às suas memorias.

O globo de vidro é o objeto que Miguel segura enquanto revisita a época em que era criança. É como se estivesse vendo suas memorias através do globo: "Quando eu era criança, gostava de comer pasta de dente". Ao longo do conto, Miguel questiona Lorena, sua mulher, sobre a importância dos objetos: o anjinho, o cinzeiro. E essas coisas servem para que Miguel volte em suas lembranças e memórias em meio a sua loucura enquanto Lorena constrói um colar. Miguel parece estar sentado num divã, e Lorena age naturalmente ao mesmo tempo em que ele tenta chamar sua atenção: "- Lorena, Lorena, é uma bola mágica!", "voltada para a luz, ela enfiava uma agulha." [7]

Lorena parece ignorar o marido e sua loucura, dando impressão de que ela esteja tentando viver uma vida normal em meio ao casamento infeliz. Até que Miguel pega o elevador e sai pela rua, numa tentativa de fuga de si mesmo e de tudo que o cerca. Ele sai de cena.

Alguns objetos e elementos dentro dos contos vêm carregados de significados. Muitos possuem um significado na vida da própria autora. Os objetos trazem uma inquietude, um estranhamento, não só para as personagens, mas para o leitor atento aos detalhes e seus possíveis significados dentro da narrativa.

O conto "As pérolas" é outro que faz o leitor focar não só nos conflitos vividos pela personagem central, mas também o prende na importância significativa das pérolas e de como a narrativa vai sendo construída através desses significados.

---

7   TELLES, Lygia Fagundes. *Antes do Baile Verde*. Rio de Janeiro: Companhia das Letras, 2009, p. 11.

Nesse texto, a personagem vai narrando toda a sua angústia de uma possível traição por Lavínia, através dos seus devaneios. Ele monta toda uma cena de um encontro entre sua mulher e Roberto na festa, a que ele não vai. E o colar de pérola, no momento de seu devaneio, seria algo de grande relevância para que ocorresse a suposta traição de sua mulher, já que em outro momento, Roberto teria usado o colar como brecha para elogiar Lavínia quando o usava.

Outro objeto bastante relevante ao logo da coletânea é o espelho. O espelho aparece em vários contos como um elemento que reflete tanto o físico como o estado psicológico das personagens, assim como sua definição encontrada no dicionário[8]: "Qualquer superfície lisa, que reflete a imagem dos objetos."

O verde é outro elemento que aparece em muitos contos de Lygia, possuindo diferentes sentidos dentro dos textos da autora. Por vezes, aparece como símbolo da esperança, como no conto "A Barca", em que a água do rio simboliza a renovação por ser verde e quente pela manhã. Em outros casos, assume um sentimento repulsivo, como no conto "Verde Lagarto Amarelo"[9]: "Não queria suar, não queria mas o suor medonho não parava de escorrer manchando a camisa com uma borda esverdinhada, suor de bicho veneno, traiçoeiro, malsão."

Existem muitos elementos que, com seus significados, definem e dão forma ao enredo. Em muitos contos, os objetos vão nomear os títulos, tamanha sua significância e importância dentro da narrativa.

As personagens dessa coletânea de contos são resultado das experiências do que foi ouvido, das observações da autora. Lygia é uma grande observadora da vida humana e de seus conflitos íntimos, algo bem representado por ela através das suas personagens. Ela disse que não pesquisa muito antes da escrita, mas armazena tudo dentro da sua cabeça antes de começar a escrever. Quando julga que a estória não está madura, a guarda dentro da cabeça para ir amadurecendo – mais uma referência à cor verde, que caracteriza o amadurecimento.

---

8   PRIBERAM. *Dicionário Priberam da Língua Portuguesa*, 2008-2013. Disponível em http:// www.priberam.pt/dlpo/espelho. Acesso em 30 out. 2018.

9   TELLES, Lygia Fagundes. *Antes do baile verde*. Rio de Janeiro: Companhia das Letras, 2009, p. 17.

O PAPEL DO LEITOR

As posturas das personagens levam o leitor a se questionar sobre o assunto, trazendo-o para participar do conflito, tirando-o da zona de conforto. As personagens ganham um molde diferente a cada interpretação do leitor, e isso vai depender do conhecimento prévio de cada um que lê. Esse conhecimento está ligado às vivências do leitor e a sua relação com autor. Não é só o autor que cria uma forma de prender o leitor; o leitor busca se identificar com o autor e sua escrita.

A obra é expandida mesmo com o fim da leitura, se propagando através das reflexões de cada leitor. O leitor tem o poder de dar vida ao livro cada vez que o interpreta e essas interpretações podem mudar a cada leitura do mesmo texto, pois têm a ver com a maturidade do leitor também. Lygia gosta de se aproximar do leitor, pensa nas artimanhas que irá usar para prendê-lo. Uma delas é a aproximação que se dá com a escolha de temas próximos da realidade de qualquer um e com uma linguagem bem composta.

Essas tramas abrem várias brechas por serem comuns a qualquer pessoa, mesmo estando no âmbito do ficcional. Por mais que tenha toda esta proximidade com o real, que se funde com muitos traços da experiência de vida da autora, existe uma grande dose de invenções que fazem da sua obra uma ficção.

Um dos destaques dos contos é de que cada leitor, baseado no seu entendimento e no que a obra permite, pode pensar em temas diferentes do tema central dentro do mesmo conto. Por exemplo, no conto "Venha ver o pôr do sol", Ricardo atrai Raquel para uma armadilha. Ele a prende para que ela morra, porque quer se vingar dela. O leitor é levado por Ricardo, assim como Raquel, que não desconfia de nada até ficar presa no cemitério. O tema central é a vingança, por ter sido friamente calculada por Ricardo. A loucura também poderia ser interpretada como um tema central. Assim como o feminicídio, ressaltado pela professora Constância Duarte. O homem mata a mulher por não aceitar o término do relacionamento.

O SILÊNCIO E A MEMÓRIA

O silêncio e a memória das personagens são dois pontos que também caracterizam as narrativas dentro deste conjunto de contos. Pode-se dizer que nos momentos em que as personagens recorrem às lembranças, estariam vivendo esse silêncio dentro da estória, atrelado à memória das personagens que retornam a algum lugar do passado para tentar explicar seus conflitos pessoais.

A memória da infância aparece de forma bem marcante no conto "Verde lagarto amarelo", quando Rodolfo volta a toda hora ao passado para tentar se encontrar no presente. Ele relata seus conflitos que muito tem a ver com a relação mal resolvida com a mãe e a responsabilidade imposta no papel de irmão mais velho. A memória de Rodolfo chega a ser algo que o tortura durante a sua vida, faz com que ele queira se isolar ao mesmo tempo que quer se livrar das lembranças do passado quando nega as coisas herdadas da mãe e o incômodo da existência da figura do irmão[10]: "E me trazia a infância, será que ele não vê que para mim foi sofrimento? Por que não me deixa em paz, por quê? Por que tem que vir aqui e ficar me espetando, não quero lembrar nada, não quero saber de nada!"

Em outros contos, as personagens também vão utilizar o recurso de retornar à memória para voltar a infância e ao silêncio de si mesmos. São nesses momentos de devaneios que o leitor fica a par de tudo que acontece no íntimo da personagem. As retomadas de memória da personagem ao passado são uma característica para a composição do conto, facilmente encontrada nos contos da autora. Para Lygia, a memória é um recurso para a invenção.

A AMBIGUIDADE

A dúvida é uma questão bastante recorrente dentro da obra de Lygia. Seus textos são ambíguos, representados nas aflições das personagens que trazem uma oposição entre o real e o ficcional; a vida e a morte; a juventude e a velhice; o humano e o animal; o feminino e o masculino; a lucidez e a loucura. Todas essas questões da condição humana são discutidas através das diferentes personagens.

Os finais de muitos contos terminam provocando a imaginação do leitor, levando-o a continuar a refletir e a questionar os diferentes finais possíveis da personagem dentro do enredo. E tudo isso só é possível quando o texto permite.

E essa ambiguidade é provocada de forma consciente. Presente nas obras de Lygia, essa característica ambivalente vai abrir o espaço para que o leitor tenha diferentes leituras[11]: "Sua narrativa questiona a ambiguidade do aparente para dar forma à realidade em mutação constante da consciência."

---

10 TELLES, Lygia Fagundes. *Antes do Baile Verde*. Rio de Janeiro: Companhia das Letras, 2009, p. 16.

11 RÉGIS, Sônia. A densidade do aparente. In: *CADERNOS DE LITERATURA BRASILEIRA*. São Paulo, n. 5, mar. 1998, pp. 84-97.

CONCLUSÃO

A maneira de escrita desenvolvida por Lygia é toda construída através da linguagem, dos conflitos íntimos, da estranheza, do fantástico, dos símbolos e seus significados; da experiência de vida da autora; da voz feminina sendo protagonizada por mulheres que podem e assumem papéis diferentes dentro da sociedade.

A obra dessa escritora é de grande importância no cenário brasileiro de literatura, por dar voz ainda a muitas mulheres que são silenciadas por uma sociedade ainda hoje machista. Lygia inovou ao escrever utilizando a voz feminina e seus temas fortes e complexos.

A leitura da Lygia Fagundes Telles é de extrema importância social ao discutir temas tão reais e atemporais. Sua obra permite que todos temas que relatam a vivência humana sejam discutidos, questionados e tenham um momento de reflexão por parte de quem lê.

A SEXUALIDADE FEMININA REPRIMIDA EM CONTOS DE LYGIA FAGUNDES TELLES E NÉLIDA PIÑON

Joyce Rodrigues Silva Gonçalves[1]

Este trabalho pretende analisar dois contos da Literatura Brasileira: "I love my husband", de Nélida Piñon, e "Sr. Diretor", de Lygia Fagundes Telles, fazendo um paralelo entre ambos em relação ao teor temático que podemos observar nesses textos. Tanto no conto de Nélida, quanto no de Lygia, é possível traçar uma essência feminina no que diz respeito à sexualidade reprimida das protagonistas dos contos. Há, além da semelhança temática, algumas divergências entre essas mulheres-personagens, como por exemplo, a mulher de Lygia, solteira, envelhecida, recalca, ela mesma, seus próprios desejos, enquanto a personagem de Nélida, casada, procura extravasar os seus através do cinema e da própria escrita, já que são o casamento e mesmo o marido os elementos repressores de sua sexualidade.

As autoras dos contos selecionados neste trabalho dispensam maiores apresentações. Tanto Nélida Piñon, quanto Lygia Fagundes Telles, são autoras consagradas na literatura brasileira, e suas obras, bastante lidas e reconhecidas. O que as aproxima nesta análise é a representação da perspectiva feminina em relação à sexualidade. Os contos escolhidos para tal, "I love my husband", de Nélida, e "Sr. Diretor", de Lygia, possuem, ambos, essa temática em comum: a sexualidade feminina reprimida, cada um a seu modo.

---

1   Professora da Universidade Federal de Minas Gerais no Centro Pedagógico/ Carreira EBTT. Doutoranda na área de Teoria da Literatura e Literatura Comparada pelo Programa de Pós-Graduação em Letras: Estudos Literários da UFMG. Mestra em Letras/Literaturas de Língua Portuguesa pela Pontifícia Universidade Católica de Minas Gerais. Autora do livro *José Lins do Rego e Graciliano Ramos: representações literárias e experiências vividas*. E-mail: joyce-rodriguesufmg@outlook.com.

No conto de Nélida Piñon, a protagonista, cujo nome não é citado, é uma mulher casada, que tem filhos e cumpre seu papel social de esposa "recatada e do lar". Embora a personagem viva uma vida de forma resignada, encontra algumas formas de vazão para seus impulsos sexuais. Já Maria Emília, protagonista de Lygia, é uma mulher que possui um discurso moralista muito rígido. Em contraponto a esse comportamento disciplinado da personagem, o cenário cultural reproduzido é de uma sociedade sexualizada e liberal.

Em ambos os contos, o espaço representado é de uma sociedade patriarcal, como a nossa ainda é, em que os valores dominantes condenam qualquer forma de expressão sexual feminina. Essas personagens lidam com seus desejos de modos divergentes. Entretanto, nos dois casos há tanto um movimento de fora para dentro, que são os princípios moralizantes dessa sociedade, que as fazem recalcar seus instintos, como também um outro movimento que é de dentro para fora, em que essas mulheres preferem suprimir seus desejos mais íntimos em favor de suas imagens e de suas funções sociais.

A partir das ideias de Foucault sobre a sexualidade, o autor afirma que a questão não pode ser compreendida apenas como um fator biológico, mas sim entendida como um produto da estimulação dos corpos, do reforço dos controles sociais sobre o corpo (feminino, particularmente) e da resistência (o próprio indivíduo tenta resistir a seus impulsos sexuais). O discurso social tenta reprimir os prazeres proibidos e deixá-los às margens do sujeito, já que há um puritanismo ainda na modernidade que impõe um tríplice decreto de "interdição, inexistência e mutismo", em termos usados por Foucault. Dessa forma, devemos compreender a sexualidade como uma construção social e identitária. De fato, nos contos analisados, ficam evidentes os três fatores foucaultianos, quando as protagonistas precisam interditar seus impulsos, fingir que eles não existem e tornar mudos seus desejos sexuais.

Em "I love my husband", Nélida Piñon retrata uma mulher submissa, dependente de seu marido e dedicada à vida doméstica. A personagem é praticamente anulada por seu esposo, ele é quem trabalha e mantém as despesas, enquanto ela cuida da casa e dos filhos, uma representação extremamente tradicionalista da estrutura familiar. A própria protagonista afirma ser a sombra do marido: "E é por isso que sou a sombra do homem que todos dizem eu amar"[2]. É interessante tentar estabelecer uma relação entre o título e o próprio texto. O título pode ser lido como uma ironia, afirmar

---

2   PIÑON, Nélida. I love my husband. In: *Os cem melhores contos brasileiros do século*. Rio de Janeiro: Objetiva, 2001, p. 451.

que ama o marido sem necessariamente, de fato, o amar, afinal, são os outros que dizem que ela o ama. Parece haver mais um conformismo na relação do que propriamente amor. Há um contrato burguês, em que o pai "transfere" a posse da filha para um homem que doravante seria seu novo "dono".

Diante do enclausuramento vivido pela mulher nesse conto, só resta-lhe fantasiar através do cinema. Hollywood é uma referência para ela, principalmente na figura do ator Clark Gable, com quem a personagem idealiza uma relação de fato prazerosa. A personagem tenta justificar que é melhor que o marido faça a mediação entre a realidade do mundo exterior e o lar: "Levo até vantagens, porque ele sempre a trouxe traduzida. Não preciso interpretar os fatos, incorrer em erros, apelar para as palavras inquietantes que terminam por amordaçar a liberdade"[3]. É possível observar, portanto, que a protagonista, ao mesmo tempo que se sente "presa" em sua vida de esposa submissa e apresenta um pseudoconformismo, deseja ter a liberdade de existir tal como sua essência feminina tem a necessidade de ser.

Com a rotina de quase confinamento em casa e na vida, ela busca maneiras para contornar a situação entediante e angustiante de não poder ser livre para extravasar seus anseios e realizar seus desejos de fato. Mas mesmo com as possíveis soluções, a imaginação, os olhares, a fantasia, os fetiches hollywoodianos, o marido ainda consegue cercear sua essência feminina ao afirmar que sua mulher deve ser apenas dele, bem como os filhos. A posição de posse que o marido representa a deixa assustada, já que ele afirma que "Mulher tem que ser só minha e nem mesmo dela"[4], ou seja, não basta que ela seja fiel, ela nem mesmo pode tocar-se, até mesmo seu autoerotismo está condenado à submissão conjugal.

Em uma curta análise de "I love my husband", Eurídice Figueiredo compara a protagonista desse conto com a personagem flaubertiana Emma Bovary:

> Comparada com Emma Bovary, a esposa que ama seu marido do conto de Nélida é ainda mais alienada já que Bovary, apesar de sonhos com paisagens italianas, com cenas idílicas de barcos e lagos, pelo menos realiza algumas aventuras sexuais. Como tantas mulheres, adúlteras da literatura do século XIX, Emma morre.[5]

---

3   PIÑON, Nélida. I love my husband. In *Os cem melhores contos brasileiros do século*. Rio de Janeiro: Objetiva, 2001, p. 455.

4   PIÑON, Nélida. I love my husband. In *Os cem melhores contos brasileiros do século*. Rio de Janeiro: Objetiva, 2001, p. 452.

5   FIGUEIREDO, Eurídice. *Mulheres ao espelho: autobiografia, ficção, autoficção*. Rio de Janeiro: EdUERJ, 2013, p. 145.

Embora a protagonista de Nélida não realize suas fantasias na prática, como o fez Emma Bovary, procura então na televisão e no cinema ter um escape, como forma de recusa do domínio total que o marido exerce sobre seu corpo e sua mente. O fato de a personagem não ser denominada por um nome próprio pode ser lido como a representação da situação de muitas mulheres, talvez uma espécie de denúncia e crítica da condição feminina dentro da esfera conservadora e patriarcal tão comum ainda atualmente.

Em "Sr. Diretor", Lygia Fagundes Telles retrata uma mulher, também de meia idade, que carrega o peso dos valores morais da sociedade, assim como no conto de Nélida. Porém, esta personagem diverge da outra em alguns aspectos: a mulher agora tem um nome, é uma professora aposentada (tem uma profissão, uma independência econômica e certa liberdade) e é solteira. Não há neste caso a figura do marido ou filhos. As referências de relações são as amigas e alguns sobrinhos. O discurso moralista parte da própria personagem, que acha um terrível absurdo que a mídia veicule tanta sensualidade e apologia ao sexo; critica ainda a amiga Mariana, com seus diversos namorados e relações liberais. Ela mesma prega o que a sociedade espera das mulheres "direitas". Embora Maria Emília tenha essa postura conservadora, há um outro lado da situação, que se revela ao longo do texto, em que a personagem questiona esse conservadorismo, reflete sobre o excesso de pudor e deixa claro que essa condição da mulher, expressão utilizada pela própria narradora, pode não ser a ideal, pois não se considera de fato feliz. "E se por acaso o certo for isso mesmo que está aí? Esse gozo, essa alegria úmida nos corpos. Nas palavras".[6] Pensa, por esse lado, que o sexo, o prazer, o gozo, pode ser, afinal, algo bom, positivo para a realização feminina.

Uma temática que também perpassa ambos os contos em análise é a questão do envelhecimento. Em "Sr. Diretor", a seca no Nordeste e as cheias no Amazonas, manchetes de jornais na banca em que a personagem de Lygia se encontra ao início do conto, podem ser interpretadas como metáforas que a autora emprega para estabelecer uma analogia com a temática sexual. Enquanto Maria Emília se considera "seca", a amiga Mariana representaria as cheias do Amazonas, voluptuosa, entregue aos prazeres carnais. A personagem culpabiliza a velhice por lhe "secar" os desejos e o próprio corpo:

---

6   TELLES, Lygia Fagundes. Senhor Diretor. In: *Seminário dos ratos*. 8 ed. Rocco: Rio de Janeiro, 1998, p. 37.

Seca tudo, a velhice é seca, toda água evaporou de mim, minha pele secou, as unhas secaram, o cabelo que estala e quebra no pente. O sexo sem secreções. Seco. Faz tempo que secou completamente, fonte selada. A única diferença é que um dia, no Nordeste, volta a chuva[7].

E falando à Mariana sobre suas aventuras e paixões (da amiga), seus maridos e amantes, Maria Emília associa novamente a umidade à juventude:

Olha que você pintou e bordou, eu lhe disse outro dia e ela riu e seu olhar ficou úmido como se ainda fosse jovem, juventude é umidade. Os poros fechados retendo a água da carne sumorosa, que fruta lembra, pêssego? Que a gente morde e o sumo escorre cálido, a gente? Que os outros morderam, que sei eu dessa fruta?[8]

A personagem de Lygia acha um absurdo que sua amiga Mariana possa ainda estar com uma vida sexual muito ativa aos sessenta e quatro ano e meio, três anos mais velha que ela: "Audácia da Mariana em contar o episódio da manteiga, aquela indecência que viu num cinema em Paris"[9], e completa: "E se sacudindo de rir, foi tão engraçado, Mimi, ele dançando o tango de calças abaixadas, tão cômico! E confessou que viu o filme duas vezes para entender melhor aquele pedaço, a debilóide. É o cúmulo".[10]

O envelhecimento é retomado recorrentemente no texto de Lygia, que justifica suas rugas com a profissão exercida até sua aposentadoria:

Professora que sou, aposentada. Com duas rugas fundas entre as sobrancelhas de tanto olhar brava para as meninas, não vou escrever esse pedaço mas me lembro bem do começo dessas rugas, querendo com elas segurar aquela meninada que vinha espumejante como um rio, cobrindo tudo, tamanha força, uma classe depois da outra, uma depois da outra - por que me fazem pensar num rio sem princípio nem fim?[11]

---

7   TELLES, Lygia Fagundes. Senhor Diretor. In: *Seminário dos ratos*. 8 ed. Rocco: Rio de Janeiro, 1998, p. 42.

8   TELLES, Lygia Fagundes. Senhor Diretor. In: *Seminário dos ratos*. 8 ed. Rocco: Rio de Janeiro, 1998, p. 36.

9   TELLES, Lygia Fagundes. Senhor Diretor. In: *Seminário dos ratos*. 8ª ed. Rocco: Rio de Janeiro, 1998, p. 38.

10   TELLES, Lygia Fagundes. Senhor Diretor. In: *Seminário dos ratos*. 8 ed. Rocco: Rio de Janeiro, 1998, p. 38.

11   TELLES, Lygia Fagundes. Senhor Diretor. In: *Seminário dos ratos*. 8 ed. Rocco: Rio de Janeiro, 1998, p. 41.

Aliás, na descrição que Maria Emília faz de si para o Senhor diretor, na carta que vai elaborando e reelaborando mentalmente durante a narrativa, cujo destinatário seria o diretor da emissora de televisão, com o intuito de criticar a programação inconveniente, vai podando os adjetivos relativos a si mesma que julga desnecessários. Há a supressão dos termos "solteira", "virgem", entre outros, que a personagem repensa e conclui que são informações mais íntimas, que não devem, portanto, ser levadas a público em uma carta para o diretor da emissora, que poderia, de algum modo, ser veiculada e sua intimidade revelada, portanto.

Em "I love my husband", a personagem afirma que "Ser mulher é perder-se no tempo, foi a regra de minha mãe. Queria dizer, quem mais vence o tempo que a condição feminina?"[12]. Aqui aparece também a mesma expressão que surge em Senhor Diretor: condição feminina/condição da mulher. "O pai a aplaudia completando, o tempo não é o envelhecimento da mulher, mas sim o seu mistério jamais revelado ao mundo"[13].

A ideia da mulher como posse, que passava do pai para o esposo (que seria necessariamente até o fim da vida o mesmo homem) é bastante presente no conto de Nélida a e associada à eterna juventude, o que a protagonista relata quase ironicamente:

> Já viu, filha, que coisa mais bonita, uma vida nunca revelada, que ninguém colheu senão o marido, o pai dos seus filhos? Os ensinamentos paternos sempre foram graves, ele dava brilho de prata à palavra envelhecimento. Vinha-me a certeza de que ao não se cumprir a história da mulher, não lhe sendo permitida a sua própria biografia, era-lhe assegurada em troca a juventude. [...] Só envelhece quem vive, disse o pai no dia do meu casamento. E porque viverás a vida do teu marido, nós te garantimos, através deste ato, que serás jovem para sempre.[14]

A juventude preservada pelo casamento é "alcançada" através da anulação da própria vida da personagem, que, ao mesmo tempo que se conforma com sua condição, revela seus "atos de pássaro" ao leitor apenas, pois esses atos são "bem indignos" e "feririam a honra do marido". Ela sabe o papel que lhe cabe como esposa e prefere não ousar confessar suas

---

12   PIÑON, Nélida. I love my husband. In: *Os cem melhores contos brasileiros do século*. Rio de Janeiro: Objetiva, 2001, p. 454.

13   PIÑON, Nélida. I love my husband. In: *Os cem melhores contos brasileiros do século*. Rio de Janeiro: Objetiva, 2001, p. 454.

14   PIÑON, Nélida. I love my husband. In: *Os cem melhores contos brasileiros do século*. Rio de Janeiro: Objetiva, 2001, p. 454.

inquietudes da alma e do corpo: "Nunca mencionei ao marido estes galopes perigosos e breves. Ele não suportaria o peso dessa confissão". Além da juventude prometida pelo pai ao se casar, a personagem aponta que o marido "contraria a versão do espelho", diz que na verdade a esposa não é as "sombras e as rugas" que vê em seu reflexo e "jamais comemorou ruidosamente" seu aniversário. A mulher afirma que é grata pelo "esforço" que o marido faz em amá-la, já que é gentil com ela:

> E também evita falar do meu corpo, que se alargou com os anos, já não visto os modelos de antes. Tenho os vestidos guardados no armário, para serem discretamente apreciados. Às sete da noite, todos os dias, ele abre a porta sabendo que do outro lado estou à sua espera. E quando a televisão exibe uns corpos em floração, mergulha a cara no jornal, no mundo só nós existimos.[15]

Além da televisão, que aparece nas duas narrativas, outro tema em comum entre os dois contos é o cinema. Na narrativa de Nélida, a personagem protagonista tem nas produções hollywoodianas sua forma de extravasar suas fantasias românticas e sexuais. No conto de Lygia, Maria Emília busca no cinema seu refúgio. Em "I love my husband" não há um movimento de saída da personagem de casa para o cinema, o que ocorre em "Senhor Diretor", mas o ideal masculino aparece nas descrições da imaginação da personagem na figura do ator, Clark Gable, como já mencionado anteriormente. Já Maria Emília, andando pelas ruas e tentando escapar da publicidade excessivamente sexualizada, pensa que irá encontrar no cinema um abrigo, um oásis em meio à tanta indecência. Mas, para surpresa da personagem, o cinema veicula a mesma temática, com corpos nus ou seminus sendo expostos e influenciando o comportamento das pessoas que ali estão. Tanto na tela, como nas poltronas, Maria Emília vê o que está estampado nas bancas, nas revistas, na televisão, que "é outro foco de imoralidade. Anúncios mais sujos, uma afronta"[16].

No cinema, a personagem percebe o sexo de várias formas, além da tela e dos casais excitados, Maria Emília sente o ambiente úmido, uma impressão de sêmen na cadeira viscosa, e se vê rodeada daquilo de que ela tenta fugir:

---

15 PIÑON, Nélida. I love my husband. In: *Os cem melhores contos brasileiros do século*. Rio de Janeiro: Objetiva, 2001, p. 456.

16 TELLES, Lygia Fagundes. Senhor Diretor. In: *Seminário dos ratos*. 8 ed. Rocco: Rio de Janeiro, 1998, p. 39.

Ela foi afundando na poltrona enquanto a loura emergia do fundo na direção do homem, meus Céus, também aqui?! Fixou o olhar no casal todo enrolado na fileira da frente. Beijavam-se com tanta fúria que o som pegajoso era ainda mais nítido do que o barulho dos dois corpos amassando a folhagem na tela. Um pouco adiante, na mesma fileira, outro casal que acabara de chegar já se atracava resfolegante, a mão dele procurando sob as roupas dela - encontrou? Encontrou. Podia sentir o hálito ardente dos corpos se sacudindo tão intensamente que toda a tosca fila de cadeiras começou a se sacudir no mesmo ritmo.[17]

Por fim, se rende às investidas do mundo sexualizado e "Encolheu-se. Feito bichos. O melhor era não ligar, pensar em outra coisa, que coisa?". E se entrega à situação em uma cena sugestiva:

Desabotoou o segundo botão, a blusa encolheu na lavagem ou seu pescoço estava mais grosso? Sentiu-se desalinhada, descomposta, mas deixa eu ficar um pouco assim, está escuro, ninguém está prestando atenção em mim, nem no claro prestam, quem é que está se importando, quem?[18]

Através desses contos, é possível analisar o modo como a figura masculina sempre foi a referência familiar ao longo da História e a vida das pessoas sempre dependeu das decisões tomadas pelo patriarca que é o elemento norteador representado pelo homem no seio da família. A imagem do homem de segurança e virilidade e o falocentrismo se impõem rigidamente, o sentimentalismo cede lugar ao instinto sexual. A figura feminina, por outro lado, possuiria uma função secundária, a qual cabe apenas acatar as decisões do marido, a organização das tarefas domésticas e a educação dos filhos, como se o esposo também não tivesse a responsabilidade paterna.

A protagonista de "I love my husband" e Maria Emília, em "Senhor Diretor", não seriam as vilãs dessas histórias, mas sim as vítimas de toda a sacralidade exigida por uma sociedade machista e autoritária. Maria Emília e a protagonista de Nélida são as reféns nessas narrativas, o desejo de viver plena e sexualmente está submetido a um padrão patriarcal, o corpo não mais pertence a essas mulheres, "o corpo está preso no interior de poderes muito apertados, que lhe impõe limitações e proibições ou obrigações"[19].

---

17 TELLES, Lygia Fagundes. Senhor Diretor. In: *Seminário dos ratos*. 8 ed. Rocco: Rio de Janeiro, 1998, p. 43.

18 TELLES, Lygia Fagundes. Senhor Diretor. In: *Seminário dos ratos*. 8 ed. Rocco: Rio de Janeiro, 1998, p. 44.

19 FOUCAULT, Michel. *Vigiar e punir*: nascimento da prisão. 29ª ed. Tradução de Raquel Ramalhete. Petrópolis, RJ: Vozes, 2004, p. 18.

Assim, os corpos disciplinados de Maria Emília e da protagonista de "I love my husband" se opõem aos movimentos feministas da modernidade e contemporaneidade, embora seus desejos expressem exatamente o ideal de liberdade e igualdade que esses movimentos apontam.

OLHARES SOBRE O TEMPO E O CORPO EM *AS HORAS NUAS*, DE LYGIA FAGUNDES TELLES

Laís Maria de Oliveira[1]

> *No meu corpo cabe tudo.*
> *Cabe passado e presente,*
> *Mais do que tudo o futuro.*
>
> Murilo Mendes, *História do Brasil*

As questões referentes à velhice foram tema de muitos escritores e pensadores, como é o caso de Walter Benjamin e suas considerações sobre a narrativa oral[2], geralmente atribuída a pessoas mais velhas, por causa da experiência já vivida, que pode servir de conselho ou exemplo aos mais jovens. Outra autora que reflete acerca da velhice é Simone de Beauvoir, mais especificamente em seu segundo volume de *O segundo sexo* (1967), em que a autora discorre sobre a mulher e seus vários papéis sociais: a menina, a adolescente, a moça, a lésbica, a mulher casada e outros. Ao lançar seu olhar sobre a mulher madura, Simone de Beauvoir denuncia a angústia e inquietação de muitas mulheres que, depois de terem cumprido com os "deveres" de esposa e mãe, de dona do lar, se sentem inúteis perante a sociedade.

A situação da mulher vem se transformando, principalmente a partir do final dos anos 60 e início dos 70, com a liberação sexual e com as lutas pela igualdade de direitos políticos e econômicos entre os sexos.

---

1   Doutoranda em Estudos Literários pelo Programa de Pós-graduação em Letras da Universidade Federal de Juiz de Fora (UFJF) e professora do Instituto Federal de Minas Gerais *campus* Ouro Preto. E-mail: lais.oliveira@ifmg.edu.br

2   O Narrador: considerações sobre a obra de Nikolai Leskov. In: *Magia e técnica, arte e política: ensaios sobre literatura e história da cultura*. São Paulo: Brasiliense, 1994, p. 197-221.

No entanto, alguns paradigmas permaneceram e, entre eles, o da crise da idade madura feminina. No que diz respeito à ficção, Lygia Fagundes Telles é uma autora que trata do tema, como na obra *As horas nuas*, escrita em 1989. Durante a leitura deste livro e da obra de Simone de Beauvoir, percebi um diálogo preciso entre as obras. Todavia era impossível afirmar que Fagundes Telles teria lido sua precursora Beauvoir, até que uma amiga me emprestou outra obra de Lygia, *Durante aquele estranho chá* (2002). Qual foi minha surpresa ao ler o texto *Papel quadriculado* e descobrir que as escritoras não só se encontraram, como se leram e conversaram a respeito da velhice. Como nos conta a escritora paulistana:

> Abriu a grande bolsa e tirou de dentro o livro que me ofereceu, *La femme rompue*. Cortou com um gesto o agradecimento que ensaiei fazer e com aquela letra sem fronteiras, fez a dedicatória. Em seguida, olhou firme nos meus olhos e assim inesperadamente fez a pergunta, Você tem medo de envelhecer?[3]

Questão inesperada, que deixou a escritora meio sem resposta naquele instante. Todavia a reflexão sobre a pergunta inquietante pode ser vista em *As horas nuas*. No romance, temos o dilema de uma mulher de 50, Rosa Ambrósio, que depois de ter abandonado a carreira de atriz, começa a se entregar ao vício da bebida e a rememorar seu passado de glória e sucesso. A personagem tem planos de escrever suas memórias e, para isso, grava ela mesma suas lembranças, que também servem como pretexto de passatempo, já que ela passa o dia deitada no chão, bebendo whisky e questionando-se sobre sua vida e, principalmente, sobre sua idade e sobre seu corpo, que, além de não aceitar, faz questão de esconder de todos.

Simone de Beauvoir discute sobre como a história de vida de uma mulher depende muito mais de seu estado fisiológico do que a de um homem, afinal é a mulher quem carrega e dá a luz aos seres humanos, alimenta-os por um largo período e depois toma conta deles até que se tornem independentes e para isso seu corpo deve estar em condições saudáveis. Para que essa *máquina biológica* funcione bem, diversas mudanças hormonais ocorrem e durante essas passagens muitas vezes a mulher passa por crises: na puberdade, com a menstruação e toda a carga psicológica que ela carrega, na iniciação sexual, na gravidez, no parto, na menopausa. Em todas estas fases a mulher sofre uma brusca mudança de seu corpo. É neste sentido que Judith Butler afirma que:

---

3   TELLES, Lygia Fagundes. *Durante aquele estranho chá: perdidos e achados*. Org. Suênio Campos de Lucena. Rio de Janeiro: Rocco, 2002, p.39.

O *sexo* é, pois, não simplesmente aquilo que alguém tem ou uma descrição estática daquilo que alguém é: ele é uma das normas pelas quais o *alguém* [4] simplesmente se torna viável, é aquilo que qualifica um corpo para a vida no interior do domínio da inteligibilidade cultural.[5]

Assim também afirma Simone de Beauvoir: "Ninguém nasce mulher, torna-se mulher".[6] É através das funções biológicas de seu corpo, e mais que isso, do discurso em torno destas funções, que muitas vezes a mulher é vista como simples reprodutora, seu grande papel social é gerar vidas e zelar por elas. Feito isso, ela torna-se dispensável e o discurso em torno disto foi tão forte ao longo da história que ainda hoje assistimos à cobrança social dirigida às mulheres quanto ao casamento e à gravidez.

A personagem do livro de Lygia Fagundes Telles está em meio à crise da menopausa. Tendo realizado muitos papéis no teatro, se tornado uma atriz famosa, ela teve uma vida profissional intensa, e agora, com sua saída dos palcos, se sente inútil, presa em seu apartamento a refletir sobre suas memórias. Rosa deixou os palcos por escolha própria e o motivo, que apenas seu ex-amante Diogo e nós, leitores, sabemos, é o de sua própria crítica ao corpo e à idade. Ela se sente mal ao atuar cheia de rugas, com o corpo magro e a pele murcha. Sua idade é, em sua concepção, um empecilho para o sucesso na carreira:

> O que eu devo fazer? Perguntei tantas vezes. Ele ficava me olhando com aquela sua ironia meio divertida e, ao mesmo tempo, afetuosa. Okey, falei no tempo e vejo agora que com ele tinha o tempo diante de mim. O tempo diante de mim. Dizia que eu era uma burguesa alienada. Poderia ter dito uma burguesa assumida porque nunca neguei minha condição. Tantos espelhos. Mas só agora me vejo, uma frágil mulher cheia de carências e aparências, dobrando o Cabo da Boa Esperança, já nem sei que Cabo é esse, era a mamãe que falava nisso mas deve ter alguma relação com a velhice, ô! meu Pai, que palavra ignóbil. [7]

---

4   Itálicos da autora do texto.

5   BUTLER, Judith. Corpos *que pesam: sobre os limites discursivos do "sexo"*. In: *O corpo educado – pedagogias da sexualidade*. Trad. e Org.: Guacira Lopes Louro. Belo Horizonte: Editora Autêntica, 1999, p.2.

6   BEAUVOIR, Simone de. *O segundo sexo II – a experiência vivida*. Trad. Sérgio Milliet. Difusão Europeia do Livro: São Paulo, 1967, p.9.

7   TELLES, Lygia Fagundes. *As horas nuas*. Rio de Janeiro: Nova Fronteira, 1989, p.11.

A imagem do espelho aparece diversas vezes durante a narrativa, pois como afirma Michel Foucault (2010) é este objeto, o espelho, que nos mostra e nos ensina que "temos um corpo, que esse corpo tem uma forma, que essa forma tem um contorno, que nesse contorno há uma espessura, um peso, numa palavra, que o corpo ocupa um lugar".[8] O espelho, ainda que nos reflita de maneira fragmentada, é este lugar que nos convida à realidade, onde me vejo, eu, corpo vivo, matéria, pele. É onde me observo, me contento ou me descontento, dependendo da minha utopia. Porque para Foucault, as utopias nasceram de nosso próprio corpo e depois, talvez, se voltaram contra ele. O *corpo utópico* de Rosa Ambrósio é o corpo jovem, rijo, exalando a frescura de tempos remotos.

Esta ditadura da juventude do corpo, imposta pela própria personagem, nós podemos vê-la ainda hoje, através da moda e por intermédio da mídia, que exige padrões estéticos rígidos. Todos os dias, milhares de mulheres lutam para alcançar o peso ideal, para deixar a pele jovem, e para isto lançam mão de tudo o que o mercado oferece: remédios, exercícios, cirurgias plásticas etc. Os implantes e transformações cirúrgicas, tão auxiliares ao humano, quando se trata de questões de saúde, de redesignação sexual ou mesmo na ajuda à autoestima, tão bem evidenciados por Donna J. Haraway em seu *Manifesto ciborgue*[9], se tornam muitas vezes medidas desesperadas para conseguir o corpo perfeito, este corpo que é utópico e irreal. Como bem explicita Naomi Wolf:

> *O mito da beleza na realidade sempre determina o comportamento, não a aparência.* A juventude e (até recentemente) a virgindade foram "bonitas" nas mulheres por representarem a ignorância sexual e a falta de experiência. O envelhecimento na mulher é "feio" porque as mulheres adquirem poder com o passar do tempo e porque os elos entre as gerações de mulheres devem sempre ser rompidos. As mulheres mais velhas temem as jovens, as jovens temem as velhas, e o mito da beleza mutila o curso da vida de todas. E o que é mais instigante, a nossa identidade deve ter como base a nossa "beleza", de tal forma que permaneçamos

---

8   FOUCAULT, Michel. *O corpo utópico*. A conferência, de 1966, integra o livro *El cuerpo utópico: Las heterotopías*, cuja versão espanhola acaba de ser publicada (Ed. Nueva Vision). Esta versão está publicada no jornal argentino *Página/*12, 29-10-2010. A tradução é do Cepat. P.5.

9   HARAWAY, Donna J. *Manifesto ciborgue: ciência, tecnologia e feminismo-socialista no final do século XX*. In: SILVA, Tomaz (Org.). *Antropologia do ciborgue: as vertigens do pós-humano*. Belo Horizonte: Autêntica, 2000.

vulneráveis à aprovação externa, trazendo nosso amor-próprio, esse órgão sensível e vital, exposto a todos.[10]

A atriz decadente e alcoolista, que passou por cirurgias plásticas, ainda não se sente satisfeita. Encerrada e solitária em seu apartamento, agarrar-se ao seu passado, à sua juventude e à juventude de seu corpo parece um caminho mais fácil. Enquanto reclama de si e dos outros, quem a escuta e também nos mantém informados é o personagem Rahul, seu gato de estimação:

> Rosona veio com seu *robe d'interieur* e seu espelho de aumento que odiava, mas não podia ficar sem ele. O espelho dos horrores, dizia. Agora o esqueceu por completo, mas nessa época carregava o espelho para onde ia. Até largá-lo nas mesas, nas poltronas, grande parte do tempo passava procurando o espelho e algumas outras coisas que ia achando e perdendo. - Ora, Diogo, você ainda acredita em pesquisa? Desde que o primeiro homem começou a envelhecer esses pesquisadores pesquisam a cura da velhice, a pior das doenças. Até o Diabo foi invocado mil vezes. Descobriram? Hem?!...[11]

Numa espécie de autopunição, Rosa Ambrósio mantém o espelho de aumento ao seu lado. Mesmo antes de se entregar à bebida, ainda se relacionando com Diogo, sua exagerada preocupação com a idade e com o corpo acaba por deixá-la cega. Enxerga demais a si mesma, e esquece de todo o resto. Não suportando as marcas do tempo no corpo, recorre à cirurgia plástica, ao tingimento dos cabelos e dos pelos:

> Podia fazer essa tintura no cabeleireiro, seria mais simples. Mas se preocupa em não se entregar, elegeu as poucas pessoas nas quais confia e no círculo hermético entra este gato. Tem ainda a tintura dos pelos íntimos, vai precisar prosseguir nessa operação que detesta até seu íntimo fim. Você não envelhece hem?![12]

Mais tarde, no entanto, já não suportando sua condição de mulher mais velha e do desgaste do corpo, acaba por se entregar às lembranças de seu passado, quando era jovem e bela, deixando seu presente e seu corpo à deriva, enquanto aos poucos a bebida vai lhe tirando a saúde e os últimos sonhos que lhe restam.

---

10 WOLF, Naomi. *O mito da beleza – Como as imagens de beleza são usadas contra as mulheres.* Trad. Waldéa Barcellos. Rio de Janeiro: Rocco, 1992, p.17.

11 TELLES, Lygia Fagundes. *As horas nuas.* Rio de Janeiro: Nova Fronteira, 1989, p.26.

12 TELLES, Lygia Fagundes. *As horas nuas.* Rio de Janeiro: Nova Fronteira, 1989, p.33.

O problema com a filha única, Cordélia, torna ainda mais difícil a relação de Rosa com o mundo exterior. Inconformada com o fato de que Cordélia goste de namorar homens mais velhos, Rosa implica muito com a filha, o que faz com que essa se afaste. A respeito da relação de mulheres mais velhas com suas filhas, afirma Beauvoir:

> A mãe que se identifica apaixonadamente com a filha não é menos tirânica; o que quer é, munida de sua experiência madura, recomeçar a juventude; assim salvará seu passado em se salvando dele; escolherá ela própria um genro de acordo com o marido sonhado que não teve; coquete, meiga, imaginará de bom grado que é a ela que, em alguma região secreta do coração, ele desposa; através da filha satisfará seus velhos desejos de riqueza, de êxito, de glória.[13]

Por afastar-se da profissão, do amante, dos amigos, da vida exterior em geral, Rosa vê na filha o caminho para a realização. Jovem e bonita, na concepção de Rosa, sua filha precisa relacionar-se com pessoas do mesmo nível, não com "velhos", que são tão "ignóbeis", nas palavras da personagem. Sua insatisfação – com o corpo e com sua idade – faz com que ela sinta repulsa pela velhice em geral. Não só a vida amorosa da filha é posta em questão, mas todas as escolhas feitas por ela.

> Bebo sem vontade, por que estou assim amarga? Vai ver, é inveja, estou ficando velha e me ralo de inveja dos jovens que vêm cobrindo tudo feito um caudal espumejante, o ralador de queijo. Inveja de Ananta, inveja de Cordélia – também de Cordélia? É claro, inveja de minha filha. Sou um monstro, digo e me cubro com uma blusa. Espera, não é tão simples assim, a verdade é que eu queria apenas uma filha normal – será pedir muito? Podia ser livre, podia morar longe com sua tropa de amantes, aceito. Mas não precisava ser uma tropa de velhos.[14]

A morte do marido, Gregório, sujeito engajado politicamente, homem sábio, interessado por Astronomia, segundo nos informa a própria Rosa, também contribui para a angústia da personagem perante a vida. Como nos lembra Foucault[15], outro lugar que nos remete à *materialidade* do corpo é a morte, o corpo sem vida. A imagem do cadáver nos chama a

---

13 BEAUVOIR, Simone de. *O segundo sexo II – a experiência vivida.* Trad. Sérgio Milliet. São Paulo: Difusão Europeia do Livro, 1967, p.356.

14 TELLES, Lygia Fagundes. *As horas nuas.* Rio de Janeiro: Nova Fronteira, 1989, p 21.

15 FOUCAULT, Michel. *O corpo utópico.* A conferência, de 1966, integra o livro *El cuerpo utópico: Las heterotopías,* cuja versão espanhola acaba de ser publicada

atenção para a brevidade da existência, para o tempo que corrói o corpo e a memória. Assim como esse *outro* que se foi, que agora é apenas carne sem vida, corpo que aos poucos irá se desfazer, Rosa também sente a aproximação da morte, a velocidade do tempo que nada e a ninguém perdoa. A velhice carrega uma certa marca do medo, da incerteza do depois, e por isso, muitas vezes, a relutância em aceitar as marcas do tempo sobre o corpo, nos lembrando a cada momento que as horas se esgotam.

Assim, as horas nuas, descobertas em sua realidade corrosiva. Segundo Beauvoir, a mulher "pode trapacear com o espelho, mas quando se esboça o processo fatal, irreversível, que vai destruir nela todo o edifício construído durante a puberdade, sente-se tocada pela própria fatalidade da morte".[16] Deste modo se sente Rosa, imersa em lembranças para fugir ao tempo que insiste em lhe chamar a atenção para a aproximação do fim. Nas últimas tentativas de manter o corpo jovem, recorrendo a todo tipo de ferramenta para maquiar a idade, Rosa também se submete à terapia, aconselhada por amigos e familiares. Seguem-se longas sessões no divã e mais divagações, mais queixumes do que poderia ter sido e que não foi. Todos os dias o mesmo ritual: quando não está na terapia, Rosa passa o tempo numa espécie de monólogo interior, na maior parte do tempo em voz alta, para o registro no gravador. E, claro, sempre acompanhada pela bebida, fiel companheira de desilusões do ser humano, desde sempre.

Há um conto de Lygia Fagundes Telles, *Apenas um saxofone*[17], que tem muitas semelhanças com o romance *As horas nuas*. No conto, temos também um monólogo interior da personagem Luisiana, que também rememora seu passado enquanto toma whisky e que também não aceita sua condição de mulher de quase 50, rica, sozinha e velha. Essa não aceitação do próprio corpo, tema tão evidente não só na literatura, mas na própria vida humana em geral, principalmente nas mulheres, em que a cobrança da beleza e da juventude é maior e mais cruel, tem chegado a proporções cada vez maiores. Afinal, numa sociedade controlada pela sexualidade, pelos mecanismos de biopoder que dominam os índices de natalidade, de mortalidade e de reprodução, deixar de ser um sujeito

---

(Ed. Nueva Vision). Esta versão está publicada no jornal argentino *Página/12*, 29-10-2010. A tradução é do Cepat.

16 BEAUVOIR, Simone de. *O segundo sexo II – a experiência vivida*. Trad. Sérgio Milliet. São Paulo: Difusão Europeia do Livro, 1967, p.344.

17 TELLES, Lygia Fagundes. *Apenas um saxofone*. In: *Antes do baile verde*: contos. São Paulo: Companhia das Letras, 2009.

reprodutor, de ter uma vida profissional, faz com que o estado deixe de ter lucros, perdendo fontes de renda, de impostos e ainda tenha que se preocupar em pagar aposentadorias. Nas palavras de Foucault:

> Quanto a nós, estamos em uma sociedade do "sexo", ou melhor, de "sexualidade": os mecanismos de poder se dirigem ao corpo, à vida, ao que faz proliferar, ao que reforça a espécie, seu vigor, sua capacidade de dominar, ou sua aptidão para ser utilizada. Saúde, progenitura, raça, futuro da espécie, vitalidade do corpo social, o poder *da* sexualidade e *para* a sexualidade; quanto a esta, não é marca ou símbolo, é objeto e alvo.[18]

Mas como objeto e alvo de um sistema disperso de poderes, a sexualidade e, mais que isso, a vida, tem tentado contornar tal lógica capitalista. Pois se onde "há poder há resistência e [...] esta nunca se encontra em posição de exterioridade em relação ao poder",[19] os altos índices de longevidade têm demonstrado como homens e mulheres lutam pelo direito da vida e pela igualdade deste direito. É cada vez maior o número de pessoas que se aposentam e continuam trabalhando e, em concursos públicos, a maior idade já se tornou critério de desempate na classificação final de candidatos. Vivendo mais e melhor, a população idosa vem aos poucos ganhando espaço e voz na sociedade. O que falta ainda é acabar com o preconceito em torno da velhice e com a negação do corpo, principalmente por parte das mulheres. Afinal, o corpo é o nosso veículo de existência, nossa maneira de estar no mundo, matéria sensorial, carregada de experiências e sentidos.

Se o tempo corrói essa matéria, não será apenas para nos lembrar da morte que aos poucos se aproxima, mas antes para demonstrar o quanto se viveu, o quanto já foi experimentado, o quanto aprendemos até agora. Isto não significa que cremes ou tintura de cabelo não ajudem, até mesmo como forma de afeto com o corpo, de cuidado e de vaidade. No entanto, a postura diante do corpo deve ser de uma vaidade saudável, que não busque padrões. Se como nos lembra Foucault, nosso corpo é o lugar irremediável a que estamos condenados, nós devemos aceitá-lo, cuidá-lo, vê-lo como ferramenta engenhosa de experimentação.

---

18 FOUCAULT, Michel. *História da sexualidade I: A vontade de saber*. Trad. Maria Thereza da Costa Albuquerque e J. A. Guilhon Albuquerque. Rio de Janeiro, Edições Graal, 1988, p. 160 e 161.

19 FOUCAULT, Michel. *História da sexualidade I: A vontade de saber*. Trad. Maria Thereza da Costa Albuquerque e J. A. Guilhon Albuquerque. Rio de Janeiro, Edições Graal, 1988, p.105.

Porque temos mãos que fazem inúmeras coisas, que escrevem, que pintam, que acariciam o rosto de um pessoa ou a pelugem de um gato; porque temos uma garganta e uma boca que falam, que dizem ao mundo o que nossa cabeça maquina, o que o cérebro questiona; porque temos pernas que nos levam a tantos lugares e pés que podem caminhar sobre a praia, sobre a grama; temos um par de olhos por onde podemos enxergar o mundo, os outros, olhos que já foram chamados de "janelas da alma" e que são também as janelas do corpo, por tudo isto, pelos órgãos que trabalham continuamente para que essa máquina engenhosa funcione, é por todas as incontáveis habilidades que podemos realizar por causa de nosso corpo que devemos tanto a ele. O que não significa que não possamos transformá-lo. A tatuagem, o *piercing*, a maquiagem, o implante são recursos que dizem de uma linguagem do corpo.

Se nossos corpos são prisioneiros de um sistema político de controle, de discursos dominadores que nos convidam a padrões de comportamento, individualmente temos "liberdade" de fazer modificações, transformações em nossa pele, órgãos, membros. Ou arruiná-lo, como faz cotidianamente Rosa Ambrósio, que cuida de sua aparência externa com cremes, cirurgias, tinturas e todo tipo de aparato de beleza e, ao mesmo tempo, destrói seu corpo com a bebida, que vai lhe tirando a agilidade, a saúde e a rapidez de pensamento, até que ela perca mesmo a vaidade, que sempre foi uma de suas características marcantes, e se encontre no chão, agarrada aos lençóis e à garrafa de whisky, chorando feito criança.

No entanto, depois de longo período, Rosa é tomada por uma força inesperada, por uma vontade de mudança. E assim como Luisiana, de *Apenas um saxofone,* que antes mandara seu amor "partir", e que agora trocaria todo o seu dinheiro e joias, tudo o que tem para poder ouvir um pouco o som de seu saxofone, Rosa Ambrósio também decide trocar seu vício, seu whisky de cada dia, pela esperança de poder reencontrar Diogo. Destinada a reconquistá-lo, ela se interna numa clínica de desintoxicação. Como disse Foucault, há três lugares que nos revelam nosso corpo como ele realmente é: o espelho, o cadáver e o amor. É através do amor que Rosona começa ao menos a permitir seu corpo e sua condição de mulher madura. É por causa do amor, amor que foi sexual, e que mesmo que seja agora utópico, é por ele que a personagem vai em busca de auxílio para salvar o seu corpo, deteriorado não só pelo tempo, mas pela dor e pelo álcool. Segundo Foucault:

Talvez seria preciso dizer também que fazer o amor é sentir seu corpo se fechar sobre si, é finalmente existir fora de toda utopia, com toda a sua densidade, entre as mãos do outro. Sob os dedos do outro que te percorrem, todas as partes invisíveis do teu corpo se põem a existir, contra os lábios do outro os teus se tornam sensíveis, diante de seus olhos semi-abertos teu rosto adquire uma certeza, há um olhar finalmente para ver tuas pálpebras fechadas. Também o amor, assim como o espelho e como a morte, acalma a utopia do teu corpo, a cala, a acalma, a fecha como numa caixa, a fecha e a sela. É por isso que é um parente tão próximo da ilusão do espelho e da ameaça da morte; e se, apesar dessas duas figuras perigosas que o rodeiam, se gosta tanto de fazer o amor é porque, no amor, o corpo está *aqui*. [20]

Ao final do romance, há ao menos a esperança de reencontro no amor. O afeto de Rosa por Diogo faz com que ela procure por ajuda para parar de beber e tentar um recomeço. O corpo é trazido para a dimensão do outro, é preciso que ela cuide de seu corpo, de sua saúde, para que consiga trazer de volta aquele outro corpo, o corpo de quem se deseja. Assim, se foi o tempo o principal responsável pelo envelhecimento do corpo, é ele também que faz com que Rosa reflita sobre sua condição e escolha sair dela, se livrar do peso de uma vida solitária a e fadada à reclusão. O tempo que machucou é o mesmo que agora faz cicatrizar, abandonar as feridas e lutar por uma nova vida.

---

20 FOUCAULT, Michel. *O corpo utópico*. A conferência, de 1966, integra o livro *El cuerpo utópico: Las heterotopías*, cuja versão espanhola acaba de ser publicada (Ed. Nueva Vision). Esta versão está publicada no jornal argentino *Página/12*, 29-10-2010. A tradução é do Cepat. P.5.

"OS SILÊNCIOS TÃO MAIS IMPORTANTES": O DITO E NÃO-DITO DE CONCEIÇÃO, PERSONAGEM DO CONTO "MISSA DE GALO" DE MACHADO DE ASSIS, RECONTADO POR LYGIA FAGUNDES TELLES

Laura Conrado Dias de Oliveira[1]

Desejo passar através das minhas personagens esta vontade de vida, de paixão. De luta.

Lygia Fagundes Telles

E a melhor prova de que ela tinha razão residia na maneira como as escritoras, toleradas como intrusas na literatura, "recebiam o supremo elogio feito a um trabalho feminino": até "parece escrito por homem.

Heloisa Pontes

Chegamos a ficar algum tempo – não posso dizer quanto – inteiramente calados.

Machado de Assis

"Nunca pude entender a conversação que tive com uma senhora, há muitos anos, contava eu dezessete, ela trinta"[2]: assim começa o conto "Missa de Galo" (1892), de Machado de Assis. A pequena história tem foco narrativo em primeira pessoa, quando o narrador também é personagem. É um conto retrospectivo, visto que o Nogueira já adulto relata um acontecimento do passado. O enredo se desenvolveu quando ele tinha dezessete anos e morava na casa do escrivão Menezes, no Rio

---

1   Escritora, jornalista, pós-graduada em Educação, Criatividade e Tecnologia. E-mail: laura@lauraconrado.com.br

2   CALLADO, A. & DOURADO, A. et al. *Missa do galo*; variações sobre o mesmo tema. São Paulo: Summus, 1977, p. 13.

de Janeiro, para estudar. Naquele ano, prolongou sua estada a fim de assistir à Missa de Galo.

O escrivão Menezes, mesmo casado com dona Conceição, uma mulher boníssima, segundo o narrador, mantinha um caso extraconjugal, quando saía uma vez por semana para encontrar a amante, não poupando nem a noite de Natal, momento em que o conto acontece. Todos sabiam do caso, inclusive sua esposa, sendo essa a razão de Nogueira atribuir adjetivos tão bons quanto ao seu temperamento. "Tudo nela era atenuado e passivo... Não sabia odiar; pode ser até que não soubesse amar"[3], descreve revelando, aqui, de forma proposital, que toda bondade remetida a ela poderia ter sua dose de ironia, depositando no leitor a dúvida sobre o caráter da personagem: seria ela capaz de viver uma aventura fora do casamento? O adultério declarado do marido de Conceição nos dá margem para imaginar que ela desejasse o mesmo. Então, ocorreu o encontro premeditado por ela, quando o jovem Nogueira esperava a hora da Missa do Galo. Ele, por ingenuidade, não chegou a captar exatamente as intenções da Conceição. Ela parecia disposta a seduzir o estudante, no entanto, nenhum envolvimento explícito aconteceu entre eles.

A personagem Conceição vai sendo revelada aos poucos no conto original, ao mesmo tempo em que é apresentado o jogo sensual presente na narrativa: "Vestia um roupão branco, mal apanhado na cintura, arrastando as chinelinhas de alcova. Sendo magra, tinha um ar de visão romântica, não disparatada com o meu livro de aventuras[4]". A sedução está no não-dito, lançando mão da linguagem corporal, dos detalhes que se mostram na falta da comunicação oral. Conceição procura Nogueira na sala, inicia a conversa e gera uma troca de olhares. Por algumas vezes, nos conta Machado de Assis, dona Conceição umedecia a língua pelos lábios, numa atitude considerada de extrema sedução. Contudo, a narrativa que cresce com a sedução é interrompida com a hora da Missa.

Levando em consideração o papel da mulher na sociedade do século XIX, época do texto de Machado, e o desempenhado no século XX, segundo a escrita lygiana, bem como a relevância do movimento feminista, o presente estudo visa compreender a comunicação não-verbal, "os silêncios tão mais importantes" na releitura de "Missa de Galo",

---

3   CALLADO, 1977 & DOURADO, A. et al. *Missa do galo*; variações sobre o mesmo tema. São Paulo: Summus, 1977, p. 14.

4   CALLADO, & DOURADO, A. et al. *Missa do galo*; variações sobre o mesmo tema. São Paulo: Summus, 1977, p 14.

de Lygia Fagundes Telles, também "leitora do escritor" Machado de Assis, autor favorito de Lygia[5].

A MULHER E A FALA

Um homem nunca se apresenta como indivíduo do sexo masculino, pois a condição "homem" é natural. Para se referir aos seres humanos, falamos "os homens", atentava Simone de Beauvoir[6]. Em um ambiente repleto de mulheres, e com apenas um homem, o plural na língua portuguesa e de outras línguas neolatinas é sempre usado no masculino. Ainda segundo Beauvoir, "um homem não teria a ideia de escrever um livro sobre a situação que ocupam os machos na humanidade". A mulher é, portanto, o outro; o segundo sexo.

Em um contexto onde as ideias feministas ascendem a partir dos anos 70, os estudos que abarcam a temática da mulher na literatura, seja ela autora ou personagem das obras, têm ocupado um papel importante na academia nos últimos tempos.

> É nesse contexto, então, que a mulher, tomada como o "outro", em relação ao homem – sua cultura, seus pressupostos estéticos e ideológicos – que é considerado o "mesmo", ou o "centro", passa a atrair para si olhares interessados em desnudar-lhe os mecanismos que lhe constituem o modo de ser, de estar na sociedade e de se fazer representar, seja na série social, com o movimento feminista, seja na literária, um pouco mais tarde, com a crítica feminista.[7]

No que abrange a literatura brasileira, trata-se talvez do que Bourdieu chama de "dominação masculina", estrutura social estabelecida ao longo da história segundo os interesses de uma ideologia dominante, onde a figura masculina impõe seu desejo e submetem a mulher, não levando

---

5   MACHADO, Cassiano Elek. Lígia Fagundes Telles tira do "escuro" de seus contos 1ª antropologia. *Folha de São Paulo*, 17/04/2004. Disponível em: http://www1.folha.uol.com.br/folha/ilustrada/ult90u43369.shtml Acessado dia 23/10/2018 .

6   BEAUVOIR, Simone. *O segundo sexo.* 4.ed. São Paulo: Difusão Europeia do Livro, 1970, p. 9.

7   ZOLIN, Lúcia Osana. *Os Estudos de gênero e a literatura de autoria feminina no Brasil.* Anais 15, 2005 Disponível em: http://alb.com.br/arquivo-morto/edicoes_anteriores/anais15/alfabetica/ZolinLuciaOsana2.htm Acesso em 28 de agosto de 2017.

em consideração sua vontade, sua capacidade de realização e seu discernimento. Segundo Bourdieu, "a força da ordem masculina se evidencia no fato de que ela dispensa justificação: a visão androcêntrica impõe-se como neutra e não tem necessidade de se enunciar em discursos que visem legitimá-la".[8]

Os estudos de textos literários canônicos, como aponta Elódia Xavier[9], mostram correspondências irrefutáveis entre sexo e poder, em que as relações entre casais na ficção refletem as relações entre homem e mulher na sociedade em geral. A esfera privada, portanto, acaba sendo uma extensão da esfera pública: ambas são baseadas nas relações de poder. A literatura de autoria feminina brasileira, que emerge nesse contexto, tem rendido novas configurações socioculturais, discutidas criticamente nos textos literários escritos por mulheres a partir de conceitos empreendidos por teóricos da pós-modernidade, bem como pela Teoria Crítica Feminista, enfatizando questões das relações de gênero e de construção de identidades femininas.

"Chegamos a ficar por algum tempo, – não posso dizer quanto, – inteiramente calados"[10], diz o texto de Machado de Assis já nos instantes finais do conto, antes de Nogueira ser acordado pelo amigo que o avisava que estava no horário da missa. O mesmo silêncio foi ressaltado por Lygia Telles em sua releitura, "os silêncios tão mais importantes"[11], que dá título ao estudo proposto, uma vez que a ausência de fala também constitui uma personagem.

> Para ter assegurado o direito de falar, enquanto o outro é silenciado, o sujeito que fala se investe de um poder advindo do lugar que ocupa na sociedade, delimitado em função de sua classe, de sua raça e, entre outros referentes, de seu gênero, os quais o definem como o paradigma do discurso proferido. Historicamente, esse sujeito imbuído do direito de falar é de classe média-alta, branco, e pertencente ao sexo masculino.[12]

---

8   BOURDIEU, Pierre. *A dominação masculina.* Trad. Maria Helena Küher. 4 ed. Rio de Janeiro: Bertrand Brasil, 2005, p. 18.

9   No artigo "A hora e a vez da autoria feminina: de Clarice a Lya Luft", de 2002.

10   ASSIS, Machado de. *50 contos de Machado de Assis*; seleção, introdução e notas John Gledson. São Paulo: Companhia das Letras, 2007, p.439.

11   TELLES, Lygia Fagundes. *A estrutura da bolha de sabão*: contos. São Paulo. Companhia das Letras, 2010. p. 114.

12   ZOLIN, Lúcia Osana, *A literatura de autoria feminina brasileira no contexto da pós-modernidade.* Ipotesi, Juiz de Fora, v. 13, n. 2, p. 105 - 116, jul./dez. 2009.

Até meados do século passado, quando se trata do âmbito da arte literária, os discursos dominantes que compreendiam os espaços privilegiados de expressão artística e, consequentemente, silenciavam e reduziam as produções consideradas "menores", aquelas que tinham origem em segmentos sociais tidos como as minorias – as/os marginalizadas/os, se contrapondo com a visibilidade das obras canônicas, a chamada "alta cultura". De outro, estavam as perspectivas sociais marginais, que incluíam mulheres, negros, homossexuais, fés não católicas e operários.

> Após um momento de problematização da misoginia que permeia as representações femininas tradicionais, ora presas à nobreza de sentimentos e ao caráter elevado, ora relacionadas com a Eva pecadora e sensual, o feminismo crítico volta-se para as formas de expressão oriundas dos próprios sujeitos femininos. A considerável produção literária de autoria feminina, publicada à medida que o feminismo foi conferindo à mulher o direito de falar, surge imbuída da missão de "contaminar" os esquemas representacionais ocidentais, construídos a partir da centralidade de um único sujeito (homem, branco, bem situado socialmente), com outros olhares, posicionados a partir de outras perspectivas.[13]

A consequência, apontada pelas muitas pesquisas feitas no âmbito da Crítica Feminista desde os anos 80 no Brasil, converge para a reescrita de trajetórias, imagens e desejos femininos na produção literária. Assim, a noção de representação tem se afastado de sua concepção hegemônica para significar o ato de conferir representatividade à diversidade de percepções sociais, mais especificamente, de identidades femininas que não atendem mais ao patriarcado.

---

13 ZOLIN, Lúcia Osana, *A literatura de autoria feminina brasileira no contexto da pós-modernidade*. Ipotesi, Juiz de Fora, v. 13, n. 2, p. 105 - 116, jul./dez. 2009.

A MULHER EM MISSA DE GALO SEGUNDO LYGIA FAGUNDES TELLES

A primeira-dama do conto brasileiro, como disse Marçal Aquino à Folha de S. Paulo[14]: Lygia Fagundes Telles é uma escritora que tem como matéria-prima as relações humanas de forma universal. Contista e romancista, a autora adentra os sentimentos de suas personagens por vezes socialmente silenciadas, uma vez que a própria linguagem estaria associada ao trabalho civilizador das mulheres: "faz sentido que as mulheres, que deram à luz à vida mediante a boca sexual ou vaginal, tenham também dado a luz à linguagem humana através da boca social ou facial".[15] Amparada nessa visão, Telles afirma que "as mulheres, devido ao longo tempo em que foram tão abafadas, se desenvolveram como bichos no escuro. Criaram certas armas de defesa, que parecem cruéis e imprevistas para os homens".[16]

Em 1977, Telles apresentou o conto "Missa do Galo", uma reescrita, estratégia narrativa comum à obra de arte pós-moderna[17], do conto de Machado de Assis, de 1982, que integra um trabalho[18] realizado pela autora e outros escritores que foram convidados a escreverem cada qual um conto que fosse uma recriação do texto machadiano.

O conto da autoria de Lygia Telles está inserido no livro *A estrutura da bolha de sabão*, lançado sem muita repercussão a pedido do primeiro editor sob o título *Filhos pródigos*, um pouco fora de seu gosto, em 1978. Segundo dados da editora, em 1973, o marido da autora contou que tinha um amigo que estudava a estrutura da bolha de sabão. Aquilo,

---

14   MACHADO, Cassiano, Elek. Lígia Fagundes Telles tira do "escuro" de seus contos 1ª antropologia. *Folha de São Paulo*, 17/04/2004. Disponível em: http://www1.folha.uol.com.br/folha/ilustrada/ult90u43369.shtml Acesso em 30 de agosto de 2017.

15   SJÖÖ, Monica. *In The Beginning We Were All Created Femal.*

16   MACHADO, Cassiano, Elek. Lígia Fagundes Telles tira do "escuro" de seus contos 1ª antropologia. *Folha de São Paulo*, 17/04/2004. Disponível em: http://www1.folha.uol.com.br/folha/ilustrada/ult90u43369.shtml Acesso em 30 de agosto de 2017.

17   VÁTTIMO, Gianteresio. *O fim da modernidade*. Trad. Eduardo Brandão. São Paulo: Martins Fontes, 2002.

18   A publicação foi organizada pelo escritor Osman Lins, numa obra que reúne seis contos e foi intitulada *Missa do galo; variações sobre o mesmo tema.*

segundo a autora, a fez pensar que "a bolha seria um símbolo do amor, que é frágil como uma película, fácil de ser rompida, e ao mesmo tempo tem beleza e plenitude".

Vinte anos mais tarde, uma editora francesa se interessa pela coletânea, porém, pede para mudar o título para *La structure de la bulle de savon*. A coincidência é descartada pela própria autora. "Eu acredito demais em histórias circulares, uma espécie de predestinação: o livro recuperou seu nome original, inclusive no Brasil, onde foi reeditado em 1995"[19]. Assim, na leitura dos contos de *A estrutura da bolha de sabão*, encontramos personagens que transitam preconceito, loucura e desejos, o que amplia o olhar do objeto de estudo para além dos contos, mas também para a coletânea que ele integra, uma vez que "os livros continuam uns aos outros, apesar do nosso hábito de julgá-los separadamente".[20]

Na releitura de Lygia Telles, Conceição ora ocupa o lugar da narradora, ora ocupa o lugar de personagem assistida por outro ponto de vista. Nessa construção, seu olhar sobre a situação é garantido e levado em consideração, assim como também é com as demais personagens, uma vez que a história adentra a noite, se estendendo pela voz daqueles que moram na casa: as mucamas, a sogra, o marido Menezes e a amante são citados, e aqui, é a sogra quem rotula a amante do genro de teúda e manteúda.

Conceição assume seu protagonismo não só no texto, mas também em iniciar o jogo de sedução com o jovem Nogueira. "Mas não disse nessa pausa que ela interrompeu, a iniciativa nunca era dele".[21] A autora, aqui, testifica Conceição como uma mulher de iniciativa, que assume seu desejo mesmo contrariando convenções sociais. O garoto, menino da mulher, não sabe o que fazer. "Ele afasta o livro e tenta disfarçar a emoção com uma cordialidade exagerada, oferece a cadeira, gesticula[22]. A falta de destreza do garoto diante da situação fica evidente e ela nota isso. "As omissões. Os silêncios tão mais importantes — vertigens de altura nas quais se teria perdido, não fosse ela vir em auxílio, puxando-o

---

19   http://www.editoras.com/rocco/022112.htm, acesso em 28 de agosto de 2017.

20   MACHADO, Ana Maria. A audácia dessa mulher. Rio de Janeiro: Nova Fronteira, 1999. p. 185.

21   TELLES, Lygia Fagundes. *A estrutura da bolha de sabão*. São Paulo: Companhia das Letras, 2010, p. 14.

22   TELLES, Lygia Fagundes. *A estrutura da bolha de sabão*. São Paulo: Companhia das Letras, 2010, p. 115.

pela mão. Se ao menos pudessem ficar falando enquanto — enquanto o quê? Falaram".[23]

A vulnerabilidade de ser mulher e apresentar seu desejo também são trazidas por Lygia Telles quando Conceição, a mulher "magra, mas os seios altos como os da deusa da gravura [...] numa disponibilidade sem espartilho, livre o corpo dentro do roupão...", que ao mesmo tempo que ousa despertar o interesse de um homem na ausência de seu marido, que escolhe uma roupa para atrair a atenção dele e parece segura diante de seu desejo, ao mesmo tempo vacila e teme, que corre risco por não saber como vai terminar a situação — que pode culminar numa rejeição ou simplesmente em nada. "Não entende? Quero entender *por que* ele não entende o que me parece transparente, mas não estou tão segura assim dessa transparência".[24]

A transparência aqui citada se refere menos ao tecido de sua camisola, e mais à limpidez de suas intenções. Estaria ela muito às claras? Seria ela verdadeira, sentimental ou apenas oportunidade de satisfazer um desejo passageiro, que talvez compensasse as traições do marido? Deveria ela, mostrar tanto e mostrar-se tanto à Nogueira?

O jovem Nogueira, que no conto de Machado começa a história dizendo não ter entendido o que havia ocorrido na conversa que teve com dona Conceição, no de Telles reconhece a beleza da mulher, que agora toma outros ares e se revela diferente a seus olhos.

> A dona Conceição, imagine! Tão apaziguada (ou insignificante?) durante o dia, quase invisível no seu jeito de ir e vir pela casa. E agora ocupando todo o espaço, como um navio, a mulher era um navio. Abriu a boca na contemplação: imponente navio branco, preto e vermelho, os lábios brilhantes, de vez em quando ela os umedece com a ponta da língua. A solução é falar, falar. E ela estimula a prosa quando essa prosa vai desfalecendo[25].

Aqui, pela fala, Conceição sustenta seu desejo e a conversa com o jovem. Não obstante a dúvidas e falta de paciência pela letargia do

---

23 TELLES, Lygia Fagundes. *A estrutura da bolha de sabão*. São Paulo: Companhia das Letras, 2010, p. 114.

24 TELLES, Lygia Fagundes. *A estrutura da bolha de sabão*. São Paulo: Companhia das Letras, 2010, p. 115.

25 TELLES, Lygia Fagundes. *A estrutura da bolha de sabão*. São Paulo. Companhia das Letras, 2010, p. 118.

garoto, nessa versão explícita, a mulher outrora silenciada a ponto de nunca se rebelar com a situação de seu casamento, diz nas entrelinhas sobre sua vontade de viver, de dar vasão a fantasias e acender a própria existência se ressignificando como mulher. "Espero enquanto pego aqui uma palavra, um gesto lá adiante — e se com as brasas amortecidas eu conseguir a fogueira?"[26] Infere-se, então, que a narrativa da autora dá voz, mesmo no silêncio, à personagem do conto reescrito, que agora surge como protagonista.

---

26   TELLES, Lygia Fagundes. *A estrutura da bolha de sabão*. São Paulo. Companhia das Letras, 2010, p. 114.

O LEITOR DENTRO DO LIVRO: A QUESTÃO DO AFETO E DA LEITURA EM *OURO DENTRO DA CABEÇA*, DE MARIA VALÉRIA REZENDE

Luís Henrique da Silva Novais[1]

A literatura fala do mundo e do humano. Busca, na forma do texto, construir uma representação verossímil – e não real – da vida. Nisso consiste a noção sempre aberta de *mimese*, segundo a qual a literatura, muito além de simplesmente representar as ações humanas por meio da linguagem, possibilita a elaboração e a ampliação de um conhecimento complexo do mundo, seu reconhecimento.[2] Interessa mais diretamente a este trabalho o fato de a literatura, muitas vezes, ter como referência, para esse processo de ampliação de perspectiva sobre o mundo, a imagem do sujeito leitor. Esse gesto de metalinguagem é o que se observa também no livro *Ouro dentro da cabeça*[3] e em seu protagonista: *Coisa-nenhuma (Piá, Marílio da Conceição)*.

Ao observar o modo como os leitores de literatura são representados em alguns livros literários, podemos buscar algumas aproximações e distanciamentos entre o personagem criado por Maria Valéria Rezende e outros, presentes inclusive em obras que têm lugar cativo no cânone brasileiro e universal. Para começo de conversa, vale ter em mente os casos de *Dom Quixote*, de Cervantes; *Madame Bovary*, de Flaubert e o de

---

1 Professor do Ensino Básico, Técnico e Tecnológico do Instituto Federal de Educação, Ciência e Tecnologia de São Paulo (IFSP) e doutorando em Estudos Literários na Universidade Federal de Minas Gerais (UFMG). E-mail: novais.vqfe@gmail.com

2 COMPAGNON, Antoine. *O demônio da teoria*: literatura e senso comum. Trad. Cleonice Paes Barreto Mourão; Consuelo Fortes Santiago. Belo Horizonte: UFMG, 2006.

3 REZENDE, Maria Valéria. *Ouro dentro da cabeça*. Belo Horizonte: Autêntica, 2016.

Felicidade Clandestina, de Clarice Lispector. O que há em comum entre esses textos de literatura é que eles representam, com seus protagonistas, leitores de livro de literatura e que – o que é mais emblemático – são leitores que, cada um à sua maneira, rompem o pacto literário entre ficção e real.

Sem maiores aprofundamentos, pode-se dizer sobre tal pacto que podemos viver, por meio da leitura literária, emoções e experiências outras, mais amplas que aquelas que o cotidiano nos apresenta. O que é possível a partir do engajamento da imaginação, das emoções e da criatividade. Porém, apesar de nossa entrega completa no ato da ler, saberemos muito bem que, assim finalizada a leitura, devemos voltar ao contexto concreto que nos limita e que nos impõe implacável rotina existencial: o real.

Os personagens acima referidos, no entanto, traem o pacto literário. E é o gesto de trair que os torna marcantes. Dom Quixote, após uma excessiva trajetória de leitura de romances de cavalaria, se crê como um valoroso cavaleiro andante e sai literalmente vestido de uma nova identidade. A imaginação se sobrepõe ao real e a encantadora loucura do personagem arrebata os leitores que se identificam, solidarizam-se e se enfurecem, apaixonados por esse terno e louco senhor, que reverteu a história e fez o tempo voltar ao passado (pelo menos na sua visão).

Ema Bovary, por sua vez, lendo romances de tom românticos, gesta em seu íntimo uma imagem desejada de amor. O desejo se sobrepõe ao real, o que a leva a questionar seu casamento, imerso numa rotina insossa, destituído do amor desejado. Para Ema, o amor deve ser outra coisa, fora do alcance das experiências que a convenção pode lhe dar. Sua busca por esse amor idealizado a leva a se envolver em adultérios e a romper com a representação convencional da mulher do séc. XIX. Ema é subversiva e apaixonada e leva o leitor a refletir sobre a convenção do casamento e sobre o lugar da mulher nessa instituição.

Uma leitora mantém um caso de amor clandestino com o livro – com o objeto livro – identificando-o com o corpo do amante desejado no conto "Felicidade Clandestina". A jovem personagem, após muito esperar para ter em mãos o livro *Reinações de Narizinho*, enfim consegue ter a posse do exemplar. E antes de ler o livro o coloca sobre a cama para, só depois, reencontrá-lo, quando ninguém mais os percebe e podem – ela e o livro – se entregarem noturna e clandestinamente um ao outro, por meio do toque, do cheiro, das palavras...

Nesses casos, o leitor é submetido a uma cadeia de sucessivas representações de sua própria imagem. O livro funciona como uma espécie de espelho que reflete o que não se poderia ver de outra forma. Esse efeito especular promove certa traição ao pacto de leitura ao possibilitar a indiferenciação entre o dentro e o fora da ficção. O leitor, dentro do livro, vivencia uma história que será sempre, irremediavelmente, a sua própria história.

Esses exemplos, entre outras coisas, caracterizam um lugar social da leitura e do leitor. Neles, sempre existe uma convivência prévia com o objeto livro, a partir da qual os leitores serão motivados a reconhecer o mundo, para usar o termo proposto por Compagnon ao se referir à *mimese*. Ou seja, esse leitor é aquele cuja relação com a palavra escrita precede o gesto de leitura crítica capaz de ressignificar subversivamente o mundo ao redor.

Além disso, pode-se também dizer que há, justamente devido a essa relação prévia com o código escrito, a caracterização de um ponto de vista específico, ligado a um estilo de vida burguês; ou pelo menos à visão de classe daqueles que foram alfabetizados literariamente. Um lugar de discurso que, no contexto da história da leitura, será quase sempre o lugar daqueles que obtiveram, desde cedo, o privilégio do contato com a cultura escrita.

Essa caracterização é importante, no caso, por permitir observar o percurso inverso que determina o caso do protagonista de Maria Valéria Rezende. Em *Ouro dentro da cabeça*, temos um tipo de relação bem específica entre o leitor e o objeto livro. Pois existe o contato direto e fundamental entre este e aquele, e nisso ele se aproxima dos personagens anteriormente mencionados. Porém, o personagem não conhece o código escrito, o que o especifica. De certo modo, ainda considerando a metáfora especular, é como se o livro fosse um espelho mudo, cujo discurso dissesse, mas em palavras que não podem ser ouvidas.

Cabe a reflexão sobre que imagem o livro reflete diante do olhar do leitor analfabeto que, apesar disso, se reconhece no espelho das páginas impressas. Fato é que esse leitor, então, precisa desenvolver outras estratégias e outras sensibilidades para ler o livro – e ler a si mesmo na autoimagem gráfica que o interroga. Parece que, no caso do livro de Maria Valéria Rezende, mobilizar prioritariamente a memória, a oralidade, valorizar a intuição e as sensações são apostas válidas para o protagonista, como método de aprendizagem leitora.

Pelo menos esse é um ensinamento presente no gesto do *Pajé*, homem desconhecido que chega, já quase sem vida, ao povoado de *Furna dos crioulos*[4] e é salvo pelo protagonista da trama. Afeiçoam-se, o homem e o menino, até então conhecido como *Coisa-nenhuma*. E aquele ocupará, aos olhos da criança órfã de pai e mãe, o lugar provisório de referência paterna. Mais que isso, será quem apresentará ao menino histórias de mundos desconhecidos, despertando no íntimo da criança o desejo pela amplitude de horizonte prometida via palavra. Esse homem, o *Pajé* de origem misteriosa, deixará uma valiosa herança ao menino, a quem acostumou chamar de *Piá*. Esse tesouro hereditário consistia em uma caixa cheia de livros a prometerem histórias. É dessa relação, mediada por mistérios – aquele sobre a origem do homem, e aquele sobre o que dizem as palavras impressas no livro – que tratará o fragmento seguinte:

> Contava histórias dos livros, contava histórias da vida, contava história inventada e me ensinava palavras pra eu também contar.
>
> Aqui nesta mesma caixa que hoje carrego comigo, o Pajé trazia os livros que já não lia com os olhos, porque a vista lhe falhava, mas que gostava de abrir e apoiar nos joelhos, dizendo que pelo cheiro lembrava, bem direitinho, da história toda, inteirinha, de cada um que pegava, de tanto que tinha lido, e pensado, imaginando, o que cada um revelava. Fechava os olhos e lia dentro da cabeça dele.[5]

Ao se permitir afetar pelo livro enquanto objeto sensorial e misterioso, outro fator marca o protagonista de *Ouro dentro da cabeça* e o diferencia dos demais, já citados. Verifica-se na lição de leitura dada pelo *Pajé* uma relação não hierárquica entre sensação e razão: tocar, cheirar, imaginar são formas de ler e de conhecer o mundo. Fato que determina certo lugar diferenciado em relação àquele que se convencionou chamar lugar da modernidade, nicho por excelência do homem que se percebe apenas racionalmente. É preciso lembrar que o homem cartesiano do *"penso, logo existo"* é necessariamente um leitor. Mas é outro o leitor que, agora, privilegia a intuição, as sensações e as emoções e, com isso, resgata o sentido presente no gesto passional do desejo. Afinal, emoções são *moções*, movimentos em direção a algo desejado.

---

4   REZENDE, Maria Valéria. *Ouro dentro da cabeça*. Autêntica infantil e juvenil, 2016, p. 13.

5   REZENDE, Maria Valéria. *Ouro dentro da cabeça*. Autêntica infantil e juvenil, 2016, p. 24.

Essa afirmação de Goerge Didi-Huberman[6], ao refletir sobre o poder politicamente transformador do *pathos* humano, abre caminho para uma possível compreensão do rosto refletido pelo livro indecifrável aos olhos analfabetos do protagonista: o rosto de um leitor que deseja, intui e aposta nessa intuição, por isso se põe a caminho.

Não por acaso, uma das histórias que mais ficam marcadas na memória do menino *Piá* é a de um viajante, que saía pelo mundo combatendo o que devia ser combatido. Como afirma o próprio narrador-protagonista:

> Só Dom Quixote enxergava o que de fato existia por detrás das aparências de cada coisa que via, porque ele muito sabia, que vivia lendo livros, e por eles conhecia quase tudo o que pode existir no mundo, coisas de enganar fácil qualquer sujeito que não tenha sido bastante avisado.[7]

Se esse leitor busca seu rosto nas páginas do livro, mas não pode decifrar a marca aparente das letras impressas, ele, por outro lado, identifica-se com aquele que vê além das aparências. A afirmação sobre Dom Quixote demonstra o entendimento do menino-personagem de que toda aparência pode ser traiçoeira e que o livro é um amigo que alerta sobre os perigos do mundo. De certo modo, o menino, conduzido pelo registro da voz amorosa do *Pajé*, experiencia uma forma de ler o livro que atravessa o código escrito, transcendendo sua dimensão aparente. Esse processo de aprendizagem leitora, portanto, favorece maior proximidade entre as vivências do sujeito-aprendiz e os diversos registros da linguagem. Evita-se, assim, fratura radical entre o universo da oralidade (no qual habita o mundo infantil) e o da escrita (um mundo novo a desbravar). Mais que isso, permite que ocorra um processo dialógico no qual a visão de mundo do aprendiz se amplia, sem se romper. Justamente por isso é possível, como ocorre no fragmento a seguir, haver identificação entre a paisagem e a caracterização de Quixote e a realidade imediata do narrador. Ao observar as figuras do livro, esse narrador chama a atenção para a semelhança entre seu herói e os homens comuns com quem convive em suas andanças:

> Repare em Dom Quixote, este aqui, todo encourado como os vaqueiros que vi quando andei pelo sertão: veja como era magrinho, porque comia bem pouco, que tudo economizava do dinheiro que ele tinha por mor

---

6   DIDI-HUBERMAN, G.. *Que emoção! Que emoção?* Trad. Cecília Ciscato. São Paulo: Editora 34, 2016.

7   REZENDE, Maria Valéria. *Ouro dentro da cabeça*. Belo Horizonte: Autêntica, 2016, p. 25.

de comprar os livros e ler todas as histórias pra descobrir neste mundo o que o olho só não vê.[8]

A identificação com a figura de um viajante ocorre também porque o *Pajé* é esse que vem de outro lugar e cuja origem nunca chegou a ser conhecida. Esse mesmo Pajé, amorosamente, conta histórias que alimentam o desejo de mundo no *Piá*, e alertam sobre os perigos que existem para aqueles que desprezam o livro. A própria história do *Pajé* teria sido, segundo o relato do menino, semelhante à de Dom Quixote: "[...] ele dizia que era igualzinha à história da vida dele, o livro que mais amava."[9]

Assim, a voz carregada de ternura e afeto gratuito conta várias vezes a mesma história, que é de Quixote, que é do *Pajé*, que será a do *Piá*. Este virá a se reconhecer também como viajante, como se pode verificar: "Na madrugada seguinte, Tião dos Burros viajava; peguei a caixa de livros, vesti a roupa que tinha, saí sem ninguém me ver e fui me encontrar com ele mais pra baixo, no caminho, pedindo que me levasse par esse mundão de meu Deus."[10]

Pode-se dizer, portanto, que o afeto de uma voz amorosa é o principal fator capaz de promover o contato entre os universos da palavra falada e escrita. Aquilo que leva à convivência dialógica entre esses universos discursivos, abolindo, inclusive, as distâncias entre o popular e o erudito. Como se o Quixote olhasse da perspectiva do homem comum do sertão, de Furna dos criolos, ou vice-versa.

Percebe-se, diante disso, que não parecem ser aleatórias certas escolhas de composição e construção narrativas adotadas por Maria Valéria Rezende. Na verdade, fica evidente a elaboração complexa que ela realiza e que resulta na história de *Ouro dentro da cabeça*. A autora se vale efetivamente de uma série de elementos que caracterizam as variadas e contraditórias vozes de nossa sociedade. Além disso, existe a retomada de um ícone literário universal, articulado com a prática ancestral da contação oral de histórias. Estratégia que, além de facilitar a entrada do leitor no contexto do cânone literário, indica, como já dito, a relativização das fronteiras entre os campos específicos da oralidade e da escrita.

---

8   REZENDE, Maria Valéria. *Ouro dentro da cabeça*. Belo Horizonte: Autêntica, 2016, p. 25.

9   REZENDE, Maria Valéria. *Ouro dentro da cabeça*. Belo Horizonte: Autêntica, 2016, p. 24.

10   REZENDE, Maria Valéria. *Ouro dentro da cabeça*. Belo Horizonte: Autêntica, 2016, p. 38.

Por razões como essas, uma polifonia pode ser ouvida/lida na tessitura do romance. O termo tessitura, aliás, grafado dessa maneira, costuma ser utilizado no âmbito da composição musical, para designar a harmonização entre diferentes vozes em uma mesma partitura. A comparação parece válida na medida em que essa imagem atualiza o vínculo necessário, e não hierárquico, entre registro gráfico e sonoridade.

Nesse ponto, um efeito de sentido presente no texto é o de relacionar, de modo verossímil, a representação do leitor à impossibilidade do conhecimento da palavra escrita. Ou seja, diferentemente do leitor burguês, o protagonista *Piá* se constitui como um leitor improvável que, a despeito disso, efetivamente lê dentro da trama. Esse leitor acaba por colocar em xeque a prioridade do conhecimento do código gráfico. Com isso, amplia-se os significados possíveis para o próprio ato de ler. A cegueira do *Pajé*, aliás, não o impede de contar as histórias já memorizadas. Na verdade tal condição leva-o a ler prescindindo da visibilidade da escrita; a ler além do aparente. O cheiro, a textura do livro, suas características matérias despertam a memória sensorial-afetiva, de onde retornam as narrativas. Acredita-se que isso é um modo poderoso de afirmar a relação entre a leitura do livro e o universo da oralidade.

Ao articular na trama literária o gesto da contação oral de histórias, também prevalece aquela chama de mistério que, segundo Giorgio Agamben, constitui e faz perdurar no tempo o literário, diferenciando-o do relato puro da narrativa histórica. Segundo ele, é sabido que o romance deriva do mistério, e argumenta lembrando o elo entre o romance antigo e os mistérios pagãos:

> Tal nexo manifesta-se no fato de que, exatamente como nos mistérios, vemos nos romances uma vida individual ligar-se a um elemento divino ou, de algum modo, sobre-humano, de tal forma que os acontecimentos, os episódios e os meandros de uma existência humana adquirem um significado que os supera e os constitui como mistério.[11]

Ouvir uma história sendo contada, sentir fisicamente a modalização da voz, o corpo se moldando à fala é, de fato, provar o sabor da língua do outro. Uma aprendizagem saborosa, realizada do contato afetivo com o outro. Os mistérios pagãos, a que se refere Agamben, foram muitas vezes transmitidos via oralidade, entre pessoas comuns, ao redor de fogueiras, em meio à penumbra das florestas, englobando indistintamente a magia e a realidade. O romance enquanto repositório de alguma sabedoria promove a circulação de

---

11 AGAMBEN, Georgio. *O fogo e o relato*: ensaios sobre criação, escrita, arte e livros. São Paulo: Editora Boitempo, 2018, p. 29.

saberes valiosos acerca da experiência humana. O romance contemporâneo de Maria Valéria Rezende liga-se a esse tempo ancestral do gênero romanesco, ao representar a "leitura" oral daquele que é considerado o romance inicial. Tem-se, assim, reestabelecida a ligação entre o contemporâneo e o tempo em que o acesso ao mistério se dava de modo singular por meio do narrado.

Além disso, tal gesto de elaboração artística garante o traço de universalidade ao protagonista de *Ouro dentro da cabeça*. Chega a ser didático o jogo de espelhamento mimético em que o leitor fora do livro lê a história do leitor dentro do livro. E este, por sua vez, lê a história de um leitor universal: o Quixote, que ampliou os limites do livro, colocando em pé de igualdade o vivido e o imaginado a partir da leitura. Ou seja, vivenciou de modo específico a mesma indistinção entre o real e mistério mencionada por Agamben. O mistério é o que não se vê na aparência das coisas. Esse seria, conforme já visto, o grande ensinamento do Quixote ao protagonista de Maria Valéria Rezende.

A parte final do romance é interessante quando consideramos tais reflexões, porque o protagonista, já adulto e depois de muitas andanças pelo mundo, conseguirá aprender a ler. Mas tal conhecimento só fará sentido ao afirmar o saber saboroso, retomando a reflexão de Roland Barthes[12], que é o narrar, construído desde menino.

Acontece o encontro improvável entre o, agora, adulto, recém-chegado numa grande capital, e uma velha, ex-professora que por questões amorosas havia se afastado da família e se tornado mendiga e alcoólatra. Essa mulher reencontra no interesse de aprender do protagonista o seu destino de ensinar. O homem viajante encontra nela a realização do sonho de conseguir ler o escrito.

> Sabia mesmo escrever, a mulher sabia ler! Então perguntei a ela se também sabia ensinar. Ficou um tempo calada, os olhos assim perdidos, olhando pra muito longe. Esperei, impaciente, mas sem querer incomodar. Até que ela olhou pra mim, bem de frente, e vi que ali não havia cachaça: havia um olhar bem vivo, acompanhando a voz firme me contando a própria vida: Você me vê assim velha, mendiga, acabada, mas nem sempre fui assim. Quando moça, eu ensinava na escolinha lá na roça onde minha família plantava. Eu gostava de ensinar, e todo mundo dizia que eu era muito boa professora.[13]

---

12 BARTHES, Roland. *Aula*. Trad. Leila Perrone Moisés. São Paulo: Editora Cultrix, 2012.

13 REZENDE, Maria Valéria. *Ouro dentro da cabeça*. Belo Horizonte: Autêntica, 2016, p. 94.

Nesse encontro, mais uma vez, a questão do afeto ganha relevância. Primeiramente, porque, apesar do mau-cheiro da velha, encontrada na sarjeta, o protagonista não hesita em se aproximar e não demonstra qualquer preconceito pela condição sub-humana em que ela se encontra. E não poderia ser de outra maneira, pois ele próprio se encontrava em situação semelhante, e já havia compreendido, pelos revezes enfrentados durante sua caminhada, que as pessoas nunca estão em condições como essa por opção. Há sempre fatores de exploração, de medo, de falta de conhecimento que cobrem o rosto humano, levando-o, muitas vezes, ao esquecimento da própria humanidade. Mas essa aproximação provoca justamente o reencontro com o humano, com o desejo partilhado, com o potencial de conhecer e de ensinar. Após algum tempo de conversa, o protagonista pergunta à velha se ela queria ensinar-lhe a ler livros. Então: "Ela disse que podia, se toda noite eu contasse história pra fazer ela dormir sem precisar de cachaça. Eu prometi muita história e também repartir com ela meu feijão e o pão."[14]

É uma leitura válida a que retoma a ideia de livro como espelho. Aqui, esse espelho é o que permite a ambos reencontrarem a humanidade, sempre presente mesmo em situações de completo abandono. Mas interessa o fato de que isso ocorre ainda antes de qualquer gesto de leitura do escrito, reafirmando mais uma vez que o sentido do que é ler está sendo ampliado por Maria Valéria Rezende. Esse espelho, que o livro representa, na verdade é a palavra narrada: escrita ou falada. Nela, está vivo o traço de mistério e o afeto que leva ao encontro e liga vivências particulares à universalidade da experiência humana, resistente. A velha e o protagonista são singulares, mas representam, ambos, a relação entre a trajetória daqueles que se colocam a caminho, aceitando a vocação íntima para o encontro com a vida nunca limitada.

O fim do romance surpreende e enternece por despertar a atenção para riqueza dos encontros cotidianos, para a imprevista beleza, muitas vezes escondida até mesmo sobre a capa da miséria. Por evidenciar que as emoções e as historias das pessoas, partilhadas por meio das palavras, das histórias narradas vão devolvendo a experiência de uma humanidade esquecida, e mesmo desacontecida, pois negada a muitas pessoas pelos desafios de um duro cotidiano.

---

14   REZENDE, Maria Valéria. *Ouro dentro da cabeça*. Belo Horizonte: Autêntica, 2016, p. 95.

Fica a mensagem de que todo aquele que conta uma história está contando sua própria história; seja falando ou escrevendo. Como irá afirmar o protagonista criado por Maria Valéria Rezende[15]: "[...] Vim contar minha vida, para quem quiser conhecer [...] porque esta minha vida já estava virando uma história para, um dia, ser escrita, virar livro e um outro ler".

---

15 REZENDE, Maria Valéria. *Ouro dentro da cabeça*. Belo Horizonte: Autêntica, 2016, p. 98.

SOB OS AUSPÍCIOS DA IMAGINAÇÃO: O CONTO DE NÉLIDA PIÑON

Maria Inês de Moraes Marreco[1]

Ao longo de mais de cinquenta anos de ininterrupta atividade criadora, Nélida Piñon é um testemunho de que a palavra é a forma de expressão, através da qual o ser humano mais se expõe, quer diante de seus problemas individuais, quer frente às suas mais dramáticas contradições enquanto ser social, político, cultural, economicamente determinado. Daí, sua consciência da função do escritor, aquele que não se limita somente à criação, mas também empresta sua consciência aos seus leitores, fazendo-os refletir sobre a realidade e reivindicar uma sociedade mais justa.

Nélida Cuiñas Piñon nasceu no Rio de Janeiro em 3 de maio de 1937. Filha de Olivia Carmem Cuiñas Piñon e Lino Piñon Muiños, de família originária de Cotobade, Galícia, radicada no Brasil desde a década de 1920. Graduou-se em Jornalismo pela Faculdade de Filosofia da Pontifícia Universidade Católica do Rio de Janeiro e em 1970, inaugurou a cadeira de criação literária na Faculdade de Letras da Universidade Federal do Rio de Janeiro. Em 27 de julho de 1989 foi eleita para a Cadeira 30 da Academia Brasileira de Letras, na sucessão de Aurélio Buarque de Holanda tornando-se presidente em 05 de dezembro de 1996.

É a primeira mulher, em 100 anos de existência da Academia Brasileira de Letras, a integrar a diretoria e ocupar a presidência da Casa de Machado de Assis, no ano de seu primeiro centenário. São mais de vinte e cinco livros escritos, mais de doze prêmios internacionais e inúmeros nacio-

---

1   Maria Inês de Moraes Marreco é Mestre e Doutora em Literaturas de Língua Portuguesa pela Pontifícia Universidade Católica de Minas Gerais. Doutora em Literatura Brasileira pela Universidade Federal de Minas Gerais. Membro do Grupo de Pesquisa Letras de Minas da FALE/UFMG. E-mail: mimarreco@ yahoo.com.br.

nais, sete doutorados *Honoris Causa*, sendo seis estrangeiros, mais de 20 condecorações. Correspondente da Academia das Ciências de Lisboa, 1998, da Real Academia Espanhola, 2009, da Academia Mexicana de La Lengua, acadêmica de honra da Real Academia Galega, 2013, além de inúmeras instituições culturais no Brasil e no exterior.

Pensemos no que nos revela a escritora em entrevista concedida a Alexandre Machado para a *Revista Pensar*, de Brasília, em 04 de janeiro de 1998:

> Escrever conto foi difícil, um desafio. Foi quando conheci as dificuldades das linguagens e o medo de dar concretude em relação ao romance. O tempo é diferente, o espaço é diferente. O romance prolifera o espaço. O conto é uma ilha.

Devemos acreditar em tais palavras? Podemos concordar com tais argumentos vindos de alguém cujo cuidado com a linguagem e as palavras exatas sempre foram enriquecidos com a experiência de vida, a absoluta originalidade dos enredos inventados e com situações ficcionais tão surpreendentes e variadas? Acho difícil.

Passemos, então, à analise de dois dos contos que selecionamos para esse trabalho: "I love my husband", de *O calor das coisas* (2012) e "Colheita", de *Sala de armas* (1997).

Em "I love my husband", a escritora põe em discussão o binômio linguagem do senso comum/linguagem da mulher, retrata uma esposa emocional e sexualmente insatisfeita, frustrada num casamento tradicional de classe média burguês, típico do padrão ocidental. Mas, quando opta pela narrativa na primeira pessoa confere à protagonista uma atitude consciente e irônica em relação ao papel da esposa, absurdo, numa posição secundária e desigual.

Mesmo reconhecendo o contexto histórico, cultural e social do casamento burguês, cabe-nos registrar a complexidade da aceitação desses papeis pela protagonista, ignorando e reprimindo seus desejos e necessidades, sonhos e desvios pelos caminhos da fantasia: (ser cortejada por Clark Gable, ter sido salva por um pajé e tornar-se uma heroína nos padrões de Nayoka[2], etc).

---

2   Nayoka, heroína das selvas, versão feminina do Tarzan.

A IMPORTÂNCIA DO TÍTULO

"I love my husband" – Um leitor atento não perde de vista o título de um texto. O conto fala de um casamento burguês marcado pelos traços da época vitoriana na Inglaterra, (1832-1901), na qual argumentava-se que o cérebro feminino era mais leve que o masculino – à mulher, portanto, não era permitido violar a ordem natural das coisas, inclusive a religião. EU AMO MEU MARIDO – surge como um lema do casamento ideal burguês. Seria o ideal? A mulher que, ao insistir para o marido não tomar o café frio, levanta a hipótese de que ele o tragaria: "… como me traga duas vezes por semana, especialmente aos sábados, …",[3] se sentindo coisificada, ela e o café no mesmo plano? "… proclama que não faço outra coisa senão consumir o dinheiro que ele arrecada no verão"[4], numa associação à fábula de La Fontaine, "A cigarra e a formiga". O marido, a formiga, que trabalha, que provém o futuro, o que raciocina; a mulher, a cigarra, a irresponsável, a tola, a que só pensa em aproveitar a vida. Ela a pedir compreensão pela sua nostalgia (seus sentimentos), ele a acenar com o patrimônio que construíra sozinho. Ou seja, ela era apenas dona de um passado com regras ditadas no convívio comum, ele gerindo o futuro, construindo, crescendo, progredindo.

"Filho meu tem que ser só meu, confessou aos amigos no sábado do mês que recebíamos. E a mulher tem que ser só minha e nem mesmo dela"[5]. No sábado em que recebiam – nem mesmo a delicadeza, a sensibilidade ao falar dessa maneira na frente dos amigos, humilhando-a. A personagem sente-se enclausurada, frustrada, o que a leva à transgressão (em pensamento) dos limites impostos pelas esferas simbólicas. Mas, ao mesmo tempo, ela tem consciência de que esta transgressão ameaça as relações de poder dentro do casamento, o marido não suportaria. "Ele deixou o jornal de lado, insistiu para que eu repetisse"[6]. Instalou-se o caos. O marido foi pego de surpresa, não podia imaginar tamanha audácia, manda que ela repita. Ela fala com cautela, embora tenha se sentido um pouco mais segura. Imagina-se guerreira, "numa aventura africana", abatia javalis, lutava e era cortejada por Clark Gable, pedindo de joelhos por seu amor. Poderosa a ponto de deixar o famoso galã amarrado numa árvore, sendo lentamente comido pelas formigas. O pajé, com pelos fartos no peito, tinha lhe salvado a vida.

---

3 PIÑON, Nélida. *O calor das coisas.* 7 ed. Rio de Janeiro: Record, 2012, p. 51.

4 PIÑON, Nélida. *O calor das coisas.* 7 ed. Rio de Janeiro: Record, 2012, p. 52.

5 PIÑON, Nélida. *O calor das coisas.* 7 ed. Rio de Janeiro: Record, 2012 p. 52.

6 PIÑON, Nélida. *O calor das coisas.* 7 ed. Rio de Janeiro: Record, 2012, p. 53.

Era a vingança. Sentia-se como Nayoka, "...evitando as quedas d'água, aos gritos proclamando liberdade, a mais antiga e miríade das heranças". A mulher percebe a insegurança do marido, uma fragilidade não exposta por orgulho. E o que faz? Mais uma vez, tomada pela insegurança, cede às regras do jogo, não tem noção da sua importância na construção e manutenção daquele lar, mais uma vez, atribui ao marido todos os méritos e, mais uma vez, é manipulada pelas palavras adocicadas do homem, coloca-se na posição da subalternidade, conclui que o marido sim, é um ser perfeito: "Nas reuniões de condomínio, a que estive presente, era ele o único a superar os obstáculos e perdoar os que o haviam magoado".[7]

Os papeis sociais estereotipados também se situam no seio da família. Vejam os conselhos dos pais:

> Ser mulher é perder-se no tempo, foi a regra de minha mãe. [...] Já viu, filha, que coisa mais bonita, uma vida nunca revelada, que ninguém colheu senão o marido, o pai dos seus filhos? [...] E porque viverás a vida do teu marido, nós te garantimos, que através deste ato, que serás jovem para sempre.[8]

Então, a opção pelo casamento seria uma forma de anulação? Não poder sequer pleitear a liberdade que sempre fora atribuída ao irmão? Resignar-se com a diferença?

> Ah, quando me sinto guerreira, prestes a tomar das armas e ganhar um rosto que não é o meu, mergulho numa exaltação dourada, caminho pelas ruas sem endereço, como se a partir de mim, através do meu esforço, eu devesse conquistar outra pátria, nova língua, um corpo que sugasse a vida sem medo e pudor. E tudo me treme dentro, olho os que passam com um apetite de que não me envergonharei mais tarde. Felizmente, é uma sensação fugaz, logo busco o socorro das calçadas familiares, nelas a minha vida está estampada. As vitrines, os objetos, os seres amigos, tudo enfim orgulho da minha casa.[9]

Os sonhos da esposa não tomam corpo, são "atos de pássaros" feririam a honra do marido. Pede perdão em pensamento e ele aplaude sua submissão. Ela não ousa sequer mencionar o desejo de trabalhar fora, empenha-se em agrada-lo, ainda que sem vontade, às vezes... Olha-se no espelho e se enxerga com rugas, tinha envelhecido, apesar das promessas

---

7 PIÑON, Nélida. *O calor das coisas*. 7 ed. Rio de Janeiro: Record, 2012, p. 54.

8 PIÑON, Nélida. *O calor das coisas*. 7 ed. Rio de Janeiro: Record, 2012, p. 55-56.

9 PIÑON, Nélida. *O calor das coisas*. 7 ed. Rio de Janeiro: Record, 2012, p. 57.

de eterna juventude, assume sua frustração com a injustiça da situação, em seu interior a revolta lateja.

Nélida Piñon capta e ilustra o modo que o padrão normativo pede. Ao mesmo tempo em que é internalizado e reproduzido pelo sujeito, é, simultaneamente rejeitado e subvertido, a escritora sabe que não existe uma feminilidade fixa, porque se existisse a mulher, ao vivê-la, não teria conflitos emocionais. Sua protagonista, ao longo da estória manifesta um amor ao marido através de atos *genderizados*, marcados pela suposta pertença do gênero do seu sujeito, desempenhando os papeis determinados para a boa esposa: trazer o café da manhã, arrumar a gravata do marido, fazer compras para decorar a casa, etc. Embora a complexidade e a variedade de tais comportamentos possam causar revolta e, consequentemente, a subversão, do padrão normativo. De um lado ser a "sombra" do marido, boazinha, paciente, abnegada. Do outro, não conseguir cumprir "suas obrigações" sem se sentir reprimida, inclusive quanto à paixão e aos desejos. E ela conclui em tom irônico, mas conformada com sua condição: "Ah, sim, eu amo meu marido"[10], e: "Assim fui aprendendo que a minha consciência, que está a serviço da minha felicidade, ao mesmo tempo está a serviço do meu marido."[11].

Também em "Colheita", o título sintetiza todo o percurso do conto: primeiro o homem – papel mais ativo – semear; segundo, a mulher – metaforizada em mãe-terra – para germinar em espera, que permite o crescimento. Só então, depois do hiato temporal, a colheita é possível como resultado de um processo que implica necessariamente plantio e crescimento. Pode-se pensar esse tempo do crescimento imbricado na colheita, como o tempo da espera, que será a postura da mulher. A espera como gravidez da semente, outro elemento feminino. Pode vir da atividade do homem, que vivia do que plantava e que com tal atividade tornava a vida do casal simples, mas fértil: "Dominava as paisagens no modo ativo de agrupar frutos e os comia nas sendas minúsculas das montanhas..."[12]

No Evangelho de S. Mateus, 13:30, do Novo Testamento, colheita faz alusão ao Juízo Final; para os judeus, colheita indica o fim de um ciclo que abre passagem para o novo. As personagens passarão por um ciclo marcado por momentos de escolhas, provações, etc.

---

10   PIÑON, Nélida. *O calor das coisas*. 7 ed. Rio de Janeiro: Record, 2012, p. 59.

11   PIÑON, Nélida. *O calor das coisas*. 7 ed. Rio de Janeiro: Record, 2012, p. 57.

12   PIÑON, Nélida. *Sala de armas*. Rio de Janeiro: Record, 1997, p. 97.

A voz que guia a narrativa fala para além da distinção criada cultural e socialmente. Narra a história de um casal apaixonado que vive no campo. Mesmo feliz, o homem decide viajar para completar-se e acumular vivências exóticas. A mulher, tristemente, aceita a decisão do marido. Fica muitos anos longe dele, permanece fiel, e acredita no seu retorno. Entretanto, a espera a faz mergulhar dentro de si e descobrir ou redescobrir as potencialidades do feminino, implícitas nos cuidados domésticos. Com isto, fortifica-se. E, quando o marido volta, priva-o da palavra, priorizando os conhecimentos que tinha adquirido naquele tempo. E isso sem precisar sair de casa. O marido constata que ela crescera mais do que ele e decide aprender as tarefas da casa junto com a esposa.

Assim, além da preocupação com o texto em si, a escrita de Nélida Piñon é também, reflexiva. A escritora, ao denominar as personagens: "homem/mulher", "marido/esposa" como ocorre nos contos maravilhosos, provoca uma generalização que as afasta da realidade objetiva e as situa num tempo e espaço mítico. Nomear é procedimento que expõe a identidade. Ancorando-as no plano do anonimato, afasta-as dos grandes heróis da Epopeia e apequena-as como figuras universais.

O conto é permeado pelo mito: "Um rosto proibido desde que crescera" nos remete ao mito de Narciso, o belo jovem a quem um oráculo vaticinara que viveria enquanto não visse sua própria face. E, também, pelas tradições relacionadas com a terra: "semente" e "terra", além de "colheita", são remetidos aos mitos das verdejantes divindades das searas, responsáveis pela fertilidade dos campos. Desta forma, tanto a "viagem do herói" quanto "a proibição de ver o rosto", apontam para o mito de Ulisses e Penélope e de Narciso e a ninfa:

> Um amor que se fazia profundo a ponto de se dedicarem a escavações, refazerem cidades submersas em lava, [...]. Eles se preocupavam com o fundo da terra, que é o nosso interior, [...]. Até que ele decidiu partir. Competiam-lhe andanças, traçar as linhas finais de um mapa cuja composição havia se iniciado e ele sabia hesitante.[13]

Na narrativa predomina a atmosfera da indeterminação, também fruto do tempo mítico. Embora haja a marca patriarcal da aldeia, não se pode definir a época em que se passa o conto (ainda que a menção do helicóptero delimite um traço de modernidade.

---

13   PIÑON, Nélida. *Sala de armas*. Rio de Janeiro: Record, 1997, p. 97.

Mesmo vivendo uma relação amorosa, sentindo-se no "paraíso", o homem desejou partir. Comportamento tipicamente masculino. "A partir desta data trancou-se (a mulher) dentro de casa. Como os caramujos que se ressentem com o excesso da claridade"[14]. Como uma Penélope contemporânea permanece fiel e tece dia-a-dia o prosaico do lar, à espera, não deixando sequer, que falte uma vela acesa diante do retrato do marido, a quem aguarda com ansiedade. Mas não é uma espera passiva e inerte, é consciente, livre e criativa, numa recriação de si mesma e do lar que almeja ainda dividir com o homem amado, o que a torna mais receptiva ao trivial e a faz sair do confinamento, incomodando a aldeia. Os pretendentes enviam presentes: "Esforçam-se em demolir o rosto livre..."

"Jamais faltou uma flor diariamente renovada próxima ao retrato do homem. Seu semblante de águia"[15]. A evocação ao eterno retorno do mito: "semblante de águia", que, além de evocar o herói homérico, marca a superioridade do homem sobre a mulher – a ave das alturas.

"Colheita" dialoga com a realidade extraliterária, na medida em que deixa nas entrelinhas um propósito político-ideológico que, embora não avulte, sugere um novo olhar em relação à condição da mulher ao adquirir consciência de suas potencialidade criativas. Sente não precisar mais do retrato do marido: "Durante a noite, confiando nas sombras, retirou o retrato do marido e o jogou rudemente sobre o armário. Pode descansar após a atitude assumida, Acreditou de este modo poder provar aos inimigos que ele habitava seu corpo independente da homenagem"[16].

Se, no primeiro momento, tínhamos o homem impondo-se à mulher, diminuída e submissa diante do retrato, ao libertar-se do objeto, ela dobra de tamanho no espelho. Antes era ela que silenciava, agora será a vez dele, há uma inversão de papeis. Ao se livrar do retrato do marido, objeto de seu amor-projeção, ela descansa: muda a roupa, o corte do cabelo, liberta-se das lembranças do passado. São ritos de passagem a uma auto iniciação, que a levará à individualização. Decidiu romper com a discrição, tornou-se independente, passou a ser a dona do próprio corpo, se identificou com a vitalidade que emanava de seu lar, com as tarefas diárias e a culinária.

---

14   PIÑON, Nélida. *Sala de armas*. Rio de Janeiro: Record, 1997, p. 98.

15   PIÑON, Nélida. *Sala de armas*. Rio de Janeiro: Record, 1997, p. 99.

16   PIÑON, Nélida. *Sala de armas*. Rio de Janeiro: Record, 1997, p. 99.

Objetiva-se a intenção da autora de dialogar com o conto épico. Ulisses passa dez anos na Guerra de Tróia e demora mais dez para retornar à Ítaca; foi questionado se estaria vivo. Também a mulher do conto de Piñon suspeita da existência do marido: "...não sei se a guerra tragou você", e ela sabia que seu marido viajara apenas para conhecer o mundo.

Eis que ele volta de seu espaço expandido, o macrocosmo, domínio masculino, e ela, que concentrara sua vitalidade no microcosmo do seu domínio, o lar, transborda a narrativa por meio dos mistérios da criação feminina. Contraria as regras da normatividade, configura-se como personagem mais complexa e plural.

Nélida Piñon valoriza o narrador que se fixa, contrariando Walter Benjamim, que destacou o narrador viajante, contrapondo o camponês sedentário ao marinheiro comerciante. O "silêncio de ouro" que encantara o marido no inicio do relacionamento é subtendido por um fluxo contínuo de palavras em crescente vigor. À medida que ela adensa o seu discurso, o homem percebe tê-la ferido com sua ausência e seu "profundo conhecimento da terra", e percebe também que "tudo" isso não significava nada. Conclui que ela lhe parece: "... mais capaz do que ele de atingir a intensidade, e muito mais sensível porque viveu entre grades e mais voluntariosa por ter resistido com bravura aos galanteios"[17]. Abandonada, as atitudes da mulher se caracterizam pela concentração de energia, diferente das do homem, caracterizadas pela dispersão.

Nem Penélope nem a mulher do conto de Nélida Piñon recebe o marido efusivamente, é o homem que se dirige primeiro à mulher; elas não ignoram o hiato que os separa, o que aconteceu no período do afastamento dos maridos. O marido de "Colheita" não entendia o que estava acontecendo. "Onde estive então nesta casa, pergunta ele?", responde a mulher: "Procure e em achando haveremos de conversar"[18].

Tais palavras o atingiram profundamente, mas havia aprendido a se controlar. Entretanto, procurou o retrato por toda a casa: "Debaixo do sofá, da mesa, sobre a cama entre os lençóis, mesmo no galinheiro, ele procurou, sempre prosseguindo, quase lhe perguntava: estou quente ou frio". A mulher, agasalhada, isto é, confortável no seu papel, não se deu ao trabalho de segui-lo, foi para a cozinha e começou a descascar batatas. "Quase desistindo encontrou o retrato sobre o armário, o vidro

---

17 PIÑON, Nélida. *Sala de armas*. Rio de Janeiro: Record, 1997, p. 103.

18 PIÑON, Nélida. *Sala de armas*. Rio de Janeiro: Record, 1997, p. 101.

da moldura todo quebrado. Ela tivera o cuidado de esconder seu rosto entre os cacos de vidro, quem sabe tormentas e outras feridas mais"[19]. Feridas causadas pela certeza das aventuras que o homem vivera, como Ulisses. Mas ela não permitiu que ele lhe contasse suas aventuras, suas façanhas, não se interessou por nada do que ele vivera enquanto estava longe. "E ela, não deixando ele contar o que fora o registro da sua vida, ia substituindo com palavras dela então o que ela havia sim vivido".[20]

A mulher apodera-se de novas palavras e, ao ouvir o que ela diz, o homem sente-se sufocado por suas virtudes. Ao longo do seu relato, ela se torna um sujeito livre que constrói a própria história e que se libertou parcialmente dos valores patriarcais que a tornavam submissa. E porque parcialmente? Porque ainda não havia rompido com o laço matrimonial, ainda se mantinha na ordem patriarcal. Entretanto, fica claro que essa mulher tinha encontrado o prazer libertador de assumir sua voz para expressar sua opinião e construir seu destino. Deixa de ser ouvinte passiva e se torna criadora de sua própria história: "Ela não cessava de se apoderar das palavras, pela primeira vez em tanto tempo explicava sua vida, tinha prazer de recolher no ventre, como um tumor que coça as paredes íntimas, o som de sua voz"[21].

Enquanto ela se compraz com o poder das palavras, descoberto com o retorno do homem, ele rasga seu próprio retrato, joga-o no lixo e volta-se para as tarefas domésticas, gesto que marca sua disposição de adotar o mundo prosaico apresentado pela companheira.

Para Roland Barthes, a fotografia é a própria cena, o real literal, isto é, não é a imagem real, mas a perfeição analógica que o censo comum a define, uma cópia fiel da realidade – porém, é apenas uma simulação que cria um efeito de verdade.

O retrato, ao reproduzir as normas, quando guardado, as quebra. A mulher o guarda, o homem o rasga e joga no lixo – ambos transgredem, através de um processo de transformação, transcendem uma ideologia e instauram uma outra, assumindo novos papeis.

O homem assume uma nova postura, torna-se cada vez mais atento e ao adotar o universo da mulher, reconhece sua superioridade no trato com a vida. Tornam-se iguais, não há mais desiquilíbrio, uma figura im-

---

19 PIÑON, Nélida. *Sala de armas*. Rio de Janeiro: Record, 1997, p. 101.

20 PIÑON, Nélida. *Sala de armas*. Rio de Janeiro: Record, 1997, p. 102.

21 PIÑON, Nélida. *Sala de armas*. Rio de Janeiro: Record, 1997, p. 104.

pondo-se à outra no espelho, caminharão lado a lado, completando-se com suas diferenças. Nesse caso, as divergências de opiniões funcionarão como fertilizadoras, aumentando a criatividade no relacionamento homem-mulher, o que nos permite a percepção do jogo de tensão entre o moderno e o arcaico, entre ruptura e permanência, traços do socialmente estabelecido.

Nélida Piñon defende a força ancestral e desenha uma personagem emancipada da opressão patriarcal por sua fecundidade criadora. Em sua obra pulsa, obviamente, a veia mítica. O conto propõe, pois, uma reavaliação dos valores embutidos em ideologias, na desconstrução da identidade submissa da mulher incorporada na sociedade. A casa se torna um espaço de ressignificação das identidades femininas e masculinas numa nítida inversão de valores.

Para concluir, cito Nélida Piñon:

> Sou uma escritora brasileira que inventa o que está além de mim. E que em meio às intempéries estéticas, que salvam a perenidade do verbo, aborda o humano com desfaçatez, põe a cabeça no cadafalso em troca da versão poética da narrativa que magnifica a vida.[22]

A escritora vai muito além da simples atividade de escrever – trata-se de uma pensadora, uma profissional *sui generis*. Enfim, uma escritora no sentido completo do termo.

---

22   PIÑON, Nélida. *Filhos da América*. Rio de Janeiro: Record, 2016, p. 388.

A LITERATURA NADA "POUCA" NA ESCRITA DESPRENDIDA DE ACORDOS SOCIAIS DA PRODUÇÃO INFANTIL DE CLARICE LISPECTOR

Maria Thereza da Silva Pinel[1]

Uma história infantil que só pode ser apreciada por crianças não é uma boa história infantil.

C.S. Lewis

A obra de Clarice Lispector encanta e desperta interesse de leitores, críticos e estudiosos desde sua primeira publicação, *Perto do coração selvagem*, em 1943. No entanto, parte da sua produção ainda é negligenciada — e até desconhecida — por muitos apreciadores da autora: seus livros destinados ao público infantil. São, ao todo, cinco obras, dentre elas, uma coletânea de doze lendas brasileiras adaptadas, chamada *Como nasceram as estrelas* (1987), destoante das demais — *O mistério do coelho pensante* (1967), *A mulher que matou os peixes* (1968), *A vida íntima de Laura* (1974) e *Quase de verdade* (1978) —, histórias criadas por Clarice.

Sabe-se que o primeiro livro infantil escrito pela autora, *O mistério do coelho pensante*, foi para atender a um pedido de seu filho, Paulo, em 1958, como Lispector conta em entrevista concedida à Júlio Lerner, para a TV Cultura, em 1977. Na continuação do assunto, ela afirma ter maior facilidade em falar com as crianças, pois quando o faz é desprendida de acordos sociais e pode ter mais liberdade para passar sua mensagem no campo do simbólico. Em suas palavras:

> JL — É mais difícil você se comunicar com o adulto ou com a criança?
> CL — Quando me comunico com criança é fácil, porque sou muito maternal. Quando me comunico com o adulto, na verdade estou me comunicando com o mais secreto de mim mesma, aí é difícil, não é?

---

1 Mestranda na área de Literatura Brasileira, em Universidade Federal de Minas Gerais (UFMG). E-mail: mtspinel@hotmail.com

JL — O adulto é sempre solitário?

CL — O adulto é triste e solitário.

JL — E a criança?

CL — A criança tem a fantasia solta...[2]

Ainda nessa entrevista, conta que os livros seguintes foram feitos a pedido da editora, querendo acompanhar o *boom* da literatura infantil da época, que solicitou que ela escrevesse algo para crianças — uma vez que seu nome já era conhecido e respeitado:

> Acabei a novela, estou meio oca, então estou fazendo história para criança. [...] Começou com meu filho, quando ele tinha 6 anos de idade, seis não, cinco, me ordenando que eu escrevesse uma história para ele. Eu escrevi, depois eu guardei e nunca mais liguei, até que me pediram um livro infantil e eu disse que não tinha. Esqueci inteiramente daquilo, que era tão pouco literatura para mim, que eu não queria usar isso para publicar nada; era para o meu filho.[3]

Com isso, o fato de ela mesma afirmar que seu primeiro livro infantil era "pouco literatura" pode ter sido um dos motivos para que esse lado de sua obra tenha sido "esquecido" pela crítica durante bastante tempo.

Mas, como pode Lispector considerar essas obras "pouco literatura", quando é possível encontrar o mesmo estilo de escrita adotado em sua produção para adultos, bem como intertextualidades com clássicos, paródias de gêneros textuais, intratextualidades, além de um trabalho específico com a linguagem para que ela alcance o público a que os livros se destinam? Façamos, então, uma breve apresentação dessas obras e dos principais recursos literários e discursivos utilizados em cada uma delas. A base para essa análise é o trabalho apresentado por Ana Caroline Barreto Neves, intitulado "Entre a *escrita impossível* e as possibilidades da escrita: a literatura de Clarice Lispector para adultos e para crianças", no qual ela se propõe a verificar as proximidades e os distanciamentos entre a obra adulta da autora e seus livros dedicados às crianças, entre outros aspectos de sua escrita.

---

2 LISPECTOR, Clarice. A última entrevista de Clarice Lispector. TV Cultura, janeiro de 1977. Entrevista concedida a Júlio Lerner. Revista Shalom, nº 296, v.2, 1992. Disponível em: <https://www.youtube.com/watch?v=ohHP1l2EV-nU>. Acesso em: 05 jul. 2018. Apesar de a entrevista ter sido dada em 1977, ela só foi ao ar em 1992, após a morte da escritora.

3 LISPECTOR, Clarice. A última entrevista de Clarice Lispector. TV Cultura, janeiro de 1977. Entrevista concedida a Júlio Lerner. Revista Shalom, nº 296, v.2, 1992. Disponível em: <https://www.youtube.com/watch?v=ohHP1l2EV-nU>. Acesso em: 05 jul. 2018.

Em uma análise geral, é possível perceber que as obras infantis de Clarice podem ser lidas mais como uma conversa íntima entre o adulto e a criança. No entanto, apesar de parecer uma simples troca de informações sobre animais e suas vidas, temas importantes como a liberdade, a perda, a morte, o universo feminino e a condição do ser são abordados — como de costume na obra de Lispector. Com isso, a autora utiliza uma narrativa diferente do que se via na literatura infantil produzida na época, carregada de questionamentos, em vez de entregar códigos de conduta e respostas, comuns aos livros pedagógicos e moralizantes.

> Essa maneira de lidar com as crianças, de modo não hierarquizado, buscando colocar-se emparelhada a elas, perpassa cada uma das narrativas infantis da escritora, como veremos a seguir, embora muitas vezes ela não consiga fugir à contingência de utilizar um discurso excessivamente oralizante para se aproximar do pequeno leitor. Clarice não consegue se espoliar da indigência de estabelecer uma relação de proximidade com seu leitor através de uma linguagem mais coloquial, embora tal característica perpasse também sua obra adulta constituindo importante marca de sua tessitura. As tensões nos pontos variam, mas não chegam a deformar o tecido: imprimem-lhe nova forma. Porque, por outro lado, Clarice confere à criança o papel de ser inteligente, pensante, capaz de lidar com os mais diversos assuntos.[4]

Essa aproximação é interessante e, de certo modo, evidencia o aspecto "maternal" comentado pela própria autora. Vale ressaltar que, em seus livros infantis, Clarice encontrou espaço para desenvolver um senso de humor, recurso pouco usado em seus demais escritos, bem como também pôde explorar aspectos sonoros da língua e neologismos. Essas características são bastante presentes em *Quase verdade*, como demonstrado no trecho a seguir:

> Assim corria a vida. Mansa, mansa.
> Os homens homenzava, as mulheres mulherizavam, os meninos e meninas meninizavam, os ventos ventavam, a chuva chuvava, as galinhas galinhavam, os galos galavam, a figueira figueirava, os ovos ovavam. E assim por diante.
> A essa altura você deve estar reclamando e perguntando: cadê a história? Paciência, a história vai historijar.[5]

---

4   NEVES, Ana Caroline Barreto. Entre a *escrita impossível* e as possibilidades da escrita: a literatura de Clarice Lispector para adultos e para crianças. 169 fl. Dissertação (Mestrado em Estudos Literários) – Faculdade de Letras, Universidade Federal de Minas Gerais, Belo Horizonte, 2012, p. 98.

5   LISPECTOR, Clarice. *Quase verdade*. Rio de Janeiro: Rocco, 1999, s/p.

O primeiro livro publicado por Clarice nessa categoria foi *O mistério do coelho pensante*, cujo subtítulo é "Uma estória policial para crianças". Ele conta a história do coelho Joãozinho, que pensava com o nariz e tinha ideias tão boas que "pareciam de menino". O mistério envolvendo o coelho é narrado por Clarice, como ela mesma assina no prefácio ("C.L."), retomando o recurso de misturar autor/narrador/personagem, já conhecido em vários de seus escritos. Ela escreve para o interlocutor Paulo (o filho), fazendo interações com ele ao longo da história. Seguindo o seu estilo de narrativa em fluxo de consciência, junto ao tom de oralidade, ela atinge o imaginário infantil, conseguindo prender a atenção da criança do início ao fim da narrativa:

> Mas, Paulo, acontece que Joãozinho, tendo fugido algumas vezes, tomou gosto.
> E passou a fugir sem motivo nenhum: só mesmo por gosto. Comida, até sobrava. Mas ele sentia uma saudade muito grande de fugir. Você compreende, criança não precisa fugir porque não vive entre grades.
> É claro que o coração de Joãozinho batia feito louco quando ele fugia. Mas faz parte de ser coelho ter o coração muito assustado. Assim como faz parte da natureza do coelho farejar ideias com o nariz.[6]

O interessante é que, indo contra o que se espera do gênero policial, o mistério não é resolvido ao final do livro, de modo que a própria autora/narradora confessa também não saber a resposta.

A segunda publicação veio um ano depois, com *A mulher que matou os peixes*, sugerindo uma história investigativa, como a anterior. Porém, Clarice quebra a expectativa do gênero logo no início, ao confessar o crime de ter matado os peixes ela mesma — mais uma vez, explorando a autoficção[7], estratégia presente em seu conjunto de obra (infantil ou não), com o hibridismo entre as histórias da autora/narradora/personagem:

> Essa mulher que matou os peixes infelizmente sou eu. Mas juro a vocês que foi sem querer. Logo eu! que não tenho coragem de matar uma coisa viva! Até deixo de matar uma barata ou outra.[8]

---

6   LISPECTOR, Clarice. *O mistério do coelho pensante*. Rio de Janeiro: Rocco, 1999, s/p.

7   DOUBROVSKY, Serge. *Fils*. Paris: Galilée, 1977.

8   LISPECTOR, Clarice. *A mulher que matou os peixes*. Rio de Janeiro: Rocco, 1999, s/p.

Assim, a narrativa se desenvolve a partir de sua explicação de como se deu esse fato, fazendo uma volta ao passado, em que rememora cada animal de estimação que ela já teve. A surpresa é que, ao final, ela dá a grande responsabilidade à criança de julgá-la e decidir se merece ou não perdão pelo acontecimento com os animais, deixando a hierarquia entre adultos e crianças de lado.

Em seu terceiro livro, *A vida íntima de Laura*, Clarice conta sobre a vida de uma galinha simpática, porém "burrinha". Contudo, ela é campeã no trabalho de botar ovos. A história é tida como uma metáfora para a realidade feminina da época, em que Laura é o estereótipo de esposa submissa ao marido (galo Luís), egocêntrico e raivoso. Para além dos recursos de intertextualidade e de intratextualidade – os coelhos do primeiro livro voltam a ser mencionados –, essa produção conta com um tom de ironia mais perceptível, principalmente no que diz respeito à retratação da vida de Laura, dedicada à maternidade:

> Vou contar um segredo de Laura: ela come por pura mania. Come cada porcaria! Mas não é tão burra assim. Por exemplo: não come pedaço de vidro. Sabida, hein?
> Um dia ela sentiu que ia ser mãe de novo. [...]
> Como é que ela sentiu? Desculpe, não sei, porque nunca fui galinha na minha vida. Ela estava até dormindo e acordou sentindo o ovo nascendo dela.[9]

Ainda que ela comece o texto ensinando à criança o que significa o termo "vida íntima", ao longo da história a narradora se coloca em posição de igualdade à do leitor (criança), de não ter respostas para todos os questionamentos.

Já em sua última produção original, *Quase verdade*, ela experimenta um narrador diferente: Ulisses, seu cachorro. Apesar de não ser ela mesma a narradora, a ponte com a realidade permanece, reforçando o aspecto auto ficcional, uma vez que ela realmente tinha um cão com esse nome e, na história, Ulisses afirma que Clarice é sua dona. De início, ele discorre sobre sua rotina, partindo, em seguida, para a narração da história de um quintal onde tinha uma figueira majestosa e viviam vários galos e galinhas:

> Dizem assim: 'Ulisses tem olhar de gente' Gosto muito de me deitar de costas para coçarem minha barriga. Mas sabido sou apenas na hora de latir palavras.

---

9   LISPECTOR, Clarice. *A vida íntima de Laura*. Rio de Janeiro: Rocco, 1999, s/p.

Sou um pouco malcriado, não obedeço sempre, gosto de fazer o que eu quero, faço xixi na sala da Clarice.[10]

A narrativa é carregada de reflexões acerca do funcionamento do mundo, a partir de seu ponto de vista de animal doméstico. Vale ressaltar que várias dessas reflexões são iguais às do universo infantil, as quais nem sempre detêm uma resposta única como verdade, como a que fecha o livro:

> Mas aconteceu uma coisa: as aves ficaram com o caroço das jabuticabas na boca e não sabiam o que fazer. [...]
> Eu, que sou cachorro, não sei o que responder às aves.
> — Engole-se ou não se engole o caroço?
> Você, criança, pergunte isso à gente grande.
> Enquanto isso, eu digo:
> — Au, au, au!
> E Clarice entende que eu quero dizer:
> — Até logo, criança! Engole-se ou não se engole o caroço?
> Eis a questão.[11]

O jogo intertextual dessa história está, principalmente, nas referências aos clássicos de Homero — *A Ilíada* e *A Odisseia*, a partir do nome das personagens. Também é possível encontrar pitadas do gênero fantástico, ao nos depararmos com personagens como bruxas e fadas no decorrer na história. Como afirma Neves:

> Contrariando o que vimos nas obras infantis anteriormente abordadas, nas quais os narradores estavam sempre às voltas com a inclinação pedagógica de dizer a "verdade" para as crianças, aqui o texto se despoja desse compromisso e ironicamente parodia a fábula e o mito, gêneros que se prestam a transmitir ensinamentos ou explicações sobre os fatos.[12]

Assim, ela brinca com as formas da fábula e dos textos homéricos, desconstruindo-os.

No que diz respeito ao seu livro de releituras de lendas do folclore brasileiro, *Como nascem as estrelas*, ela constrói narrativas menores que seus outros livros infantis, todas padronizadas em relação ao tamanho,

---

10   LISPECTOR, Clarice. *Quase verdade*. Rio de Janeiro: Rocco, 1999, s/p.

11   LISPECTOR, Clarice. *Quase verdade*. Rio de Janeiro: Rocco, 1999, s/p.

12   NEVES, Ana Caroline Barreto. Entre a *escrita impossível* e as possibilidades da escrita: a literatura de Clarice Lispector para adultos e para crianças. 169 fl. Dissertação (Mestrado em Estudos Literários) – Faculdade de Letras, Universidade Federal de Minas Gerais, Belo Horizonte, 2012, p. 145.

uma vez que as fez por encomenda de uma fábrica de brinquedos que montaria um calendário com as histórias. Logo, são doze lendas, uma para cada mês. Nelas, mantém os recursos estilísticos que já vinha experimentando: humor, oralidade, interação com o leitor e comentários pessoais ao longo da narrativa, oferecendo novas reflexões e dando um tom bastante inovador para histórias tão conhecidas por nós, e de todas as regiões do Brasil:

> Tenho tanto medo é do... Saci-Pererê! Mas que alívio em já ter confessado. E que vergonha. Só não juro que o Saci existe porque não se deve ficar jurando à toa, por aí. Você é provavelmente de cidade e não me acredita. Mas que nas matas tem saci, lá isso tem. E eu garanto essa verdade que até parece mentira, garanto, porque já vi esse meio-gente e meio-bicho.[13]

No entanto, ao pensarmos no contexto de surgimento da literatura infantil enquanto nicho específico, surgem outras possibilidades para o "esquecimento" dessa parte da obra de Clarice. Com a ascensão da burguesia, nos séculos XVII e XVIII, foi criada uma nova organização na ordem social e cultural, de modo que a criança passou a ocupar um lugar próprio e específico, separado do universo adulto[14]. As novas preocupações com a educação e a preparação das crianças para enfrentarem o futuro deram início ao que chamamos hoje de Literatura Infantil.

Nessa época, as crianças eram consideradas pequenos adultos, não havendo distinção entre um e outro, de modo que não existia, sequer, um conceito de infância bem definido — o que, apesar dos avanços nessas questões ao longo dos anos, continua em andamento e sem um consenso. Um século depois, começaram a aparecer histórias feitas não apenas com o intuito de educar, mas também para divertir e trazer prazer às crianças — ainda assim, o aspecto educativo e moralista continuou presente e ainda existe em boa parte dos livros destinados ao público infantil.

Porém, devido à preocupação com a criança enquanto *futuro adulto*, e não enquanto indivíduo pensante e passível de gostos e opiniões próprias, vê-se que a Literatura Infantil se fez, durante muito tempo, como um texto escrito por adultos que julgavam entender o que era melhor para a criança ou, ainda, o que teria sido melhor para eles mesmos,

---

13 LISPECTOR, Clarice. *Como nascem as estrelas*: doze lendas brasileiras. Rio de Janeiro: Rocco, 1999, p. 40.

14 HUNT, Peter. *Crítica, teoria e literatura infantil*. Trad. Cid Knipel. São Paulo: Cosac Naify, 2010.

quando mais jovens. Dessa maneira, entendemos como os livros infantis foram manipulados para agradar principalmente aos pais e professores. Considerando que eles são os que dão a palavra final sobre qual livro será comprado e lido pela criança, o mercado editorial infantil foi construído com base nessas preferências:

> [...] num total desrespeito ao psiquismo infantil, nossas escolas ainda operacionalizam aspectos do adultocentrismo – 'a educação mascaradamente patenteia o adultocentrismo da sociedade ao reprimir a espontaneidade da criança, reduzindo o ser criança a um mero 'aprendiz'. A criança é sempre vista como potencialidade, promessa, futuro cidadão ou homem de amanhã ou vir-a-ser e, assim, sua individualidade deixa de existir'.
>
> O desconhecimento sobre o processo de leitura é complementado pela ignorância sobre psicologia infantil e do desenvolvimento. A cabeça da criança é tomada como um 'tabula rasa', vazia e inferior, destinada a ser preenchida e dirigida pelo 'poderoso' conhecimento dos adultos. O dirigismo sobre a criança – cópia carbono do dirigismo social maior – parece ser uma constante no meio escolar. Assim, as iniciativas e opções das crianças geralmente não são levadas em consideração, principalmente quando não se encaixam no moralismo, didatismo e sistemas de submissão dos adultos.[15]

Por causa disso, a criança é tida como incapaz de criticar e não apta a julgar. Mas, claramente, não era isso que Clarice pensava sobre as crianças. Pelo contrário: ela entra em seu imaginário e acredita na capacidade de interpretação infantil para além do que está escrito, de uma maneira não hierarquizada.

Mais do que isso, ela também alerta aos adultos sobre o que esperar de sua história. Percebe-se que, ao publicar o primeiro livro, Clarice escreveu um prefácio aos mediadores, contando a motivação de sua escrita e avisando sobre as possíveis interferências que eles talvez tenham que fazer ao longo da leitura:

> Esta história só serve para criança que simpatiza com coelho. Foi escrita a pedido-ordem de Paulo, quando ele era menor e ainda não tinha descoberto simpatias mais fortes. *O mistério do coelho pensante* é também minha discreta homenagem a dois coelhos que pertenceram a Pedro e Paulo, meus filhos. Coelhos aqueles que nos deram muita dor de cabeça e muita surpresa de

---

15   KHÉDE, Sônia Salomão (Org.). *Literatura infanto-juvenil: um gênero polêmico.* 2 ed.. Porto Alegre: Mercado Aberto, 1986, p. 72-73.

encantamento. Como a história foi escrita para exclusivo uso doméstico, deixei todas as entrelinhas para as explicações orais. Peço desculpas a pais e mães, tios e tias, e avós, pela contribuição forçada que serão obrigados a dar. Mas pelo menos posso garantir, por experiência própria, que a parte oral desta história é o melhor dela. Conversar sobre coelho é muito bom. Aliás, esse "mistério" é mais uma conversa íntima do que uma história. Daí ser muito mais extensa que o seu aparente número de páginas. Na verdade só acaba quando a criança descobre outros mistérios. C.L.[16]

A princípio, podemos pensar que pressupor interferências na história para que ela se realize não é o ideal, já que o livro deveria existir por si só. Porém, é possível entender esse prefácio também como um esclarecimento prévio, já que o livro não oferece respostas para os mistérios apresentados e esse tipo de construção voltada para o público infantil era bastante inusitada.

Assim como acontece em sua obra para adultos, de não se encaixar nos padrões esperados da literatura que se produzia na época, sua produção infantil também se distancia do que era pregado como modelo ideal. Se considerarmos que Clarice não pretendia agradar ao público infantil em geral e nem aos mediadores das leituras infantis, mas tão somente a seu próprio filho, é possível entender a escrita fora dos moldes do que se esperava dos livros para crianças. Ela considerou o que conhecia do filho e escreveu como se estivesse conversando com ele, com direito à interação direta com o personagem que, não por acaso, se chama Paulo.

Dessa maneira, Clarice constrói narrativas cheias de simbolismos e enredos que ajudam as crianças a lidarem com seus sentimentos internos e com o autoconhecimento, sem julgamento de valor, sem imposição de comportamento ou de momentos moralizantes, se aproximando em partes do que Bettelheim[17] afirma ser a grande beleza dos Contos de Fada; isto é, sua essência que desperta algo na psique infantil. Ele também afirma que a tradição oral dos Contos de Fada é um dos aspectos que os fazem ser tão bem aceitos pelas crianças. Com isso, a obra de Clarice mostra que é possível alcançar os objetivos da literatura – "constatação, reflexão e transformação de significados"[18] – sem precisar se enquadrar nas regras pregadas na época.

---

16 LISPECTOR, Clarice. *O mistério do coelho pensante*. Rio de Janeiro: Rocco, 1999, s/p.

17 BETTELHEIM, Bruno. *A psicanálise dos contos de fadas*. Trad. Arlene Caetano. Rio de Janeiro: Paz e Terra, 2002.

18 KHÉDE, Sônia Salomão (Org.). *Literatura infanto-juvenil: um gênero polêmico*. 2 ed.. Porto Alegre: Mercado Aberto, 1986, p. 71.

Um exemplo de "manual" é o *Pequeno tratado da Literatura Infantil e Infanto-juvenil*, escrito entre as décadas de 1970 e 1990. Nele, a professora Martina Sanchez apresenta os resultados de suas observações, pesquisas e experiência pessoal no que diz respeito à criança e à literatura destinada a ela. Apesar de iniciar o livro criticando o aspecto moralizante e pedagógico incrustado na Literatura Infantil, ao longo da leitura nos deparamos com trechos como:

> Como a criança demonstra um estado afetivo especial em relação aos animais, é necessário cuidado na apresentação de narrativas onde participem como personagens de destaque. Os conceitos devem ser claros e concretos; a narrativa deve ser sóbria em seu desenvolvimento; a linguagem simples, e a proposição moral velada.[19]
>
> Já observamos que o diálogo é a forma mais apreciada e que a narração deve ser curta, objetiva, direta em linguagem clara. A criança se desinteressa por narrativas longas e rebuscadas.[20]

Esses exemplos mostram que havia uma preocupação em limitar e moldar a literatura desenvolvida para crianças, de modo que elas ainda eram consideradas apenas como futuros adultos; seres que devem ser, a todo momento, instruídos e educados — pelos pais, pelos professores, pela sociedade e, "claro", pela arte —, para poderem crescer e se tornarem adultos bons, criados dentro dos padrões de costumes e moral.

Ora, mas temos aqui dois pontos importantes nos quais se divergem a teoria de Sanchez e a produção de Clarice. Em suas quatro histórias originais, Clarice não humaniza os animais, mas se "animaliza", de modo que ela entra no universo dos animais com a mesma facilidade que se coloca no universo infantil, despertando a imaginação e oferecendo hipóteses que fazem sentidos às crianças:

> [...] é interessante notar, na leitura dessas narrativas, como Clarice desestabiliza a tradição, historicamente especializada em usurpar a figura do animal em prol da moral humana. Por sua vez, a autora atualiza sensivelmente esse legado em seus textos para crianças. Assim, os bichos não estão nesse espaço narrativo em função dos humanos, no sentido

---

19 SANCHEZ, Martina. *Pequeno tratado da literatura infantil e infanto-juvenil.* Goiânia: Imery publicações Ltda., s.d., p. 84.

20 SANCHEZ, Martina. *Pequeno tratado da literatura infantil e infanto-juvenil.* Goiânia: Imery publicações Ltda., s.d., p. 135.

de condenar excessos e sugerir virtudes convenientes, como acontece nas fábulas que geralmente são oferecidas às crianças.[21]

O diferencial de suas histórias em relação às demais e ao manual de Sanchez é o modo natural com que aborda temas tabus como a liberdade, a morte, a perda, o abandono e a interação entre os seres vivos (humanos e animais), de maneira que são colocados no mesmo patamar.

> Ao contar tais histórias, Clarice fala, sem pudores, de temas que, muitas vezes, são considerados tabus para a literatura infantil. Não tem receio de falar de bichos nojentos; conta histórias que envolvem amor, ódio, vingança e violência física; descreve o sadismo de quem corta lagartixa para ver os pedaços se movimentarem; e, principalmente, aborda reiteradamente o tema da perda e da morte.[22]

A linguagem apresentada por Clarice também não é simples, nem subestima a capacidade interpretativa da criança. Assim, suas obras infantis são o oposto de "curtas" e "objetivas", além de não contarem com tantos diálogos, como propõe Sanchez.

Além disso, ao não oferecer as respostas para as perguntas suscitadas ao longo dos livros, deixando para a criança preencher as lacunas com a própria imaginação, ela vai contra a ideia de que o papel da literatura infantil é instruir e formar o pequeno leitor humana e moralmente, oferecendo soluções aos questionamentos e problemas da criança. Em sua produção infantil, ela faz o mesmo que o de costume em suas outras obras: apresenta uma linha de raciocínio que leva o leitor a se identificar, questionar sua existência e refletir aspectos de sua vivência, de modo indireto, mascarado por uma história e por divagações, como ocorrem nos contos de fadas, segundo Bettelheim[23].

---

21 LEÃO, André (2011, p. 37) apud NEVES, Ana Caroline Barreto. Entre a *escrita impossível* e as possibilidades da escrita: a literatura de Clarice Lispector para adultos e para crianças. 169 fl. Dissertação (Mestrado em Estudos Literários) – Faculdade de Letras, Universidade Federal de Minas Gerais, Belo Horizonte, 2012, p. 99.

22 NEVES, Ana Caroline Barreto. Entre a *escrita impossível* e as possibilidades da escrita: a literatura de Clarice Lispector para adultos e para crianças. 169 fl. Dissertação (Mestrado em Estudos Literários) – Faculdade de Letras, Universidade Federal de Minas Gerais, Belo Horizonte, 2012, p. 116.

23 BETTELHEIM, Bruno. *A psicanálise dos contos de fadas.* Trad. Arlene Caetano. Rio de Janeiro: Paz e Terra, 2002.

A grandeza de Clarice se dá justamente em seu trabalho com a língua, de modo que ela procura esgotar e desgastar as palavras para que elas adquiram novos sentidos, sendo essa a engrenagem propulsora que nos permite continuar relendo, reinterpretando e pesquisando todo o conjunto de sua obra. Como afirma Neves: "A potência dessas histórias incide no fato de o texto não tentar esboçar os sentimentos dos personagens, evitando assim um didatismo que conferiria certa artificialidade às narrativas."[24]

Com isso, ainda que seus livros infantis tenham sido feitos por encomenda e que a própria autora os considere "pouco literatura", eles fogem dos moldes estabelecidos para a literatura destinada às crianças no que se refere à sua forma, sendo possível identificar nada menos do que a consagrada estilística clariciana.

---

24   KHÉDE, Sônia Salomão (Org.). *Literatura infanto-juvenil: um gênero polêmico.* 2 ed. Porto Alegre: Mercado Aberto, 1986, p. 135.

ANÁLISE DA PERSONAGEM MARIA BONITA DA OBRA DRAMÁTICA *LAMPIÃO*, DE RACHEL DE QUEIROZ

Mariana de Oliveira Arantes[1]

A morte de Lampião e Maria Bonita no ano de 1938 e, consequentemente, o fim do cangaço levanta inúmeras questões a respeito dessas personagens na cultura brasileira. Questões como a função social exercida pelo bando de cangaceiros, o controle do grupo sobre os policiais do Estado, como também a construção do mito Lampião mesmo após os atos de violência efetuados por ele e por seu grupo.

Os estudos a respeito dessa violência ainda carregam sua relevância ao compararmos a constituição dos cangaceiros com atuais instituições de segurança, contudo, o recorte empreendido nesse texto é artístico. Nesse âmbito, o início do século XX proporciona leituras a respeito do cangaço nordestino, das representações literárias em cordéis como também das cinematográficas. A partir desse recorte artístico, a obra *Lampião*, de Rachel de Queiroz, publicada no ano de 1953, obtém destaque ao seguir um percurso em evidência na época junto a escritores como José Lins do Rego e José Américo de Almeida, os quais retratam o homem e sua relação com o sertão.

O imbricamento homem/sertão e, em decorrência, os sofrimentos do sertanejo não são temáticas restritas à obra *Lampião*, já que o lançamento literário de Rachel de Queiroz ocorre em 1930 com a obra *O quinze*, que retrata a terrível seca decorrida nesse ano. Essa temática árida perpassa a produção literária de Queiroz, trabalho esse que se desdobra em romances, crônicas e peças de teatro. Ou seja, sua escrita ponderada como "realismo

---

1   Mestranda no Programa de Pós-Graduação em Estudos Literários/UFMG na área de Teoria da Literatura e Literatura Comparada. E-mail: mari_arantes@ hotmail.com.

bruto" por Alfredo Bosi[2] está fortemente atrelada à aridez e ao poético. Assim, os destaques da autora resultam em 1977 na ocupação da cadeira da Academia Brasileira de Letras, sendo a primeira mulher em tal posto. Marco no reconhecimento da obra de Queiroz e também como abertura para outras mulheres terem suas obras legitimadas pela Academia, pois até então, o parâmetro da instituição servia como base para definir o que era literatura brasileira, como referência ao que deveria ser lido.

Importante ressaltarmos, Rachel de Queiroz publica sete romances, obras infanto-juvenis, crônicas devido ao seu trabalho enquanto jornalista e também textos teatrais. A dramaturgia de Rachel de Queiroz está demarcada em nossa obra de análise *O Lampião* (1953) e também em *A Beata Maria do Egito* (1958)[3]. Temos assim, como pontuado por Alfredo Bosi na obra citada, duas peças com concepções históricas, as quais remetem a personagens não apenas ficcionais, uma vez que o fato de aliar personagens históricos em um formato ficcional denota o perfil jornalista de Rachel, que colaborou um retrato de forte viés fatual do grupo de Lampião apresentado em sua obra.

SOBRE O *MODUS OPERANDI* DA LEITURA

O percurso teórico para análise da obra dramática *Lampião* objetiva pensarmos a importância de Rachel de Queiroz para a literatura brasileira de autoria feminina e assim para um avanço da mulher na sociedade. Desse modo, utilizaremos como base a tese de Laile Ribeiro de Abreu intitulada *Representações da mulher na obra de Rachel de Queiroz*. Como nossa ênfase está no texto dramático, basearemos a análise estrutural na importante obra de Massaud Moisés *A análise literária*[4], a fim de observarmos as organizações micro e macro desconstruídas no texto de Queiroz. Além de visualizarmos o que Massaud pontua como elementos fundamentais da peça teatral, ou seja, ação, cenário e diálogo.

---

2   BOSI, Alfredo. *História concisa da literatura brasileira*. São Paulo: Editora Cultrix, 1994.

3   ABREU, Laile Ribeiro de. "Os críticos consideram o intervalo entre a publicação de *As três Marias* (1939) e *Dôra, Doralina* (1975) como um hiato na obra de Rachel de Queiroz. [...] Nesse período, correspondente aos trinta e seis anos que separam a publicação de *As três Marias* e *Dôra, Doralina*, Rachel se dedica à publicação de crônicas e de duas peças teatrais." (p. 18). In *Representações da mulher na obra de Rachel de Queiroz*. Belo Horizonte: FALE/UFMG, 2016.

4   MOISES, Massaud. *A análise literária*. 5. ed. São Paulo: Editora Cultrix, 1977.

Importante ainda ressaltarmos, nosso objetivo está na personagem Maria Bonita a qual não intitula a peça, mas sua presença é fundamental para trazer à estória uma diferente perspectiva sobre o Rei do cangaço. Guiando-nos pela perspectiva de Massaud Moisés, é na ação que obtemos conhecimento do enredo e das personagens da peça, e essas se mostram pelo diálogo. Logo, esse será um dos elementos pelo qual nos pautaremos para analisar a personagem Maria Bonita, além de destacarmos outro componente, por vezes pouco discutido, mas de relevante uso no texto de Rachel de Queiroz, que são as rubricas. Para tal, iremos nos valer do artigo de Luiz Fernando Ramos intitulado "A rubrica como literatura da teatralidade: modelos textuais e poéticas da cena".[5]

Fixarmos a análise da personagem Maria Bonita a partir dos diálogos e das rubricas, ou didascálias, tem por intuito percebermos o que foi posto por Laile Ribeiro de Abreu em sua tese, "Rachel de Queiroz foi/é escritora que sintetizou, em seus escritos e em sua experiência pessoal, as dificuldades de gênero apontadas em toda a história da luta das mulheres que foram, a passos lentos, tornando-se passíveis de discussão."[6] Ou seja, a análise objetiva perceber se o formato de Rachel de Queiroz ao elaborar suas personagens reflete também em Maria Bonita, personagem não fictícia, mas que ganha, nesse drama, aspectos fabulares ao abordar mais uma história de luta das mulheres rachelianas.

Nesse percurso da personagem, refletiremos ainda sobre suas ações por meio dos diálogos e das rubricas enquanto performance, tal como proposto por Diana Taylor em sua obra *O arquivo e o repertório*: performance e memória cultural nas Américas.[7] Nessa obra, Taylor traça interessante análise sobre como as performances, sejam elas verbais ou não, são potentes para a compreensão de contextos sociais e históricos, principalmente quando abordadas dentro de uma perspectiva de grupos minorizados, raças e classes subalternas.

---

5   RAMOS, Luiz Fernando. A rubrica como literatura da teatralidade: modelos textuais e poéticas da cena. *Sala Preta*. São Paulo, SIBI, v. 1, 2001. p. 9-22. Disponível em: <http://www.revistas.usp.br/salapreta/article/view/5700>. Acesso em 30 out. 2018.

6   ABREU, Laile Ribeiro de. *Representações da mulher na obra de Rachel de Queiroz*. Belo Horizonte: FALE/UFMG, 2016, p. 22.

7   TAYLOR, Diana. *O arquivo e o repertório*: performance e memória cultural nas Américas. [trad. de Eliana Lourenço de Lima Reis]. Belo Horizonte: Editora UFMG, 2013, p. 27.

Sendo assim, um dos principais pontos aos quais a teórica Diana Taylor revisita no decorrer de sua obra é a performance enquanto transferência de experiências, como pontuado por ela, "As performances funcionam como atos de transferência vitais, transmitindo o conhecimento, a memória e um sentido de identidade social."

Importante ainda ressaltar que a performance pode ser analisada em dois níveis, o primeiro tange essa prática/evento separada de outras manifestações contextuais, com foco de análise distintos; no segundo nível, no qual nos validaremos para analisar a personagem Maria Bonita, a performance funciona como epistemologia, ou seja, a "prática incorporada", nas palavras de Taylor, junto com outras práticas culturais possibilita um modo de conhecimento.

SOBRE MODOS DE INTERPRETAR

O fato de Rachel de Queiroz não enfatizar apenas a personagem Lampião como também desenvolver a personagem Maria Bonita denota um dos atos desconstrutivos impressos em sua obra. Pois, além disso, Rachel de Queiroz inova na estrutura da peça, já que, segundo Massaud Moises, na obra citada, a análise do texto teatral visa o percurso micro, intrínseca, até a macroestrutura, extrínseca, assim, tal conceituação objetiva garantir a continuidade da obra dramática, garantir sua coerência. Sendo assim, os atos, as cenas e os quadros são os elementos encadeadores do texto dramático.

No entanto, na obra dramática *Lampião* (1953), Rachel de Queiroz inverte, desconstrói, e sua peça não constitui atos, mas sim cenas e quadros, assim, o que Massaud apresenta como o 'menor nível', referente à saída e à entrada das personagens em cena, o quadro, no drama racheliano, é o aspecto basilar e nele estão agrupadas as cenas. Nos quadros, observamos as mudanças de cenário, já nas cenas ocorrem alterações quanto ao tempo e às perspectivas das personagens. Como brevemente explicitado, a obra *Lampião* apresenta em sua estrutura outra organização, frente ao proposto por Massaud Moises, ou seja, podemos pontuar tal uso como uma subversão a essa norma, e ainda, analisá-la como indício do caráter moderno no texto teatral.

Logo, o primeiro quadro do texto dramático de Rachel de Queiroz retrata o diálogo do casal Maria Déa e Lauro, há nessas falas uma correspondência negativa frente às ações de cada personagem. Atitudes do homem as quais não agradam a mulher como também a situação contrária, por exemplo, nas falas iniciais Maria Déa matou uma cobra e quer mostrar ao marido, mas esse já se dirige a ela perguntando sobre onde estão os filhos, rápida alusão à crença da contínua mulher atrelada aos filhos,

Maria Déa – Ficaram na cacimba, com a avó, esperando a roupa quarar. E eu vinha lhe mostrar esta cobra, quando encontrei o homem que disse... [...]
Maria Déa – Quero arrancar os maracás. Olhe, tem cinco! É uma cascavel criada! Ande, corte com o seu quicé.
[segura a cobra pelo rabo, e aproxima-se do marido]
Lauro (recuando, enojado) – Já te disse que afaste essa cobra, Maria! Não tiro maracá nenhum! Ora já se viu? Pra quê eu quero maracá de cobra?[8]

O diálogo anteriormente pontuado denota a personagem Maria Déa como forte, destemida, em contraposição ao marido, esse sapateiro, o qual repudia o ato da mulher. A partir desse conflito inicial Maria Déa enfatiza a incapacidade de Lauro ser um homem rude como ela supõe que deveria, retomando o imaginário do cavaleiro nordestino, tal premissa aponta a um reforço de estereótipos sobre a constituição do ser homem. Expõe-se assim, duas facetas presentes na mesma personagem Maria Déa, pois, ela enfatiza práticas patriarcais e também desconstrói alguns posicionamentos impostos à mulher, como quando o marido determina o modo no qual ela deve viver, e Maria Déa não se submete às exigências dele.

Posteriormente, há uma indicação a respeito da proximidade do bando de Lampião à área onde mora o casal, e nesse momento o conflito entre os dois ganha outra proporção, pois Maria Déa insinua que homem "de verdade" deve ser como Lampião, e com ele, ela poderia viver aventuras. Para isso, chegou a pedir ao rei do cangaço buscá-la.

Lauro – Mentira!
Maria Déa – Por Deus do céu que mandei. Assim mesmo: "Menino, diga lá ao seu capitão que, se ele quiser vir me buscar, eu sigo no bando e ganho o mundo com eles. Me chamo Maria Déa e sou mulher do sapateiro."[9]

A atitude de Maria Déa ressalta uma personagem destemida, no entanto, com a chegada do bando de Lampião à casa do casal, Maria Déa silencia, e Lauro discorre com desespero para Lampião não a levar. O jogo se inverte, e o marido visto antes "sem atitude" perante a vida, posiciona-se no diálogo, mas um posicionamento equivocado, pois não permite à Maria Déa responder aos questionamentos de Lampião a ela direcionados. As ações e falas da personagem Lauro deflagram a defesa de Massaud Moisés quanto ao conhecimento das personagens a partir do que fazem, tendo em vista os discursos proferidos por tal personagem silenciarem Maria Déa.

---

8   QUEIROZ, Rachel. *Lampião*: drama em cinco atos. Rio de Janeiro: José Olympio, 1953, p. 14-15.

9   QUEIROZ, Rachel. *Lampião*: drama em cinco atos. Rio de Janeiro: José Olympio, 1953, p. 18.

Já as ações e as falas da personagem Maria Déa são direcionadas, principalmente, a Lauro e, posteriormente, a Lampião. Tais interações da personagem feminina são mais da ordem da resposta ou dos questionamentos, uma personagem sem longos discursos, monólogos. Como consequência, frente à cena da chegada de Lampião e o silenciamento de Maria Déa, valemo-nos de algumas rubricas para análise, pois essas, além de indicarem os percursos do drama, ainda acentuam interessante característica utilizada no decorrer da obra por Rachel de Queiroz.

> [Enquanto o sapateiro e Volta-Seca discutem, Lampião aproxima-se de Maria Déa, que se encostou rigidamente à parede, de olhos baixos. Ele, devagarinho, percorre-a toda com a vista, dos pés até o rosto. Quando o seu olhar se detém na face da moça, Maria Déa levanta a cabeça, lentamente, e sorri].[10]
> [Volta-Seca aparece com uma trouxa de roupa, que Lampião, com um gesto, manda pôr sobre a mesa do sapateiro. O menino desata os nós da trouxa e Lampião vai-lhe retirando o conteúdo e, de uma em uma, depõe as peças nos braços de Maria Déa, que praticamente ainda não se moveu, até agora. Dá-lhe o vestido branco, a combinação de renda, os sapatos, o véu, a grinalda]. [11]

Assim, de acordo com Patrice Pavis, didascálias são "instruções dadas pelo autor a seus atores para interpretar o texto dramático."[12], como podemos observar, as rubricas conceitualmente possuem enquanto principal característica organizar o texto para sua montagem no palco. Contudo, a partir das rubricas anteriormente destacadas, percebemos o trabalho de autoria de Rachel de Queiroz, nelas a autora não se limita a descrever fisicamente as personagens ou o cenário, ao contrário, proporciona aos leitores do texto teatral um olhar mais atento ao percurso do enredo, e, consequentemente, à personagem Maria Déa. Dessa forma, tal estrutura textual demarca o verdadeiro aceite da personagem em ir com Lampião.

Na cena I, do segundo quadro da obra, pouca ênfase é dada a personagem Maria Déa, a qual adquire outro nome nessa cena. A alteração para o nome Maria Bonita remete essa personagem como acompanhante de Lampião junto ao bando, pois suas falas indicam uma esposa a qual auxilia e defende

---

10 QUEIROZ, Rachel. *Lampião*: drama em cinco atos. Rio de Janeiro: José Olympio, 1953, p. 25-26.

11 QUEIROZ, Rachel. *Lampião*: drama em cinco atos. Rio de Janeiro: José Olympio, 1953, p. 27-28.

12 PAVIS, Patrice. *Dicionário de teatro*. São Paulo: Perspectiva, 1999, p. 96.

o líder cangaceiro. Em consonância, apontamos o seguinte trecho da obra de Diana Taylor, "A performance e a estética da vida cotidiana variam de comunidade para comunidade, refletindo a especificidade cultural e histórica existente tanto na encenação quanto na recepção."[13]. Sendo assim, as ações de Maria Bonita são elementos importantes para entendermos a personagem enquanto performance, visto que essas oferecem perspectivas sobre ser mulher em uma região áspera, de relações instintivas.

Importante nos atentarmos também, como ponderado por Massaud Moises, ao modo como as cenas são expostas a fim de garantirem um crescente ao texto, pois, no caso da obra *Lampião,* cada cena e quadro são responsáveis pela curva dramática do texto. Assim, na cena II do mesmo quadro, há um fragmento que denota violência da personagem Lampião contra Maria Bonita, pois nesse momento o diálogo entre elas é a respeito da tentativa de divisão de terra entre o governo do Estado e o bando de Lampião. Maria Bonita questiona Lampião se esse não teria medo de represália da polícia contra o grupo de cangaceiros, ele se defende pontuando sua força e incapacidade de traição por não se entregar nas mãos de ninguém, nem nas delas.

> Maria Bonita – Você tinha coragem de me largar?
> Lampião – De largar não sei. Mas de matar, tinha. Acho que em certas horas até tinha gosto de te matar.
> Maria Bonita – Pois então, por que não mata? Pensa que eu tenho amor à vida? Quando me determinei a ganhar o mundo com Lampião, minha vida deixou de ser minha. Se até tive a coragem de largar os meus filhos sem dizer adeus...[14].

A personagem Maria Bonita enfrenta a ameaça de morte dita por Lampião e se dispõe a tal ato como simples reflexo da escolha feita por ela ao acompanhá-lo. O fato demonstra certo apagamento desse sujeito mulher, de sua força e determinação iniciais na obra, logo, enfatizamos que cabe à mulher decidir, a partir de suas crenças e desejos, a respeito de suas ações, porém, isso não deve resultar em violência e silenciamento, tal como observamos na fala de Maria Bonita na qual há uma negação de sua própria identidade,

---

13 TAYLOR, Diana. *O arquivo e o repertório:* performance e memória cultural nas Américas. Trad. Eliana Lourenço de Lima Reis. Belo Horizonte: Editora UFMG, 2013, p. 27.

14 QUEIROZ, Rachel. *Lampião:* drama em cinco atos. Rio de Janeiro: José Olympio, 1953, p. 59.

> Maria Bonita (passa-lhe a mão pela face, ternamente) – Mas eu antes era Maria Déa... Hoje, ninguém se lembra desse nome. Agora só quem existe é Maria Bonita, a mulher de Lampião.[15]

O discurso de Lampião prossegue demarcando ciúme e sentimento de posse frente à Maria Bonita, até mesmo em relação aos filhos abandonados por ela e dos futuros que não existirão a fim de não ser necessário dividi-la com mais ninguém. Essas atitudes deflagram o sujeito violento Lampião, apresentadas pontualmente e a ganhar mais dimensão no desenvolvimento dos quadros, pois há ameaça de morte, há ordem de silêncio, há violência física, como marcaremos adiante, para com Maria Bonita. Essa, por sua vez, sempre dará uma resposta a tais atitudes, por vezes, enquanto um fôlego daquela Maria Déa pertencente às cenas primárias, contudo, sem abandonar sua subjugação ao Lampião.

Assim, ainda na cena II, a personagem Lampião mantém o discurso violento o qual irá reaparecer sobre "outros motivos" no quadro seguinte. Essa continuidade temática remete ao proposto por Massaud quanto à necessidade de harmonia entre as partes do texto dramático, já que há uma continuidade do discurso violento de Lampião, implicando nos resultados finais da obra.

A violência de Lampião contra Maria Bonita denuncia o medo e a desconfiança daquela, mas Maria Bonita rebate tal ato ao indicar sua força e possibilidade em matar o companheiro se assim quisesse. Buscamos pontuar desse modo, a coerência interna de cada cena resultando na verossimilhança expandida nos quadros do texto; além de enfatizar uma postura da personagem Maria Bonita, enfatizar suas crenças e possibilidades frente ao comando de Lampião.

Contudo, a respeito da relação entre as personagens Lampião e Maria Bonita, essa não deixa de ressaltar sua submissão à primeira, como observamos na seguinte fala de Maria Bonita, sendo esta uma de suas falas mais longas.

> Maria Bonita – De primeiro, quando você começava com essas coisas, eu tinha raiva. Depois, sentia vontade de chorar. Agora o que me dá é aquele desânimo! Será possível que depois de tantos anos...tanta luta... tanto sangue derramado...sangue meu...seu...dos seus irmãos...dos companheiros...você ainda pense em traição? De que me servia a vida, você morto? Não vê que eu sou como outra banda de você... Quer que eu tire a roupa, lhe mostre as marcas de bala, que você esqueceu? Bala que eu levei, correndo na frente delas, com medo que matassem você?

---

15 QUEIROZ, Rachel. *Lampião*: drama em cinco atos. Rio de Janeiro: José Olympio, 1953, p. 62.

Se você um dia cair morto a meu lado, só o que me resta é ficar na linha de tiro e esperar que eles me chumbeiem também![16]

O discurso de Maria Bonita reafirma certa mudança no perfil da personagem, ela já não age com raiva, ela já não demonstra sua potência mesmo frente às atitudes de desconfiança e represálias impostas por Lampião, pelo contrário, ela objetiva ser vista como parte do bando, independente do quão seu corpo será violentado, e, principalmente, atrelando sua vida até a morte com o líder cangaceiro.

As atitudes veementes da personagem Maria Bonita, no caso, sua performance, enquanto sujeito, fazem-nos inferir seu apagamento ao escolher pertencer à personagem Lampião. No entanto, nossa leitura não deve se desprender do contexto social-temporal no qual a obra de Rachel de Queiroz foi escrita, e, principalmente, o contexto sócio-histórico no qual as personagens estão inseridas. Sendo assim, a performance da personagem Maria Bonita nos permite olhar uma tradição do cangaço nordestino no início do século passado transmitida pela personagem e se tornando conhecimento sobre aquele ambiente outro, do passado. Tal percurso da performance tem como base a defesa de Diana Taylor a respeito desse atributo, "As performances viajam, desafiando e influenciando outras performances. Contudo, elas estão, em certo sentido, sempre *in situ*: são inteligíveis na estrutura do ambiente imediato e das questões que as rodeiam."[17].

As performances *in situ* estruturam o ambiente das personagens da obra de Rachel de Queiroz e geram consciência sobre o bando alocado na grota do Angico. Esse conceito proposto por Taylor para definir as características da performance, por exemplo, como nas cenas de ambiente áridos, "A casa do sapateiro, em ponta de arruado, numa vila à margem de São Francisco. [...] Sol forte. Sombra só no alpendre."[18] e ainda, "A grota de Angico. É uma espécie de ravina, no leito se o de um riacho"[19]; além das

---

16 QUEIROZ, Rachel. *Lampião*: drama em cinco atos. Rio de Janeiro: José Olympio, 1953, p. 76.

17 TAYLOR, Diana. *O arquivo e o repertório:* performance e memória cultural nas Américas. Trad. Eliana Lourenço de Lima Reis. Belo Horizonte: Editora UFMG, 2013, p. 28.

18 QUEIROZ, Rachel. *Lampião*: drama em cinco atos. Rio de Janeiro: José Olympio, 1953, p. 11.

19 QUEIROZ, Rachel. *Lampião*: drama em cinco atos. Rio de Janeiro: José Olympio, 1953, p. 131.

demais personagens construídas no texto dramático, Lampião, Antônio Ferreira, Ponto-Fino, é pontuado por Diana Taylor enquanto arquivo.

Dessa forma, o arquivo está atrelado à concepção de memória, a uma possibilidade de estático, porque sua constituição está em materiais duráveis, ou seja, o texto dramático *Lampião* nos serve de arquivo a fim de recuperarmos uma memória não vivenciada em nosso corpo, mas a qual nos alcança enquanto conhecimento do cangaço, enquanto conhecimento dessas personagens pertencentes a um bando cangaceiro e algumas dessas vivências.

Agora, ao longo do tempo os valores sobre determinado arquivo mudam, são possíveis de novas interpretações, e isso ocorre quando tais memórias são incorporadas, assim, encenadas e, logo, transmitem o conhecimento. Por essa análise, enfatizamos a personagem Maria Bonita, empregamos a ela o papel do que Taylor[20] denomina como repertório, da ordem do efêmero, ou seja, no sentido de suas expressões verbais ou não verbais alcançarem o leitor do século XXI, e esse ler a personagem Maria Bonita também a partir desse novo contexto sócio-histórico. É como se a personagem resultasse em processo de memória e conhecimento, sendo veículo concreto para próxima audiência.

Retomamos mais alguns trechos da obra a fim de explicitarmos demais traços de Maria Bonita. No quarto quadro da obra dramática, o lado destemido e de domínio da identidade dessa personagem ganha nova ênfase em diálogo com a personagem Ponto-Fino a respeito de Lampião e suas atitudes enquanto líder do bando. As falas de Maria Bonita evidenciam reconhecer o sentimento de pertença de Lampião sobre ela, mas seu discurso se mantém no desejo e possibilidade de assim escolher, pontuando certa veneração à personagem Lampião, pois, algum dia irá fazê-lo respeitar-lhe.

> Ponto-Fino – Cunhado? Não sou cunhado de ninguém. Ele não é seu dono, não lhe tem de papel passado. [...]
> Maria Bonita – Deixa de conversar bobagem, Ezequiel. Quando foi que Lampião precisou de papel passado para ser dono do que ele quer?
> [Ri, amarga] – Já faz muito em não se lembrar de me ferrar com o ferro dele!
> Ponto-Fino – Se aquele cego desgraçado botasse ferro quente em você...

---

20   TAYLOR, Diana. *O arquivo e o repertório:* performance e memória cultural nas Américas. Trad. Eliana Lourenço de Lima Reis. Belo Horizonte: Editora UFMG, 2013.

> Maria Bonita – Não precisa você se meter, Ezequiel. Entre nós dois você não cabe. Deixe estar que numa hora dessas eu sozinha sei fazer me respeitar.[21]

Atrelado ao ímpeto de Maria Bonita em ressaltar sua capacidade de escolha a partir de seus próprios desejos está a aflição frente à possibilidade do bando ser capturado por policiais. Pois, enquanto Lampião traça novo plano para fuga, Maria Bonita consegue perceber o fim para o bando e, até mesmo, tenta advertir Lampião sobre o perigo futuro.

> Maria Bonita – Pois eu já não sei. Não tenho mais fé em nada. Nem esperança. Para mim, o castigo já está chegando.
> Lampião – Castigo? Por quê? Pra quem?
> Maria Bonita – Pra você. Pra nós. É o sangue inocente que está pedindo vingança.[22]

Maria Bonita, no penúltimo quadro, depõe ao Lampião todas as violências que ele cometeu, indicando sua crueldade com as pessoas, e até mesmo com os do seu bando. Ou seja, sutilmente a personagem mantém uma postura crítica às ações do líder do bando, mesmo a ele subjugada. Uma dependência oscilante, mas mantida até o final do drama, no qual se evidencia a afeição e sujeição ao Lampião, ao dizer não existir vida para ela caso aquele morra.

O quinto quadro retrata o cerco feito por policiais ao bando de cangaceiros, sendo assim, os momentos finais de Maria Bonita e Lampião são retratados em rubricas, que como pontuado por Ramos[23], refletem a autoria de poéticas cênicas. Porquanto, as rubricas demonstram a dimensão para a obra devido ao auxílio na construção do enredo ao delimitarem ações cruciais para o drama, como exemplo a rubrica na qual é descrita a morte das personagens principais. Logo, essas estruturas poéticas de Rachel de Queiroz apresentam forte viés ao que Ramos pontua "ficção", "história", tão enriquecedoras como os próprios diálogos, tal como defendido,

---

21 QUEIROZ, Rachel. *Lampião*: drama em cinco atos. Rio de Janeiro: José Olympio, 1953, p. 106-107.

22 QUEIROZ, Rachel. *Lampião*: drama em cinco atos. Rio de Janeiro: José Olympio, 1953, p. 119.

23 RAMOS, Luiz Fernando. A rubrica como literatura da teatralidade: modelos textuais e poéticas da cena. In: *Sala Preta*, São Paulo, SIBI, v. 1, jun/2001, p. 9-22. Disponível em: <http://www.revistas.usp.br/salapreta/article/view/5700>. Acesso em 30 out. 2018.

Não importa se serão obedecidas à risca ou simplesmente relegadas, se serão lidas como receita de bolo ou ignoradas como bula de remédio incompreensível. Enquanto registro estável daquela primeira encenação imaginária, as rubricas oferecerão ao pesquisador um ponto privilegiado de observação.[24]

Finalizamos o percurso sobre a personagem Maria Bonita da obra de Rachel de Queiroz, ressaltando a performance final da personagem, ato simbólico a sua posição no drama, pois como abordado por Diana Taylor, "Parte do que a performance e os estudos da performance nos permitem fazer, então, é levar a sério o repertório de práticas incorporadas como um importante sistema de conhecer e de transmitir conhecimento."[25]

Maria Bonita – Jesus da minh'alma!
[Nova rajada, que dessa vez apanha os dois, Lampião que tenta levantar-se, Maria Bonita que o ampara. Ambos caem, abraçados. Enquanto eles tombam, nova rajada]
[silêncio.] [26]

CONSIDERAÇÕES FINAIS

Posicionar um olhar mais atento à personagem feminina dentro de uma obra dramática a qual traz como título, e personagem principal, o nome de Lampião, homem, é um desafio a fim de reconhecer as nuances e particularidades da personagem mulher. Pois, como as ações no drama são dadas nos diálogos e rubricas, cada discurso e movimento da personagem Maria Bonita é potência para interpretarmos a personagem.

Ao encararmos a performance de Maria Bonita conhecemos uma vivência da mulher no sertão nordestino, mais exatamente, da mulher no grupo de cangaceiros. E ainda nos possibilita perceber dualidade na personagem entre estabelecer sentimento de pertença ao homem Lampião e reafirmar sua força enquanto mulher advinda da possibilidade de escolher seu destino.

---

24 RAMOS, Luiz Fernando. A rubrica como literatura da teatralidade: modelos textuais e poéticas da cena. In: *Sala Preta*, São Paulo, SIBI, v. 1, jun/2001, p. 12.

25 TAYLOR, Diana. *O arquivo e o repertório*: performance e memória cultural nas Américas. [trad. de Eliana Lourenço de Lima Reis]. Belo Horizonte: Editora UFMG, 2013.

26 QUEIROZ, Rachel. *Lampião*: drama em cinco atos. Rio de Janeiro: José Olympio, 1953, p. 141.

Assim, as rubricas longas e poéticas utilizadas por Rachel de Queiroz em *Lampião* são elementos norteadores para aprofundarmos e conhecermos a personagem Maria Bonita que nos é apresentada. Personagem combatente, mas sem se distanciar completamente de valores impostos pelo patriarcado; além disso, da valorização do conteúdo da obra, os diálogos e as rubricas empreendidos no texto teatral enfatizam a narrativa enquanto formato predominante à Queiroz, ou seja, demarcam um contínuo da autora para "ficcionalizar", "historicizar"[27], a partir de um contexto concreto como o sertão nordestino.

---

27 De acordo com termos utilizados por Luiz Fernando Ramos no artigo: A rubrica como literatura da teatralidade: modelos textuais e poéticas da cena. In: *Sala Preta*, São Paulo, SIBI, v. 1, jun/2001, p. 9-22. Disponível em: <http://www.revistas.usp.br/salapreta/article/view/5700>. Acesso em 30 out. 2018.

O SILÊNCIO EM CLARICE LISPECTOR E LYA LUFT – UM PERCURSO PELO IMPOSSÍVEL DE DIZER NO CONTO "SILÊNCIO", DE CLARICE, E "A VELHA", DE LYA

Mariana Magalhães Miranda[1]

Nós somos medo e desejo, somos feitos de silêncio e som,

Tem certas coisas que eu não sei dizer.

Nelson Motta, Certas Coisas

Duas escritoras do século XXI preocupadas em marcar o lugar da mulher na literatura bem como os conflitos humanos através de uma escrita feminina. Clarice e Lya Luft, apesar de possuírem um estilo de escrita distinto e singular ao modo de cada uma delas deixam marcas das quais não podemos recuar frente ao que ressoa entre elas. Ambas escritoras de romances, contos e crônicas, as duas sempre estiveram atentas a aquilo que se cala na vivência humana, a morte, o não dito, o silêncio e a impossibilidade da linguagem em dizer tudo.

Nesse sentido, pretendo, ao longo desse trabalho, desenvolver alguns dos pontos que se cruzam em torno do "não dito" no conto de Clarice Lispector "Silêncio", e em dois outros trabalhos de Lya Luft que foram estudados ao longo do semestre da disciplina cursada, sendo eles "A velha" e um breve percurso pela entrevista de Lya Luft "Eu falo de mulheres e Destinos".

Desse modo, irei revisitar alguns conceitos teóricos que podem nos ajudar a ilustrar o percurso dessas duas autoras pelo "não dito". Vou me apoiar aqui no livro *Figurações e Ambiguidades do Trágico: experiências constituintes do estilo na obra de Lya Luft* de Iara Christina Silva Barroca,

---

1 Psicóloga graduada pela Pontifícia Universidade Católica de Minas Gerais; Mestranda em Estudos Literários pela Faculdade de Letras da UFMG. E-mail: mmagalhaesmiranda@gmail.com

O espaço Literário de Maurice Blanchot, *Aula* de Roland Barthes e *O livro sinthoma, seminário 23* de Jacques Lacan.

O conto "Silêncio", de Clarice Lispector, foi publicado no livro *Onde estivestes de noite,* escrito na década de 40, quando Clarice morava em Berna. O conto fala a partir de um narrador em terceira pessoa da experiência do frio, do inverno, da neve nas montanhas e do silêncio que atravessa essa paisagem. O conto se inicia com uma passagem na qual Clarice destaca as inúmeras tentativas do homem em não se deixar ouvir o silêncio. Vejamos: "É tão vasto o silêncio da noite na montanha. É tão despovoado. Tenta-se em vão trabalhar para não o ouvir, pensar depressa para disfarçá-lo. Ou inventar um programa, frágil ponto que mal nos liga ao subitamente ao improvável dia de amanhã".[2]

Em sequência, Clarice nos fala da dificuldade de escutar esse sem sentido que abarca a experiência humana. Um dos nomes dados para esse silêncio o qual ela vai narrando, é a morte. No seguinte trecho ela diz: "Como estar ao alcance dessa profunda meditação do silêncio. Desse silêncio sem lembranças de palavras, se é morte como te alcançar". Nesse trecho, ocorre, portanto, uma mudança na perspectiva de quem narra. O narrador se apresenta aqui em primeira pessoa e interrogando essa condição humana do silêncio.

É relevante destacarmos que tal estratégia é usada por Clarice ao longo de toda sua obra. Em seus últimos livros como Água viva, Um sopro de vida e a *A paixão segundo G.H.*, Clarice faz uso desse recurso na maneira de narrar que promove uma flexibilidade da estética no texto e a aproximação do leitor com o personagem. É possível retornarmos ao que Blanchot diz sobre a relação do escritor com o silêncio quando ele nos diz "Escrever é fazer-se eco do que não pode parar de falar- e, por causa disso, para vir a ser seu eco, devo de uma certa maneira impor-lhe silêncio".[3]

Se voltarmos ao texto de Clarice veremos que a autora vai ao longo do conto construindo um lugar cada vez mais específico para esse silêncio do qual ela não cessa de falar em seu texto. Silencio, segundo Clarice, é aquilo que é vazio, sem fantasmas, vazio de promessas diferente da vida que assim como o vento é ira. Ainda mais, Clarice coloca que esse silêncio é da ordem de um impossível de descrição e de dizer: "Há uma

---

2   LISPECTOR, Clarice. *Todos os contos.* Org. Benjamin Moser. Rio de Janeiro: Rocco, 2016, p. 512.

3   BLANCHOT, Maurice. *O espaço literário.* Trad. Álvaro Cabral. Rio de Janeiro: Rocco, 2011, p. 18.

continuidade que é a vida. Mas este silêncio não deixa provas. Não se pode falar do silêncio como se fala da neve. Não se pode dizer a ninguém como se diria da neve: sentiu o silêncio desta noite? Quem ouviu não diz"[4].

O silêncio se apresenta então como aquilo que é da ordem de um impossível de ser dito. No entanto, na medida em que ele pode ser tocado pela linguagem podemos alcançá-lo de alguma forma. Ainda no mesmo conto, no final, Clarice nos deixa a seguinte passagem:

> Se não há coragem, que não se entre. Que se espere o resto da escuridão diante do silêncio, só os pés molhados de algo que se espraia dentro de nós. Que se espere. Um insolúvel pelo outro. Um ao lado do outro, duas coisas que não se veem na escuridão.[5]

Nesse trecho, vemos que Clarice nos fala da coragem que é necessária para enfrentar isso que ela chama de silencio e que habita, ou melhor, "espraia" dentro de nós. Aqui, podemos pensar que aparece mais uma vez a condição humana do silêncio, do não dito. Em sequência, Clarice fecha seu conto da seguinte forma:

> Depois nunca mais se esquece. Inútil até fugir para outra cidade. Pois quando menos se espera pode-se reconhecê-lo de repente. Ao atravessar a rua no meio das buzinas dos carros. Entre uma gargalhada fantasmagórica e outra. Depois de uma palavra dita. Às vezes no próprio coração da palavra. Os ouvidos se assombram, o olhar se esgazeia – ei-lo. E dessa vez ele é fantasma.[6]

O silêncio então toma forma, é aquilo do qual não se tem controle, para além do dito, ele pertence a uma condição contingencial. O silêncio pode te encontrar quando menos se espera, entre uma gargalhada e outra, entre ruídos e buzinas de carro, até mesmo dentro da própria linguagem, no coração da palavra, o sem sentido habita.

Bom, até aqui temos a partir do conto de Clarice uma perspectiva do silêncio como um impossível de ser dito, algo que pertence ao acaso e é da mais intima condição humana. E, que pode então ser tocado pela linguagem e pela palavra. Em seu artigo *O silêncio na obra artística de*

---

4 LISPECTOR, Clarice. *Todos os contos*. Org. Benjamin Moser. Rio de Janeiro: Rocco, 2016, p. 512.

5 LISPECTOR, Clarice. *Todos os contos*. Org. Benjamin Moser. Rio de Janeiro: Rocco, 2016, p. 514.

6 LISPECTOR, Clarice. *Todos os contos*. Org. Benjamin Moser. Rio de Janeiro: Rocco, 2016, p. 514, grifo meu.

Clarice Lispector,[7] Silva comenta que a linguagem tem papel fundamental na escrita de Clarice Lispector. Não tomemos aí só a linguagem enquanto fala, palavra, mas a silenciosa. Ela diz: "[...] Mas a própria linguagem que é silenciosa, o não dito, que demonstra a incapacidade de tudo alcançar através da escrita. Sua tentativa de obter por meio da linguagem (silêncio ou palavra) o inconsciente, a sua verdade..."[8]

Em "A velha", Lya Luft conta a história de uma senhora de idade mais avançada a partir da lembrança de infância da narradora. A velha que foi secretária da narradora aparece no conto como uma figura estranha, inominável que se reconhecia e era reconhecida pelos outros como velha. Nesse conto, percebemos o tempo todo um certo mistério que ronda a figura dessa mulher mais velha e daquilo que ela apresenta às crianças. No seguinte trecho podemos perceber a percepção da narradora, de tal forma:

> Eu sentia por ela aquele misto de fascinação e medo que se sente na infância por pessoas diferentes. Embora meus pais não aprovassem (Deixa a velha em paz!), eu e meus primos gostávamos de ir ao quarto dela, no porão pedir que contasse histórias. Ela se escarrapachava na cadeira, nós nos sentávamos no chão, e ela desfiava umas narrativas meio amalucadas, que não faziam sentido, mas a gente adorava.[9]

Uma senhora mais velha que ao mesmo tempo que despertava medo provocava curiosidade e fascinação nas crianças por lhes apresentar algo de oculto e sem sentido. Nesse momento do conto é possível localizar como Lya Luft insere na narrativa algo que é da ordem da experiência humana com o desconhecido, com sem sentido e o não dito. São vários os elementos que Lya Luft usa para representar esse elemento do estranho, na seguinte passagem ela destaca o quarto da Velha:

> Naquele quarto ascético, apenas uma cama, uma cadeira, uma poltrona antiga de estofamento rasgado e um armário meio torto, sem um quadrinho nas paredes ou fotografia, o mais fascinante era a porta na parede dos fundos: uma misteriosa porta, uma portinha, tão pequena que por ela só passaria uma criança ou um anão. A gente olhava disfar-

---

7

8 GRACIELLE SILVA, Lohanne. O "silêncio" na obra artística de Clarice Lispector. *Anais do XXVI Simpósio Nacional de História*, São Paulo, p. 1-15, jul. 2011. Disponível em: <http://www.snh2011.anpuh.org/resources/anais/14/1300884238_ARQUIVO_artigoanpuh.pdf>. Acesso em: 13 jun. 2018, p. 1.

9 LUFT, Lya. *O silêncio dos amantes*. Rio de Janeiro, São Paulo: Record, 2011, p. 82.

çadamente, esperando adivinhar o que ali se *ocultava*, ou esperando que alguém, um monstrinho, um sapo, uma bruxa de verdade, de lá saísse para satisfazer nossa curiosidade. Mas a porta nunca se abriu, jamais descobrimos a chave para o território das nossas mais loucas fantasias: o que Velha esconderia ali, que nem meus pais sabiam?[10]

O quarto que ocultava algo, carregado de mistério, armários tortos e um ambiente sombrio e simultaneamente instigante para aqueles que desejam saber, as crianças. Dessa forma, Lya Luft constrói um conto com elementos semelhantes aos que aparecem no conto Clarice "Silêncio". Elementos que não podemos deixar de associar ao aspecto do trágico na obra de Lya Luft que aparecem no estudo de Iara Christina Silva Barroca sobre as figurações e ambiguidades do trágico na obra de Lya Luft.

Barroca enfatiza a leitura humana que Lya Luft realiza ao longo de sua obra. Segundo ela, Lya faz uso de máscaras do trágico para transmitir e transportar o leitor para a realidade de personagens às voltas com a existência, a morte, a sexualidade e as relações interpessoais. Ao citar Lya Luft, Barroca deixa clara intenção da autora em sua escrita com relação à morte:

> Não escrevo muito sobre a morte: na verdade é ela quem escreve sobre nós desde que nascemos, vai elaborando o roteiro da nossa vida. Ela é o grande personagem, o olho que nos contempla sem dormir, a voz que nos convoca e não queremos ouvir, mas pode nos revelar muitos segredos.[11]

Do mesmo modo que Clarice insere o silêncio na vida, no cotidiano, Lya Luft insere a morte como componente da vida. Ao dizer que a morte é aquilo que vai elaborando o nosso roteiro, podemos pensar que ela se refere ao aspecto contingencial do sem sentido, do silêncio que abarca a existência humana e nos coloca diante das possíveis máscaras por ela representadas do trágico.

Barroca, ao reler Mauro Pergameinik Meiches em "A travessia do trágico em análise", nos ensina que ele se constitui a partir de interpretações, assim sendo a partir de quem o lê. Há algo do trágico que diz de uma condição universal, bem como é lido, em análise de maneira singular. No entanto, ao mesmo tempo que o trágico exige uma interpretação e

---

10   LUFT, Lya. *O silêncio dos amantes.* Rio de Janeiro, São Paulo: Record, 2011, p. 82.

11   SILVA, Iara Christina Barroca. *Figurações e ambiguidades do trágico: experiências constituintes do estilo na obra de Lya Luft.* Jundiaí: Paco Editorial, 2014, p. 56.

uma forma de nomeação há um déficit quando se tenta dar total sentido ao trágico. Algo escapa à interpretação, vejamos:

> Essas considerações, além de nos alertarem para os perigos de uma pretensa vontade de definição do trágico, ao mesmo tempo nos fazem conscientes da carência de significados que esse termo admite. E mesmo reconhecendo essa impossibilidade de ressignificação, é preciso pensar, sobretudo, nos percursos nos quais ele se estende, para se apresentar como fonte de superação para a maior questão humana: a consciência da morte. E é sob essas primas que o autor, tão mencionado acima, nos apresenta a possibilidade de se falar sobre o trágico sobre um outro aspecto: o de que ele designa uma dimensão fundamental da experiência humana.[12]

Bem como coloca Iara Barroca, tais questões relativas ao trágico e à existência preocupam há anos estudos da psicanálise a partir da experiência clínica e da relação de saber que a mesma construiu com a literatura. Se pegarmos as produções de Freud e Lacan nos deparamos com diversos momentos em que os dois autores constroem conceitos a partir de referências como Shakespeare, Goethe, Marguerite Duras e entre outros escritores e escritoras que deram lugar ao trágico em suas obras.

Em *O seminário, livro 23, O sinthoma*, Lacan[13], ao estudar o famoso e emblemático escritor irlandês James Joyce, formaliza um dos conceitos mais importantes para a psicanálise, o real. Para Lacan, o real é aquilo que está no impossível de ser dito, traduzido ou decifrado. É impossível de lhe atribuir algum sentido. Do mesmo modo o real é aquilo que como a morte escapa a qualquer significação e como coloca Lya Luft sobre sua escrita, é o que nos orienta.

Bom, se o que nos orienta está pautado nessa marca que é impossível de ser dita e apreendida pela linguagem podemos retomar aqui novamente Blanchot em *O Espaço Literário*, quando ele nos diz que escrever é fazer-se eco do que não cessa de se escrever. As duas escritoras escolhidas para elaboração desse trabalho a partir da disciplina ministrada, usam e abusam desse recurso em suas respectivas escritas.

Ao tomarmos como exemplo não somente o conto "Silêncio" de Clarice Lispector, mas também outros de seus livros como *Um sopro de vida* e

---

12 SILVA, Iara Christina Barroca. *Figurações e ambiguidades do trágico: experiências constituintes do estilo na obra de Lya Luft*. Jundiaí-SP: Paco Editorial, 2014, p. 65.

13 LACAN, Jacques. *Seminário, livro 23: O Sinthoma*, (1972-1973) / Jacques Lacan; texto estabelecido por Jacques Alan Miller; [versão brasileira de M.D. Magno]. Rio de Janeiro: Zahar, 2008.

Água viva encontramos a presença marcante do não dito, ou daquilo que fica na margem do rio e faz fronteira entre a linguagem e o que ela não apreende, o real em Lacan como exemplo. Da mesma maneira Lya Luft constrói suas histórias, personagens e até mesmo marca essa presença da morte, do inapreensível em seu estilo de escrita.

Para Roland Barthes, a particularidade da literatura está em fazer girar os saberes, ela não se fixa e por isso é um saber que está sempre atrás ou a frente do mundo em que vivemos. Barthes destaca a função da representação de alguma coisa que a literatura exerce, sendo isso, o real, o que é impossível de ser representado pela linguagem. Barthes diz:

> A segunda força da literatura é sua força de representação. Dedes os tempos antigos até as tentativas da vanguarda, a literatura se afaina na representação de alguma coisa. O quê? Direi brutalmente: o real. O real não é representável e é porque os homens querem constantemente representá-lo por palavras que há uma história da literatura.[14]

De tal maneira podemos destacar a importância da representatividade feminina na literatura brasileira na construção dessa história da literatura qual Barthes se refere. Escrever para essas duas autoras é algo que se coloca no limiar da palavra, ou melhor, tomando a palavra como isca, assim como coloca Clarice:

> Então escrever é o modo de quem tem a palavra como isca: a palavra pescando o que não é palavra. Quando essa não palavra- a entrelinha- morde a isca, alguma coisa se escreveu. Uma vez que se pescou a entrelinha, poder-se-ia com alívio jogar a palavra fora. Mas aí cessa a analogia: a não palavra, ao morder a isca, incorporou-a. O que salva então é escrever distraidamente.[15]

No caso de Lya Luft, a escrita não se apresenta de maneira muito diferente. No texto *Eu falo de mulheres e destinos* a autora procura esclarecer para o leitor sobre que tipo de mulher ela escreve, bem como aquilo que a instiga a escrever é o que está presente no mal-estar de nossa civilização. A alternância, a mutabilidade de papeis entre homens e mulheres que nunca se completam, o lugar de desejo de uma mulher que não se encerra e a impossibilidade de se fazer "A mulher". Lya, da mesma forma que Clarice, denuncia o que não cessa de se escrever na existência humana, a falta, um vazio incompatível com qualquer sentido.

---

14   BARTHES, Roland. *Aula: aula inaugural da cadeira de semiologia literária do colégio de França,* 7 de janeiro de 1977. Trad. e prefácio de Leyla Perrone-Moisés. São Paulo: Cultrix, 2013, p. 23.

15   LISPECTOR, CLARICE. Água viva. Rio de Janeiro: Rocco, 1998, p. 22.

Ambas escritoras tecem a partir da presença e ausência do silencio em seus trabalhos, cenários, personagens, paisagens que denunciam a divisão do ser humano e seus mais diversos conflitos. O que se conclui a partir das considerações tomadas acima é que, embora com estilos de escrita diferentes, as duas mobilizam o leitor a prestar atenção a aquilo que não se cala na vida, o real.

NOTAS SOBRE DEPENDÊNCIA E ANCESTRALIDADE NO ROMANCE *PONCIÁ VICÊNCIO*

Mário Fernandes Rodrigues[1]

EM TORNO DA LITERATURA AFRO-BRASILEIRA

A presença dos corpos negros nas letras nacionais perpassa a tensa relação dos africanos escravizados e dos seus descendentes com as classes dominantes da sociedade brasileira, situação que historicamente manifesta-se, sobretudo, na construção dos lugares ocupados pelas personagens nos textos eleitos pelo cânone e na inserção dos escritores afro-brasileiros na cena literária de determinada época.

Mesmo na superfície de produções representativas do modernismo brasileiro, como é o caso de *Macunaíma* (1928), de Mário de Andrade, o leitor atento perceberá no enredo da narrativa a permanência do discurso colonial centrado em hierarquias raciais e estereótipos. Nessa obra, ao louvar a mestiçagem no processo de construção da identidade do *herói sem nenhum caráter*, o autor acaba por legitimar a política de branqueamento difundida nas primeiras décadas do século passado no tecido social pelas elites republicanas que buscaram a todo custo esconder o passado escravista.

---

1 Licenciado em Letras pela Universidade do Estado de Minas Gerais e Mestre em Teoria Literária e Crítica da Cultura pela Universidade Federal de São João del-Rei. Professor Assistente do Instituto de Engenharia, Ciência e Tecnologia da Universidade Federal dos Vales do Jequitinhonha e Mucuri, instituição onde atua como Pesquisador do Núcleo de Estudos em Literaturas, Artes e Saberes e Coordenador de Ensino do Núcleo de Estudos Afro-brasileiros e Indígenas. E-mail: mario.rodrigues@ufvjm.edu.br

Destaca-se nessa perspectiva crítica, o reduzido número de obras cuja autoria seja construída a partir do ponto de vista do sujeito negro, o que revela a dificuldade que esse grupo étnico historicamente enfrentou para escrever e publicar no país. Exemplo digno de exceção é o da escritora Carolina Maria de Jesus, que, *literalmente* vivendo nas margens da narrativa oficial e encontrando as mais diversas dificuldades não só para publicar seus escritos, mas para sobreviver na periferia paulistana, teve suas memórias editadas.

Sua literatura negra, autobiográfica e empenhada na denúncia das condições sociais e econômicas dos descendentes africanos chegou ao grande público, via procuração, por meio de reportagens publicadas pelo jornalista Audálio Dantas. Em outras palavras, seja na condição de autor ou de personagem, a presença do sujeito negro na literatura brasileira, um dos pilares de sustentação da cultura e da identidade nacional, ainda hoje é pouco conhecida e debatida, por exemplo, nas universidades e nas escolas.

De igual modo, os acontecimentos que dão contorno à história dos africanos e dos seus descendentes no país, principalmente aqueles que dizem respeito às condições de vida dos negros no pós-abolição, encontram pouco espaço nos currículos dessas instituições educativas que em larga escala ainda reproduzem a visão eurocêntrica e hegemônica do conhecimento. É inegável, nesse sentido, que a história oficial apresenta lapsos e esquecimentos. Contudo, no plano literário, os discursos críticos contemporâneos convergem para a afirmação da existência desde as instâncias fundadoras de nossa nacionalidade literária, isto é, desde o século XIX, de vozes afrodescendentes cujo lugar político, histórico e social da enunciação é assumidamente ocupado por um sujeito negro.

Nessa perspectiva, Eduardo de Assis Duarte[2] destaca a pertinência do conceito de literatura afro-brasileira como estratégia de compreensão dos textos produzidos *pelo negro e sobre o negro* no âmbito do campo literário brasileiro. Ao rechaçar o essencialismo e o fundamentalismo racial, o estudioso destaca cinco fatores pertinentes ao estudo da produção dos escritores e escritoras afrodescendentes: a temática, a autoria, o ponto de vista, a linguagem e a recepção da obra. Articulados no ato de leitura, esses elementos nos dão conta da complexidade que envolve a presença do significante negro na tradição literária nacional.

---

2   DUARTE, Eduardo de Assis (Org.). *Literatura e afrodescendência no Brasil*: antologia crítica. Belo Horizonte: Editora UFMG, 2011, vol. 4: História, teoria, polêmica.

O crítico aponta, em suas argumentações, a permanência nos marcos fundadores da literatura afro-brasileira, entendida esta como um *suplemento* da literatura brasileira, de privilégios de gênero na construção dos precursores. Assim, podemos dizer que a trajetória da literatura afro-brasileira apresenta, tal como a literatura brasileira *mainstream*, a marca do patriarcado que excluiu a autoria feminina dos cânones de referência. Cabe-nos ressaltar o caráter seletivo desse processo de seleção/exclusão, pois desde o período colonial muitas mulheres afrodescendentes, mesmo subordinadas às barreiras sexuais e raciais impostas pelo patriarcado, escreveram. Contudo, poucas publicaram seus textos em nosso país. É o caso, por exemplo, de Maria Firmina dos Reis, autora de *Úrsula*, romance abolicionista publicado em 1859, mesmo ano de publicação das *Primeiras trovas burlescas*, do também negro e abolicionista Luiz Gama, intelectual reconhecido como o precursor da literatura afro-brasileira.

Desse modo, como bem observou Duarte em seus escritos, a literatura afro-brasileira não tem apenas um Pai, mas também uma Mãe, pois se os pais fundadores da literatura afro-brasileira debruçaram no século XIX sobre questões pertinentes à extinção do cativeiro, hoje escritores e escritoras lutam para recuperar o que o discurso oficial esqueceu e para dar voz aos negros contemporâneos, que mesmo passadas treze décadas da abolição da escravatura, ainda encontram dificuldades de inserção na sociedade brasileira contemporânea, fortemente marcada pelas desigualdades constituídas no decorrer dos processos históricos precedentes.

Nesse sentido, propomos neste breve ensaio comentar aspectos das relações sociais e das manifestações identitárias recriados pela escritora Conceição Evaristo no romance *Ponciá Vicêncio*. Classificado como romance de formação, Ponciá Vicêncio desconstrói na apropriação pela autoria afro-brasileira do modelo eurocêntrico não só a memória individual da protagonista, mas também a história oficial contada sobre os sujeitos escravizados que após a emancipação incompleta foram submetidos às relações coronelistas de dependência. O texto, assim, é marcado pela etnicidade e pelas escrevivências da autora, mas também pela fala de uma mulher "que, sem descartar a necessidade histórica do testemunho, supera-o para torná-lo perene na ficção".[3]

---

3   DUARTE, Eduardo de Assis. O Bildungsroman afro-brasileiro de Conceição Evaristo. In: *Estudos Feministas*, Florianópolis, janeiro/abril de 2006, p. 305-308.

ENTRE A DEPENDÊNCIA E ANCESTRALIDADE

No entender do intelectual martinicano Édouard Glissant, três categorias de migrantes se distinguem no processo de colonização que engendrou o sistema escravista moderno. Para ele, há o migrante fundador, denominado pelo discurso colonial de "descobridor", o migrante familiar, aquele que veio com seus pertences pessoais e com a missão de povoar e cultivar a terra "descoberta", e o migrante nu, aquele que foi transportado à força, sem bagagem, só o corpo e a memória.[4]

Tal distinção confere-nos um esquema possível para imaginarmos as dificuldades que o migrante nu encontrou para construir novos vínculos de pertencimento no cativeiro, pois os sujeitos escravizados que conseguiram sobreviver à desumana travessia do Atlântico, logo que desembarcavam eram separados de seu grupo linguístico e cultural, comercializados na costa brasileira e incorporados ao sistema de exploração escravista. Nesse processo de comercialização dos corpos africanos, os indivíduos eram batizados com identidades étnicas forjadas de acordo com o porto de embarque no território africano (Mina, Angola, Congo, Moçambique, Monjolo, Benguela).

Esses pontos de identificação deram nome às "nações" transplantadas para a colônia, um amálgama entre troncos linguísticos como o iorubá e o banto que uniformizava grupos étnicos distintos. Já nas frentes de trabalho, os homens e as mulheres escravizadas muitas vezes passavam, ainda, por outro processo de desenraizamento identitário: na condição de mercadoria, eram novamente nomeados, não mais de acordo com as "nações" de procedência, mas sim com o sobrenome dos seus senhores.

Essa questão é tematizada de forma emblemática no romance *Ponciá Vicêncio*, de Conceição Evaristo. Publicada em 2003, a narrativa aborda as relações de mando e obediência que os negros utilizados como mão de obra nas zonas rurais do país continuaram submetidos no período subsequente à abolição da escravatura. Nesse contexto, Ponciá Vicêncio, personagem protagonista da trama, herda não só as marcas do nome do antigo senhor que detinha a propriedade dos seus antepassados, mas, sobretudo, os traumas do violento processo de desenraizamento cultural que o cativeiro causou na vida dos sujeitos escravizados e dos seus descendentes.

---

4   GLISSANT, Édouard. Crioulizações no Caribe e nas Américas. In: GLISSANT, Édouard. *Introdução a uma poética da diversidade*. Tradução de Enilce do Carmo Albergaria Rocha. Juiz de Fora: Editora UFJF, 2005, p.16-17.

Assim, ao contar a partir da trajetória de vida da protagonista as dificuldades de inserção dos libertos na sociedade brasileira, a história contada em terceira pessoa por um narrador muito consciente dos fatos e acontecimentos apresenta um instigante panorama do Brasil no pós-abolição. A obra preenche lacunas provocadas pela ausência de memória sobre os problemas trazidos pela emancipação incompleta dos sujeitos escravizados. Em suma, como observa Duarte, a narrativa "mescla história não-oficial, memória individual e coletiva com invenção literária".[5]

Nesse sentido, o primeiro aspecto a ser destacado na obra é a relação de dependência estabelecida entre a família da protagonista e os antigos senhores. Em uma cena inicial do romance, essa situação emerge quando o narrador descreve os questionamentos existenciais de Ponciá Vicêncio em torno da constituição de sua identidade. Ela sabia ler e escrever. Tinha aprendido as primeiras lições com missionários que visitaram a Vila Vicêncio e por conta própria dominou rapidamente a língua ensinada por eles. Contudo, na assinatura do seu nome percebe que "o tempo passou deixando a marca daqueles que se fizeram donos das terras e dos homens", pois "Ponciá Vicêncio era para ela um nome que não tinha dono".[6]

As terras onde a família da Ponciá vivia tinham sido "doadas" no bojo das movimentações políticas que demarcaram a abolição formal da escravidão no país. O Coronel Vicêncio, assim como grande parte da elite agrária do país, possivelmente preocupado com ações judiciais de reparação pelos anos de escravização imputados aos negros permitiu que a família de Ponciá e seus semelhantes de cativeiro permanecessem nas cercanias da sua propriedade, plantando e cultivando a terra. Os negros da Vila Vicêncio não eram mais escravos, mas também não eram livres, pois em troca, deveriam dividir a produção com o coronel que se apresentava como bondoso e generoso.

Em outras palavras, a escravidão havia sido ressignificada e os libertos passaram a depender da tutela do antigo senhor. Eles continuaram à mercê dos *donos do poder*, para usarmos uma expressão bastante difundida no pensamento sociológico brasileiro, pois, sem garantias trabalhistas, os remanescentes africanos deram seguimento às atividades desempenhadas pelos sujeitos escravizados pela família do coronel. Convém destacar, nessa

---

5   DUARTE, Eduardo de Assis. O Bildungsroman afro-brasileiro de Conceição Evaristo. In: *Estudos Feministas*, Florianópolis, janeiro/abril de 2006, p. 305-308.

6   EVARISTO, Conceição. *Ponciá Vicêncio*. Belo Horizonte: Mazza Edições, 2003, p. 29.

conjuntura, que a colonização lusitana produziu três grupos sociais bem definidos na sociedade brasileira: o latifundiário, o sujeito escravizado e o pobre livre, porém dependente das relações coronelistas. Se durante o regime escravista a relação entre senhores e escravos era bastante clara, aquela tecida entre os senhores e os pobres livres, como a família de Ponciá, era problemática. Os agregados não eram nem proprietários das terras que ocupavam, nem proletários. Além do mais, o acesso desse grupo ao trabalho e consequentemente à vida dependia eminentemente da prática do favor, seja ele exercido de modo indireto ou direto. No pós-abolição, essas relações tornaram-se ainda mais problemáticas, pois juridicamente os escravos não existiam mais, mas a dependência e a tutela dos antigos senhores disseminou na sociedade brasileira de modo que o favor se transformou em mediação universal entre a classe dos que possuíam e a dos que não possuíam.[7]

A família de Ponciá vivia nesse contexto de dependência em estado de extrema pobreza, porém, buscando a todo instante, manter a unidade interna. O pai e o irmão trabalhavam nas terras dos brancos, num ir e vir constante, enquanto Ponciá e sua mãe permaneciam nas terras doadas pelos antigos senhores, transformando o barro em arte e utilidades que geravam parca renda à família. Todos procurando sobreviver às adversidades, mas com a lembrança viva de Vô Vicêncio, que ainda no tempo da escravidão, em um momento de profunda revolta com a situação de mando e obediência típica do sistema escravista, enlouqueceu e assassinou a golpes de foice Vó Vicência, tentando logo em seguida cometer suicídio. O pai de Ponciá Vicêncio por pouco se salvou e o velho, apartado no meio do rompante de loucura, mas com o braço já decepado, sobreviveu ao fato, manifestando pelo resto dos dias estranhos comportamentos, como chorar e rir ao mesmo tempo.

Nesse ponto, o segundo aspecto abordado na narrativa é a manifestação da ancestralidade na vida de Ponciá Vicêncio. Ainda na barriga de sua mãe, Maria Vicêncio, Ponciá já demonstrava possuir ligação com o sobrenatural. Chorou três dias no ventre da mãe. O pranto só cessou depois que Maria Vicêncio entrou nas águas do rio que banhava a vila. Depois desse acontecimento, Ponciá nasceu e logo assombrou a todos que passaram a identificar na menina, após a morte de Vô Vicêncio, a capacidade de *incorporar* as heranças deixadas pelo avô enlouquecido:

---

7   Schwarz, Roberto. As ideias fora do lugar. In: Schwarz, Roberto. *Ao vencedor as batatas*: forma literária e processo social nos inícios do romance brasileiro. São Paulo: Duas Cidades; Ed. 34, 2000, p. 09-31.

Um dia, a mãe com ela nos braços estava de pé junto ao fogão a lenha, olhando a dança do fogo sob a panela fervente, quando a menina veio escorregando mole. Veio forçando a descida pelo colo da mãe e pondo-se de pé, começou as andanças. Surpresa maior não foi pelo fato de a menina ter andado tão repentinamente, mas pelo modo. Andava com um dos braços escondido nas costas e tinha a mãozinha fechada como se fosse cotó. Fazia um ano que Vô Vicêncio tinha morrido. Todos deram de perguntar por que ela andava assim. Quando o avô morreu era tão pequena! Como agora imitava o avô? Todos se assustavam. A mãe e a madrinha benziam-se quando olhavam para Ponciá Vicêncio. Só o pai aceitava. Só ele não espantou ao ver o braço quase cotó da menina. Só ele tomou como natural a parecença dela com o pai dele.[8]

A parecença com o avô, aliada à característica introspectiva de sua personalidade, acompanhou Ponciá Vicêncio por toda a vida. Os anos se passaram e após a morte do pai, a jovem que já sabia ler, decide repentinamente migrar para a cidade em busca de melhores condições de vida. Depois de enfrentar o demorado trajeto percorrido no trem e de passar a primeira noite de sono na cidade na porta da igreja matriz, a personagem começa a cumprir o seu destino de migrante.

A narrativa passa, então, a focalizar de modo não linear os sofrimentos da personagem. Do trabalho doméstico desempenhado cotidianamente nas casas da cidade ao casamento conturbado que tivera com um operário da construção civil, Ponciá vive uma série de situações presentes no cotidiano de muitas mulheres brasileiras: a violência doméstica. As agressões constantes do marido que não compreendia sua personalidade introspectiva, a solidão, as sete gravidezes que teve sem sucesso e a saudade da Vila Vicêncio transformaram Ponciá em uma mulher cada vez mais arredia, recôndita no seu interior.

REENCONTRANDO AS ORIGENS

Perturbada pela saudade das suas origens, a protagonista resolve retornar à Vila Vicêncio na tentativa de reencontrar Maria Vicêncio e o irmão, Luandi. No entanto, ao chegar à Vila Vicêncio, Ponciá depara com a antiga casa construída por seus antepassados esvaziada, momento em que se percebe tomada pela sensação de deslocamento característica dos sujeitos que migram. Os vivos haviam partido, mas a presença de Vô

---

8   EVARISTO, Conceição. *Ponciá Vicêncio*. Belo Horizonte: Mazza Edições, 2003, p. 16.

Vicêncio logo foi notada quando a jovem localiza o boneco do avô que havia sido modelado por ela na infância com o barro retirado do rio que atravessava a Vila Vicêncio.

Ao regressar à cidade com o totem, Ponciá Vicêncio retoma o trabalho doméstico e logo conhece o homem com o qual viveu, mas os seus pensamentos, presos na herança ancestral de Vô Vicêncio, permaneciam fixados no desejo de reencontrar a mãe e o irmão que como ela, haviam partido.

> Para Ponciá, a cidade lhe parecia agora sem graça e a vida seguia sem qualquer motivo. Trabalhara, conseguira juntar algum dinheiro com o qual pudera comprar uma casinha, mas faltava-lhe os seus. [...] Correu lá no fundo da casa, no seu quarto de empregada, e tirou o homem-barro de dentro da trouxa. Cheirou o trabalho, era o mesmo odor na mão. Ah! Então era isso. Era o Vô Vicêncio que tinha deixado aquele cheiro. Era de Vô Vicêncio aquele odor de barro! O homem chorava e ria. Ela beijou respeitosamente a estátua sentindo uma palpável saudade do barro. Ficou por uns instantes trabalhando uma massa imaginária nas mãos. Ouviu murmúrios, lamentos e risos... Era Vô Vicêncio. Apurou os ouvidos e respirou fundo. Não, ela não tinha perdido o contato com os mortos. E era sinal de que encontraria a mãe e o irmão vivos.[9]

Num misto de desencontros, Luandi havia saído de casa rumo à cidade e Maria Vicêncio, logo em seguida, saiu perambulando pelas comunidades vizinhas à Vila Vicêncio na esperança de reencontrar os filhos. Luandi tinha seguido o mesmo rumo da irmã. E ao chegar à cidade, começa a trabalhar na limpeza de uma delegacia de polícia, passando desde então a perseguir o desejo de ser admitido como soldado. Esse desejo origina-se de um processo de identificação de Luandi com o Soldado Nestor. Tal como Luandi, o soldado era negro e ocupava um lugar de poder. O jovem, que na roça não imagina essa possibilidade, rapidamente identifica-se com a figura do negro fardado. Ele "queria mandar. Prender. Bater. Queria ter a voz alta e forte como a dos brancos".[10]

Com a ajuda de Soldado Nestor, Luandi aprende a ler e a assinar o nome, sendo assim, admitido como soldado na delegacia de polícia. Dias antes desse fato se concretizar e de ter passado pelo trauma de ver sua futura esposa assassinada, o primeiro reencontro da história acontece, entre Luandi e Maria Vicêncio.

---

9   EVARISTO, Conceição. *Ponciá Vicêncio*. Belo Horizonte: Mazza Edições, 2003, p. 74-75.

10   EVARISTO, Conceição. *Ponciá Vicêncio*. Belo Horizonte: Mazza Edições, 2003, p. 71.

A velha, cansada de vagar à procura dos filhos, retornou à Vila Vicêncio e ao consultar a anciã Nêngua Kainda, uma espécie de sacerdote local, é orientada a seguir para a cidade. Como se estivesse cumprindo uma profecia, Maria Vicêncio depara-se logo no desembarque da estação com Soldado Nestor, que, sabendo das origens de Luandi, conduziu-a até a presença do filho. Nessa altura, Ponciá Vicêncio estava tomada por um estado de transe profundo e numa súbita tomada de consciência, avisa ao homem com quem vivia que vai partir mais uma vez para a Vila Vicêncio em busca de suas origens.

Assim, segue para a estação e o segundo reencontro da trama ocorre. Luandi, que havia sido escalado para trabalhar na estação de trem em seu primeiro dia como soldado, reconhece a irmã, tomada por um profundo estado de transe. Ela repetia os gestos de Vô Vicêncio constantemente. Luandi a leva até Maria Vicêncio e o terceiro reencontro ocorre, agora, entre a mãe, a filha e o filho. Ponciá, nessa altura, precisava retornar às águas do rio e cumprir o destino imposto pela herança ancestral que carregava.

> Maria Vicêncio, agora de olhos abertos, contemplava a filha. A menina continuava bela; no rosto sofrente, feições de mulher. Por alguns momentos, outras faces, não só a de Vô Vicêncio, visitaram o rosto de Ponciá. A mãe reconheceu todas, mesmo aquelas que chegavam de um outro tempo-espaço. Lá estava a sua menina única e múltipla. Maria Vicêncio se alegrou, o tempo de reconduzir a filha à casa, à beira do rio estava acontecendo. Ponciá voltaria ao lugar das águas e lá encontraria a sustância, o húmus para o seu viver.[11]

Como podemos perceber, Ponciá herdara a capacidade de manipular os elementos sobrenaturais trazidos no inconsciente iconográfico dos africanos escravizados. Aqui, chamamos atenção para a manifestação do transe místico em seu corpo. Nos domínios da cultura afro-brasileira, esse estado de consciência tem sido apontado como possível condicionante na produção e circulação das linguagens derivadas da cosmologia africana. Por esses caminhos e de modo pioneiro, Roger Bastide – sociólogo francês que investigou as religiões e as literaturas afro-brasileiras – observa que as práticas mágico-religiosas na África foram igualmente incorporadas pelos negros escravizados no solo brasileiro. Nos estudos em que relacionou a incidência do sonho, do transe e da loucura[12], Bastide ressalta que mesmo repelidos pela razão cartesiana,

---

11 EVARISTO, Conceição. *Ponciá Vicêncio*. Belo Horizonte: Mazza Edições, 2003, p. 125.

12 BASTIDE, Roger. O castelo interior do homem negro. In: BASTIDE, Roger. *O sonho, o transe e a loucura*. Trad. Carlos Eugênio Marcondes de Moura. São Paulo: Três Estrelas, 2016, p. 95-104.

esses três fenômenos não se concretizam em uma mesma esfera ou em um mesmo tempo, pois não se trata de um mesmo objeto.

O sociólogo aponta que mesmo havendo diferenças e semelhanças, o que esses estágios psíquicos têm em comum é o fato de serem formas de incorporação a um mundo distinto, a um mundo outro. Assim, dentre essas três distintas formas de incorporação a um mundo outro, Bastide postula que a incidência do transe no âmbito da cultura afro-brasileira representa o momento que a ruptura entre o corpo e a alma se manifesta. Nesse movimento orquestrado pela linguagem dos gestos e ritmos, a consciência do sujeito passa a ser possuída por deuses, entidades ou espíritos ancestrais.

No âmbito do misticismo politeísta oriundo da África e presente organicamente nas religiões afro-brasileiras, o transe místico dos adeptos e a divisão entre o mundo natural e o sobrenatural são atributos comuns às celebrações litúrgicas tanto dos povos iorubás quanto dos bantos. Dentro desse contexto polissêmico, percebemos em *Ponciá Vicêncio* a recuperação literária de elementos provenientes das culturas derivadas de ambas as matrizes culturais.

No caso das tradições místicas herdadas desses sistemas de pensamento que residualmente aparecem no romance, o mundo parece estar dividido na encruzilhada de dimensões simbólicas que, em um sentido amplo, nunca podem ser posicionadas em termos binários, como corpo *versus* alma, morto *versus* vivo, homem *versus* mulher. Entendemos, assim, que a Vila Vicêncio abriga as esferas do natural e do sobrenatural. O natural é o mundo da comunidade, habitado pelos vivos que tal como na África guardavam os costumes, as crenças e as tradições na autoridade de anciãos como Nêngua Kainda. A esfera do sobrenatural, por sua vez, é habitada por deuses, entidades e espíritos ancestrais que servem de guias aos vivos no mundo natural. Esse espaço também é habitado pelos lados negativo e noturno das imagens míticas, por figuras que precisam ser apaziguadas e evitadas pelos vivos.

Em suma, ao abordar esses elementos fundantes da cultura afro-brasileira, sobretudo das religiões recriadas pelos africanos escravizados e por seus descendentes, o romance *Ponciá Vicêncio* deve ser entendido como um potente discurso que carrega as histórias não contadas sobre os condenados da terra, sobre os sujeitos esquecidos pela narrativa oficial.

O REALISMO DE CLARICE LISPECTOR: CONSIDERAÇÕES SOBRE O NARRADOR DE *A HORA DA ESTRELA*

Pedro Penhavel[1]

[...] era preciso criar novos modos de olhar e narrar, e Kafka criou o dele – inconfundível –, que, por ser novo e renovador, aberto às ocorrências que surgiam em estado de casulo, causou espanto e estranheza quando foi chamado de "realista".

Modesto Carone, *O realismo de Franz Kafka*[2]

O JOGO NARRATIVO

Em *A hora da estrela*, Clarice Lispector "aborda de frente", como argumenta Clarisse Fukelman em apresentação ao livro, "o embate entre o escritor moderno, ou melhor, do escritor brasileiro moderno, e a condição indigente da população brasileira. Isto sem deixar de lado [...] a reflexão sobre a mulher".[3] Clarice não o faz, no entanto, a partir de escolhas narrativas fáceis. De acordo com Fukelman, "a escrita envolve múltiplas e complexas relações: entre escritor e seu texto, entre escritor e seu público, entre escritor e esta personagem [Macabéa] tão distante de seu universo".

---

1   Mestre em Sociologia pela Universidade Federal de Goiás. Atualmente cursa Doutorado no Programa de Pós-Graduação em Letras: Estudos Literários da Faculdade de Letras da Universidade Federal de Minas Gerais. O autor agradece a Ana Paula Campos pela leitura crítica de versões preliminares deste texto. E-mail: ppenhavel@gmail.com.

2   CARONE, M.. O realismo de Franz Kafka. *Novos Estudos – CEBRAP*, São Paulo, n. 80, mar. 2008, p. 203.

3   FUKELMAN, Clarisse. Apresentação: Escrever estrelas (ora, direis). *In*: LISPECTOR, Clarice. *A hora da estrela*. 22. ed. Rio de Janeiro: Francisco Alves, 1993, p. 5-20.

Rodrigo S. M., o "autor" do relato sobre Macabéa, distancia-se da condição de observador objetivo e realista (ou do que se espera a princípio de um narrador objetivo e realista). Sabe-se que o narrador, em meio a reflexões de ordem "existencialista", chega a questionar sua própria legitimidade como autor do relato: "Como é que sei tudo o que vai se seguir e que ainda o desconheço, já que nunca o vivi?"[4]; e, ainda: "Antecedentes meus do escrever? Sou um homem que tem mais dinheiro que os que passam fome, o que faz de mim de algum modo um desonesto"[5]; e, também: "Escrevo por não ter nada a fazer no mundo: sobrei e não há lugar para mim na terra dos homens".[6] Nas palavras de Benedito Nunes, o jogo narrativo se dá na medida em que Rodrigo S. M.

> finge ou mente para alcançar uma certa verdade da condição humana, mas sabendo que mente, como que parodia o ditado cartesiano, "Eu que penso, logo sou" – o cogito do filósofo francês René Descartes – com outra interrogação: Eu que narro, quem sou?".[7]

Nesse sentido, poderíamos argumentar que o incômodo do narrador-personagem consigo mesmo acaba por figurar a dificuldade da própria escritora diante de seu tema. Assim, de acordo com Vilma Arêas, "pelo menos num certo diapasão, Clarice sabe o que procura: um modo verossímil de falar da pobreza – como assunto premente da literatura, ao qual o escritor não pode fugir, mas sente-se oportunista e fracassado por transformá-la simplesmente em 'assunto'".[8] Seria possível afirmar que, ao confrontar-se com o tema da pobreza, Clarice questiona seu próprio "lugar de fala" enquanto escritora, e que busca, em *A hora da estrela*, a forma mais adequada – ou a menos precária – de abordar seu objeto.

Se, por um lado, ao criar um narrador-personagem, Clarice promove uma cisão entre escritora e narrador, por outro, a autora identifica-se, logo na dedicatória, com seu "autor": "Dedicatória do autor (Na verdade Clarice Lispector)". Assim, por meio da interposição de Rodrigo S. M., Clarice de certa forma distancia-se de Macabéa, mas ao mesmo tempo

---

4   LISPECTOR, Clarice. *A hora da estrela*. Rio de Janeiro: Rocco Digital, 2013, p. 8.

5   LISPECTOR, Clarice. *A hora da estrela*. Rio de Janeiro: Rocco Digital, 2013, p. 12.

6   LISPECTOR, Clarice. *A hora da estrela*. Rio de Janeiro: Rocco Digital, 2013, p. 14.

7   NUNES, Benedito. A narração desarvorada. *In: Cadernos de Literatura Brasileira*, São Paulo, n. 17/18, dez. 2004, p. 299.

8   ARÊAS, Vilma. *Clarice Lispector com a ponta dos dedos*. São Paulo: Companhia das Letras, 2005, p. 81.

não se exime de afirmar-se enquanto criadora da personagem cuja vida é representada.[9] Por meio dessa dualidade, a autora evidencia o caráter difícil da posição do escritor – ou, se preferirmos, do "lugar de fala" do escritor – diante da tarefa de representar uma realidade social que não vivencia em seu cotidiano. O próprio conteúdo da "dedicatória", lembremo-nos, apresenta Rodrigo S. M. (e Clarice), como alguém que come lagostas e aprecia música erudita, realidade obviamente muito distante daquela da protagonista do livro. Como afirma Benedito Nunes, em *O drama da linguagem*,

> A voz do narrador-personagem é bastante jocosa para anunciar que a história pobre da datilógrafa desenrolar-se-á acompanhada pelo ruflar de um tambor, "sob o patrocínio do refrigerante mais popular do mundo, com gosto do cheiro de esmalte de unhas e de sabão Aristolino", e bastante séria para mediar o confronto da situação humana de Macabéa com o ofício e o papel do escritor. As peripécias da narração envolvem o dificultoso e problemático do ato de escrever – questionando quanto ao seu objeto, à sua finalidade e aos seus procedimentos.[10]

Nesse sentido, para Arêas, "o texto implica a realidade como 'causa ausente', isto é, não acessível à representação em forma de uma 'verdade última'"[11]. Ou, como argumenta o próprio Rodrigo S. M.,

---

9   Cabe lembrar, como destaca Nádia Battella Gotlib, que Clarice guarda certas correspondências biográficas com sua personagem: "O nome da personagem, Macabéa, nos remete ainda a tempos mais remotos, dos macabeus, gente forte que resistiu aos gregos defendendo o templo no Monte Sião e recusando-se a desobedecer às leis judaicas. Impossível deixar de remeter a outro dado biográfico de Clarice Lispector, descendente de judeus russos que vieram da Ucrânia para o Nordeste, justamente para Alagoas, só depois para Recife, no início da década de 1920. Convém lembrar também que a família, para fugir da miséria, emigra para o Rio de Janeiro, na década de 1930, perfazendo assim um trajeto semelhante ao da sua personagem, Macabéa (GOTLIB, Nádia Battella. Macabéa e as mil pontas de uma estrela. *In*: MOTA, Lourenço Dantas; ABDALA JR., Benjamin (Orgs.). *Personae: grandes personagens da literatura brasileira*. São Paulo: SENAC, 2001p. 22-23).

10   NUNES, Benedito. A narração desarvorada. *In*: *Cadernos de Literatura Brasileira*, São Paulo, n. 17/18, dez. 2004, p. 163.

11   ARÊAS, Vilma. A tradução clownesca do corpo em A hora da estrela. *In*: CUNHA, Betina Ribeiro Rodrigues da (Org.). *Clarice: olhares oblíquos, retratos plurais*. Uberlândia: EDUFU, 2012, p. 289.

Transgredir, porém, os meus próprios limites me fascinou de repente. E foi quando pensei em escrever sobre a realidade, já que essa me ultrapassa. Qualquer que seja o que quer dizer "realidade". [...]
Escrevo em traços vivos e ríspidos de pintura. Estarei lidando com fatos como se fossem as irremediáveis pedras de que falei. Embora queira que para me animar sinos badalem enquanto adivinho a realidade.[12]

Ao confrontar-se com o próprio ato de escrever, Rodrigo/Clarice são capazes de tencionar a objetividade da descrição dos eventos narrados no livro, colocando em marcha um necessário questionamento sobre a acuidade e a legitimidade da figuração literária da miséria social brasileira.

A MÁ CONSCIÊNCIA

Sabe-se que um dos títulos alternativos sugeridos para *A hora da estrela* por Clarice é "A culpa é minha". Ao longo da narrativa, Rodrigo S. M. revela que sua escrita é movida por uma espécie de sentimento de culpa em relação à Macabéa: "Mas acontece que só escrevo o que quero, não sou um profissional – e preciso falar dessa nordestina senão sufoco. Ela me acusa e o meio de me defender é escrever sobre ela"[13]; "Mas por que estou me sentindo culpado? E procurando aliviar-me do peso de nada ter feito de concreto em benefício da moça".[14]

Esse sentimento, que poderíamos classificar como uma espécie de má consciência burguesa, coloca novamente em cheque o caráter de legitimidade da narrativa. Afinal, o sujeito que escreve sobre a miséria de Macabéa não o faz a partir de uma experiência pessoal, mas parece simplesmente movido por uma sensação de desconforto em relação à própria existência da personagem. Para Arêas, o sentimento de culpa de Rodrigo/Clarice tem como consequência

a sensação de inutilidade da literatura, sem sentido para o conjunto da sociedade: "a classe alta me tem como monstro esquisito, a média com desconfiança de que eu possa desequilibrá-la, a classe baixa nunca

---

12 LISPECTOR, Clarice. *A hora da estrela*. Rio de Janeiro: Rocco Digital, 2013, p. 11-12.

13 LISPECTOR, Clarice. *A hora da estrela*. Rio de Janeiro: Rocco Digital, 2013, p. 11.

14 LISPECTOR, Clarice. *A hora da estrela*. Rio de Janeiro: Rocco Digital, 2013, p. 15.

vem a mim". Em suma, conforme mais de uma vez [Clarice] afirmou, "quanto à literatura, mais vale um cachorro vivo".[15]

Aqui, também interessa notar que Rodrigo S. M. tampouco tem em alta conta as boas intenções de seus eventuais leitores, provenientes da "média burguesia", e sugere que a literatura teria para eles um caráter meramente sublimatório:

> Se o leitor possui alguma riqueza e vida bem acomodada, sairá de si para ver como é às vezes o outro. Se é pobre, não estará me lendo porque ler-me é supérfluo para quem tem uma leve fome permanente. Faço aqui o papel de vossa válvula de escape e da vida massacrante da média burguesia.[16]

Ao dar-se conta de sua condição de simples observador de classe média, alguém que também goza "de vida bem acomodada", Rodrigo S. M. assume uma posição virulenta e irônica em sua narrativa: a empatia e a compaixão, sentimentos a princípio esperados de um narrador confrontado com a miséria e o sofrimento humanos, não prevalecem; o que se lê são considerações sarcásticas e implacáveis sobre o destino da protagonista. Assim, no lugar de um relato óbvio acerca da pobreza, no lugar de uma narrativa de caráter condescendente e apaziguador, compõe-se um olhar "desumano" em relação à miséria e ao sofrimento de Macabéa.

Não obstante, por meio da composição desse olhar nada indulgente, às vezes mesmo cruel, Clarice é capaz de provocar, paradoxalmente, a denúncia de um processo de desumanização. Como argumenta Arêas, "Macabéa não é um ser humanizado em sentido profundo, e é essa a fratura que o livro procura expor".[17] Assim, a exposição de uma espécie de má consciência pelo próprio narrador-personagem, sua recusa a aderir a um discurso indulgente em relação à protagonista, e a ironia e a crueldade empregadas no relato acabam por conferir contundência à crítica da realidade social exposta no romance.

---

15 ARÊAS, Vilma. A tradução clownesca do corpo em A hora da estrela. *In:* CUNHA, Betina Ribeiro Rodrigues da (Org.). *Clarice: olhares oblíquos, retratos plurais.* Uberlândia: EDUFU, 2012, p. 280-281.

16 LISPECTOR, Clarice. *A hora da estrela.* Rio de Janeiro: Rocco Digital, 2013, p. 20.

17 ARÊAS, Vilma. A hora da estrela. In: ARÊAS, Vilma. *Clarice Lispector com a ponta dos dedos.* São Paulo: Companhia das Letras, 2005, p. 81.

A EXPOSIÇÃO

Segundo Arêas, Clarice transita, em *A hora da estrela*, entre uma "ficcionalização da vida" e uma "revelação ostensiva, quase grotesca, dos procedimentos ficcionais"[18], de modo que

> O primeiro termo, "ficção da vida", faz com que ela fale de si por meio de figuras interpostas: um escritor angustiado ("na realidade Clarice Lispector") e a personagem inventada por ele(s), Macabéa, polo de identificação admitida: "tantos nós nos intertrocamos".
> Por seu turno a "confissão da ficção" obriga a que, num primeiro nível, a mágica seja revelada ao leitor num cenário desdobrado em palco e bastidores, traindo o desejo perverso de rebaixamento da ilusão.[19]

Esse duplo movimento, no qual a ficção é, paradoxalmente, afirmada e negada, parece ser o cerne do realismo de Clarice; um realismo, para tomar emprestado um comentário de Modesto Carone sobre a obra de Kafka, "novo e renovador, aberto às ocorrências que surgiam em estado de casulo"[20]. Kafka, ainda segundo Carone, "*mostra*, no próprio corpo de obras-primas como esta [o conto *Na galeria*], as coisas como elas são e as coisas como elas são percebidas pelo olhar alienado". Clarice parece buscar um efeito análogo na composição da narrativa e dos personagens do romance. Nesse sentido, Arêas chega a afirmar que *A hora da estrela*

> pode ser lido como um verdadeiro tratado da alienação, didaticamente discutida em suas origens e em seus efeitos, com seu ponto alto na descoberta fortuita, e de alta ironia dramática, do livro Humilhados e ofendidos [do russo Fiódor Dostoiévski], pertencente ao patrão da protagonista. Ao ler o título, Macabéa se pergunta com inocência: "Quem serão?".[21]

---

18   ARÊAS, Vilma. A tradução clownesca do corpo em A hora da estrela. *In*: CUNHA, Betina Ribeiro Rodrigues da (Org.). *Clarice: olhares oblíquos, retratos plurais*. Uberlândia: EDUFU, 2012, p. 280.

19   ARÊAS, Vilma. A tradução clownesca do corpo em A hora da estrela. *In*: CUNHA, Betina Ribeiro Rodrigues da (Org.). *Clarice: olhares oblíquos, retratos plurais*. Uberlândia: EDUFU, 2012, p. 280.

20   CARONE, Modesto. O realismo de Franz Kafka. *Novos estudos – CEBRAP*, São Paulo, n. 80, mar. 2008, p. 203.

21   ARÊAS, Vilma. Bichos e flores da adversidade. *In*: *Cadernos de Literatura Brasileira*, São Paulo, n. 17/18, dez. 2004, p. 237.

Rodrigo S. M. é, por sua vez, como afirma Daniela Spinelli, um narrador incapaz de escapar das "armadilhas da ideologia" inerentes à sua posição social:

> O que vemos é o todo, a miséria a que as suas personagens estão destinadas, sem que haja qualquer saída para os obstáculos postos pela narrativa. Para o sucesso dessa empreitada, Clarice Lispector opta, corajosamente, por tematizar os elos de classe de um narrador que não consegue escapar das armadilhas da ideologia. A escrita, com isso, torna-se o problema da representação literária, bem como se explicita a dificuldade de abarcar a complexidade do tecido social que serve de material de base para *A Hora da Estrela*.[22]

A hora da estrela, portanto, é realista não apenas porque retrata com precisão e sensibilidade aspectos objetivos da realidade social brasileira, mas também porque é capaz de questionar, a partir da demarcação de aspectos relativos à posição de classe da escritora e do narrador-personagem, os problemas inerentes à representação literária do tema; ou seja, o romance é capaz de apontar as "armadilhas da ideologia" às quais está sujeita a obra literária que se propõe a confrontar-se com a miséria social.

AS RELAÇÕES DE CLASSE

O jogo narrativo de *A hora da estrela*, no qual ora a autora se identifica com o narrador-personagem e com sua protagonista, ora se afasta deles, e no qual se tencionam as possibilidades mesmas da ficção, ora afirmando-a, ora denunciando-a, estabelece a estrutura narrativa por meio da qual se configura o realismo clariciano; um realismo difícil, mas contundente, capaz de expor as contradições da realidade social brasileira.

A fratura entre as posições de classe de Rodrigo S. M. e de Macabéa, exposta ao longo de todo o romance, confere ao relato do narrador-personagem um caráter não absoluto, apesar de sua agudez ao retratar aspectos objetivos da condição de miséria dos personagens; a reiterada exposição e questionamento do "lugar de fala" do narrador, um homem de classe média, evidenciam que certas coisas são ditas na medida em que, necessariamente, ignoram-se outras. Assim, de acordo com Spinelli,

---

22   SPINELLI, Daniela. A posição do narrador, Rodrigo S. M., em *A hora da estrela*, de Clarice Lispector. *In*: *FronteiraZ*, São Paulo, n. 1, 2008b, p. 7.

Perdido entre as ninfas imaginárias e os acordes dos grandes compositores, o narrador é apresentado com a sua cultura de almanaque em que os conteúdos são percorridos numa nauseante superficialidade, carente de uma hierarquia que lhes configure valor. Tudo vale para Rodrigo S.M.. Por isso, será, para ele, uma tarefa impossível saber por que Macabéa não reage.[23]

O desconcerto e a total incompreensão de um homem burguês diante da passividade de uma mulher proletária revelam os limites de sua capacidade de perceber a realidade social em que está inserido. A alienação do narrador se evidencia na medida em que ele é incapaz de intuir as causas materiais da miséria de sua protagonista. Como argumenta Spinelli, "Rodrigo S.M. sente raiva de Macabéa porque ela é inapta para a vida, incapaz de fazer prevalecer os seus desejos. Jamais ele atribui a essa passividade uma dimensão material, visto que a paralisia parece resultar de uma falha de caráter".[24]

Se, no romance, a perspectiva de Rodrigo S. M. fosse afirmada de forma absoluta, sem a devida exposição de suas contradições, a causa da condição de miséria da protagonista pareceria resumir-se a simples "falta de iniciativa" dela mesma. Daí percebe-se a importância da delimitação e da exposição das relações de classe no romance, e a relevância dos jogos narrativos de *A hora da estrela*, procedimentos que colocam em dúvida o relato do narrador-personagem, contestando assim a objetividade onisciente a princípio esperada de um narrador realista, e expondo o caráter ideológico de sua perspectiva narrativa.

GÊNERO E RAÇA

No romance, Clarice trata não apenas da condição de miséria que aflige grande parte da população brasileira, mas aborda particularmente as consequências dessa condição para sua protagonista, uma mulher nordestina e imigrante instalada na cidade do Rio de Janeiro. Nesse sentido, como argumenta Lucia Helena, pode-se dizer que a obra de Clarice, como um todo, "promove a emergência e inscrição do sujeito feminino na história,

---

23 SPINELLI, Daniela. A posição do narrador, Rodrigo S. M., em *A hora da estrela*, de Clarice Lispector. *In: FronteiraZ*, São Paulo, n. 1, 2008b, p. 9.

24 SPINELLI, Daniela. *A construção da forma n'*A hora da estrela*, de Clarice Lispector*. Dissertação (Mestrado em Literatura e Crítica Literária) – Pontifícia Universidade Católica de São Paulo: São Paulo, 2008a, p. 114.

através de agudíssima crítica, feita pela autora, do sistema de genderização da cultura"[25], e que seu texto denuncia o fato "de que a voz da mulher foi e tem sido reprimida pelo modelo dominante de conhecer o sujeito, a escrita e a história em nossa cultura".[26]

Em *A hora da estrela*, Macabéa e Olímpico, ambos imigrantes nordestinos vivendo no Rio de Janeiro, ambos proletários e miseráveis, não são personagens representados de forma simétrica: a narrativa deixa evidente, apesar das origens e posições sociais comuns dos dois personagens, que a sociedade patriarcal e o machismo são fatores determinantes para que as condições de vida de Macabéa sejam ainda mais penosas do que as de seu namorado. De acordo com Rodrigo S.M., enquanto a protagonista não vislumbra qualquer possibilidade de salvação, Olímpico, o "macho de briga", é

> mais passível de salvação que Macabéa pois não fora à toa que matara um homem, desafeto seu, nos cafundós do sertão, o canivete comprido entrando mole-mole no fígado macio do sertanejo. Guardava disso segredo absoluto, o que lhe dava a força que um segredo dá. Olímpico era macho de briga.[27]

Aqui, é interessante notar que ao compararmos a condição de Macabéa com a de Glória, sua colega de trabalho, percebemos que a narrativa também se preocupa em demarcar aspectos relativos às relações raciais na sociedade brasileira. Apesar de também ser mulher e proletária, Glória gozava de certo reconhecimento social pelo fato de pertencer ao "clã do sul do país", ou pelo fato mesmo de não ser nordestina como Macabéa:

> Olímpico na verdade não mostrava satisfação nenhuma em namorar Macabéa – é o que eu descubro agora. Olímpico talvez visse que Macabéa não tinha força de raça, era subproduto. Mas quando ele viu Glória, colega da Macabéa, sentiu logo que ela tinha classe.
> Glória possuía no sangue um bom vinho português e também era amaneirada no bamboleio do caminhar por causa do sangue africano escondido. Apesar de branca, tinha em si a força da mulatice. Oxigenava em amarelo-ovo os cabelos crespos cujas raízes estavam sempre pretas. Mas mesmo oxigenada ela era loura, o que significava um degrau a mais para Olímpico. Além de ter uma grande vantagem que nordestino não

---

25   HELENA, Lucia. *Nem musa, nem medusa: itinerários da escrita em Clarice Lispector*. Niterói: EDUFF, 1997, p. 99.

26   HELENA, Lucia. *Nem musa, nem medusa: itinerários da escrita em Clarice Lispector*. Niterói: EDUFF, 1997, p. 100.

27   LISPECTOR, Clarice. *A hora da estrela*. Rio de Janeiro: Rocco Digital, 2013, p. 37.

podia desprezar. É que Glória lhe dissera, quando lhe fora apresentada por Macabéa: "sou carioca da gema!" […] O fato de ser carioca torna-va-a pertencente ao ambicionado clã do sul do país. Vendo-a, ele logo adivinhou que, apesar de feia, Glória era bem alimentada. E isso fazia dela material de boa qualidade.[28]

Assim como se mostra preocupada em explicitar as relações de classe no romance, Clarice se esforça por evidenciar as relações de gênero e de raça vigentes na sociedade brasileira. A composição do romance, portan-to, não está alheia às implicações sociais das posições de classe de seus personagens, proletários em sua maioria, e tampouco deixa de demarcar as particularidades da condição especialmente penosa de Macabéa, uma mulher nordestina.

Desse modo, o realismo de Clarice e a contundência de sua crítica social em *A hora da estrela* se configuram, como pretendeu-se demonstrar, na medida em que o relato de Rodrigo S.M., um homem de classe média, é reiteradamente colocado à prova tanto pela complexa composição nar-rativa do romance, quanto pela prevalência de uma perspectiva política que não ignora as determinações de classe, de gênero e de raça inerentes à escrita literária.

---

28 LISPECTOR, Clarice. *A hora da estrela*. Rio de Janeiro: Rocco Digital, 2013, p. 38-39.

A CONSTRUÇÃO DA IDENTIDADE DA PERSONAGEM PONCIÁ VICÊNCIO A PARTIR DAS FIGURAS DO PAI, DO AVÔ E DO COMPANHEIRO

Regina Augusta Ribeiro Pinto[1]

INTRODUÇÃO

A obra *Ponciá Vicêncio*, primeiro romance da escritora Conceição Evaristo, foi publicada em 2003 e vem ganhando destaque e apreço dos leitores brasileiros. Narrada em terceira pessoa, ela conta a história de uma mulher, cujo nome dá título ao livro, que vivencia diversas situações conflituosas que fazem com que sua vida ganhe percursos solitários e trágicos. A trama se desenrola através de *flashbacks* e transita pela infância, juventude e fase adulta de Ponciá, cujos sentimentos são explorados, destacando a solidão e introspecção.

Apesar de todos os tipos de violência a que Ponciá é submetida, seja física, social, moral ou psicológica, ela se mostra uma mulher doce e sensível, capaz de enxergar possibilidades em meio a caminhos tortuosos e obscuros. Embora caminhe sozinha pelos trajetos escolhidos, ela carrega consigo, ao longo de toda a trama, lembranças de pessoas que passaram por sua vida, dentre elas estão o avô, o pai e o companheiro. Nesse contexto, considerando que essas personagens têm papel importante nas propensões da protagonista, objetivou-se neste artigo analisá-las, assim como sua interferência na construção da identidade da moça.

Descendente de escravos, Ponciá viu seu povo sofrer com a exploração da mão de obra negra e, quando decidiu tentar modificar sua vida e sair do vilarejo onde morava, deparou-se, ao adentrar uma igreja, com a visível desigualdade social na cidade grande:

---

1   Graduada em Letras pela Universidade Federal de Minas Gerais. Especialista em Língua Portuguesa pela PUC Minas. E-mail: regina.arp@gmail.com.

> A primeira impressão sentida por Ponciá Vicêncio, no interior da igreja, foi de que os santos fossem de verdade. Eram grandes como as pessoas. Estavam banhados. Eles deveriam ser mais poderosos do que os da capelinha do lugarejo em que ela havia nascido. Os de lá eram minguadinhos e mal vestidos como todo mundo. Quando as luzes das velas iluminavam os rostos deles, podia-se ver que eles tinham o olhar aflito, desesperado, como os pecadores ali postados em ladainha. Os santos daquela catedral, não! Eram calmos.[2]

Ponciá tinha pouco contato com o pai, que chegava a ficar meses fora de casa, devido ao trabalho que executava. Já o avô morreu quando ela ainda era de colo, mas a lembrança desse homem parece ter ficado marcada em sua memória, uma vez que ela chegou a fazer uma escultura de barro, com as mesmas características fenotípicas dele, pela qual tinha imenso apreço. Com seu companheiro a relação era totalmente desestabilizada. Cada um vivia imerso em sua solidão e não existia carinho, situações que contribuíram para que a loucura passasse a rondar essa jovem, que simboliza a história de várias mulheres brasileiras, principalmente negras, expostas aos mais diversos preconceitos, o que elucida a situação de maior vulnerabilidade a qual esse grupo pertence. Nessa conjuntura, segundo Rilza Toledo, "Os temas da escrita feminina e da afrodescendência surgem como forma de expor características e atitudes intrínsecas à mulher, corroborando para a formação da memória e da identidade individual e coletiva". [3]

Ponciá Vicêncio desnuda fatos e memórias que muitas mulheres vítimas de violência desejam esconder. Muitas delas acreditam que não falar sobre o assunto amenizará a dor e o sofrimento causados pelas agressões sofridas. Esse silenciamento acentua a distância entre brasileiros e o processo de compreensão do período escravista no país, conforme elucidou Norma Telles, ao afirmar que "a memória é uma zona de penumbra, por isso, talvez, nos seja difícil perceber ainda hoje ao nosso redor questões e indagações que ecoam as de um passado não muito distante".

---

2   EVARISTO, Conceição. *Ponciá Vicêncio*. Rio de Janeiro: Pallas, 2017, p. 31.

3   TOLEDO, Rilza. R. Conceição Evaristo e Carolina Maria de Jesus: Resgate da Memória e Construção da Identidade. In: ARRUDA, Aline. et al (Org.). *Memorialismo e resistência*: Estudos sobre Carolina Maria de Jesus. São Paulo: Paco Editorial, 2016, p. 157-173.

PAI DE PONCIÁ

Ponciá Vicêncio viveu com os pais e o irmão na Vila Vicêncio, local fundado pelo coronel Vicêncio, detentor do poder das terras e de quem a moça e outros moradores herdaram o sobrenome, como forma de submissão ao seu poderio. Maria Vicêncio, mãe de Ponciá, cuidava da casa, enquanto o marido e o filho trabalhavam na lavoura. A função exaustiva fazia com que os dois homens ficassem vários dias fora de casa. Essa ausência inflamou o distanciamento entre a protagonista e o pai. Esse homem, segundo destaca a narradora em algumas passagens, era calado, quieto e reservado quanto aos sentimentos. Postura que ganhou forma ao longo de sua vida na casa dos homens brancos, onde era humilhado e objetificado pelo jovem de quem era pajem. Em uma das passagens do livro, é narrada a situação de sofrimento e raiva a qual o pai de Ponciá fora introjetado:

> Filho de ex escravos, crescera na fazenda levando a mesma vida dos pais. Era pajem do sinhô-moço. Tinha a obrigação de brincar com ele. Era o cavalo em que o mocinho galopava sonhando conhecer todas as terras do pai. Tinham a mesma idade. Um dia o coronelzinho exigiu que ele abrisse a boca, pois queria mijar dentro. O pajem abriu. A urina do outro caía escorrendo quente por sua goela e pelo canto da boca. Sinhô-moço ria, ria. Ele chorava e não sabia o que mais lhe salgava a boca, se o gosto da urina ou se o sabor de suas lágrimas. Naquela noite teve mais ódio ainda do pai. Se eram livres por que continuavam ali?[4]

O pai de Ponciá, envergonhado e raivoso com o comodismo e a inércia de Vô Vicêncio, premeditou sua morte, mas desistiu ao perceber que a estratégia usada, relembrar as agruras vividas no passado, afetaria a ambos. Apesar de todo esse sofrimento, e embora não demonstrasse, o pai sentia falta da mulher e da filha:

> Quando o pai de Ponciá Vicêncio morreu, o susto dela, no momento, talvez tivesse sido maior que a dor. Semanas antes ele tinha estado em casa capinando o mato que teimava em crescer em volta, servindo de esconderijo para as cobras. Havia levado também os barros que a mulher trabalhava para vender. Saíra de casa bem e, se não fosse a ausência que sofria, embora nunca reclamasse, da mulher e da filha, poderia dizer que partira quase feliz.[5]

---

4   EVARISTO, Conceição. *Ponciá Vicêncio*. Rio de Janeiro: Pallas, 2017, p. 17.

5   EVARISTO, Conceição. *Ponciá Vicêncio*. Rio de Janeiro: Pallas, 2017, p. 27.

A figura paterna para a jovem era, portanto, representação de segurança, mas, também, da submissão da mulher. Isso se comprova pelo fato de que após o falecimento do pai, Ponciá enxergou a necessidade e possibilidade de quebrar o ciclo de subordinação ao qual seus parentes eram submersos e decide viajar até a cidade grande. A morte desse homem foi, então, um rito de passagem na vida dela.

VÔ VICÊNCIO

Conforme destaca Evaristo, Vô Vicêncio foi o primeiro homem que Ponciá conheceu. "Guardava mais a imagem dele, do que a do próprio pai".[6] Tinha características físicas bem peculiares: já estava muito velho, tinha postura bastante curvada, magro e não tinha uma das mãos, por isso andava com o braço atrás do corpo, escondendo a mutilação. Esses traços marcantes fizeram com que Ponciá se recordasse dele e de suas ações, mesmo após uma relação curta e não muito próxima. Com frequência, ele chorava e ria ao mesmo tempo, além de falar sozinho frases inteligíveis. Vô Vicêncio carregava consigo a loucura desencadeada pelos duros anos de trabalho nas terras dos homens brancos. Um dia, em um acesso de desespero, matou a própria mulher e tentou se matar, mas foi acudido a tempo. O braço "cotoco" foi resultado de sua automutilação, estratégia usada para não ter mais que servir aos patrões.

Os trejeitos de Vô Vicêncio eram tão marcantes que Ponciá, ao aprender a andar, assumiu a postura dele, andando curvada e escondendo um dos braços para trás de seu corpo. A mãe da menina questionava esses modos, já que era muito criança para lembrar dessas características. Sobre esse recorte, conforme destacou Freud, a recordação da criança está intimamente ligada às lembranças visuais. Ainda segundo o psicanalista, "O recordar visual conserva assim o tipo do recordar infantil. No meu caso, as primeiras lembranças de infância são as únicas com caráter visual; são cenas vividamente realçadas, por assim dizer, apenas comparáveis às representações no palco".[7] Sob essa ótica, a representação, por Ponciá, do modo de andar e agir do avô, se dava pela imagem caricatural dele que ficou marcada na memória dela e que foi, posteriormente, materializada, uma vez que a jovem a esculpiu em barro:

---

6   EVARISTO, Conceição. *Ponciá Vicêncio*. Rio de Janeiro: Pallas, 2017, p. 15.

7   FREUD, Sigmund. Sobre lembranças de infância e lembranças encobridas. In: *Sobre a psicopatologia da vida cotidiana*. Trad. Renato Zwick. Porto Alegre: LePM Editores, 2018. p. 75-83.

O pai de Ponciá olhou o homem de barro que a menina havia feito e reconheceu nele seu próprio pai. Pegou o trabalho e examinou bem. Os olhos, a boca, as costas encurvadinhas, a magreza, o bracinho cotoco, tudo era igualzinho. A boca ensaiava sorrisos, mas, no rosto, a expressão era de dor. Teve a sensação de que o homem de barro fosse rir e chorar como era feitio de seu pai.[8]

A imagem esculpida por Ponciá foi guardada por ela durante toda sua vida. Em sua partida para a cidade grande, esqueceu o objeto na casa da mãe, mas, ao retornar, o encontrou. O homem-barro projetado trazia lembranças de seu avô e de sua família, de quando seu pai ainda estava vivo e trabalhava nas terras. Dessa forma, mesmo diante do pouco contato que tivera com Vô Vicêncio, ele foi uma figura importante na vida da moça, sendo eternizado em sua vida e memória em forma de barro. Essas recordações que a protagonista tinha de seu avô representaram não apenas o sofrimento dele, mas de todo o povo negro que vivia na vila Vicêncio. Sobre esse processo e seus impactos sobre Ponciá, Neiva e Sacramento destacaram que:

> Evaristo consegue reescrever, sob a ótica da mulher negra, a escrita dos descendentes de escravos. A autoria feminina, nesse processo de construção identitária, quando somada à questão da raça, se constitui uma dupla inscrição de outras vozes na literatura, que não a falocêntrica. É possível flagrar, então, de que modo essa identidade é construída, através da performatividade e da repetição. Além disso, percebe-se que, através da desconstrução, a mulher, ao ser engendrada, pode tensionar, apesar de condicionantes, formações discursivas que a engessam de modo prévio.[9]

Percebe-se, portanto, que Ponciá, ao reconstruir a figura do avô, carrega consigo a história de violência e sofrimento de um povo. Nesse contexto, raça e gênero, concomitantemente, contribuem para a construção da representativa identidade subserviente da protagonista e de seu avô.

---

8   EVARISTO, Conceição. *Ponciá Vicêncio*. Rio de Janeiro: Pallas, 2017, p. 21.

9   SACRAMENTO, Sandra.; NEIVA, Luciano. Feminismo e desconstrução em *Ponciá Vicêncio* de Conceição Evaristo, *Revista Ipotesi*, Juiz de Fora. V. 13, n. 2, jul/dez. 2009, p. 147-156.

O COMPANHEIRO DE PONCIÁ

Ponciá cresceu com a ideia de que os homens falavam pouco. O pai e o irmão eram calados. Mesmo passando tanto tempo fora de casa, quando voltavam pouco diziam. Ao retornar para a cidade, depois de ir à terra onde nasceu e não encontrar a família, ela conheceu um homem, com quem foi morar. Impactada por não reaver seus entes, Ponciá tornou-se ainda mais reclusa em seus pensamentos. Sua apatia despertava a raiva do companheiro, que a agredia física e emocionalmente. Não eram raros os momentos em que ela, imersa em suas lembranças, era despertada com gritos e sacudidas dele.

O casal não dialogava, cada um vivia em um universo paralelo; dois corpos que se tocavam, mas não se encontravam. Em um desses instantes de solidão, relembrando o momento em que morava no interior, Ponciá observou que o silêncio de seu companheiro era ainda mais impactante do que o do pai e do irmão, uma vez que, ao considerar a ideia de dividir o mesmo teto com ele, ela quimerizou a possibilidade de atenuar o sofrimento cotidiano de perdas e dores vividas:

> Ponciá Vicêncio achava que os homens falavam pouco. O pai e o irmão tinham sido exemplos do estado da quase mudez dos homens no espaço doméstico. Agora, aquele, o dela, ali calado, confirmava tudo. Ele também só falava o necessário. Só que o necessário dele era bem pouco, bem menos do que a precisão dela. Quantas vezes quis ouvir, por exemplo, se o dia dele tinha sido difícil, se o pequeno machucado que ele trazia na testa tinha sido causado por um algum tijolo, ou mesmo saber quando começaria a nova obra. Muitas vezes quis dizer das tonturas e do desejo de comer estrelas de que era acometida todas as vezes que ficava grávida. Quis confidenciar a respeito de um medo antigo que sentia, às vezes. Quis saber se ele também sofria do mal do medo,, se ele vivia também agonias. Quis que o homem lhe falasse dos sonhos, dos planos, das esperanças que ele depositava na vida. Mas ele era quase mudo. [10]

O silêncio desse homem foi crucial para que Ponciá, cada vez mais, perdesse o prazer e o amor por tudo, visto que a expectativa de uma relação pautada em companheirismo e carinho foi quebrada, conforme ilustra a seguinte passagem:

---

10 EVARISTO, Conceição. *Ponciá Vicêncio*. Rio de Janeiro: Pallas, 2017, p. 58.

Desde os primeiros tempos, nos momentos em que ela se abria para ele, o homem vinha emudecido, trancado de falas, sem gesto algum dizível de nada. Enquanto que nela havia a ânsia do prazer, como havia. Porém, o que mais havia, era o desesperado desejo de encontro. E então, um misto de raiva e desaponto tomava conta dela, ao perceber que ela e ele nunca iam além do corpo, que não se tocavam para além da pele.[11]

O matriarcado, conforme destacaram Sacramento e Neiva,[12] era comum na comunidade em que Ponciá vivia, já que os homens saíam para o trabalho e as mulheres ficavam responsáveis pelo cuidado da casa e das crianças. A mãe da moça assumia claramente esse papel. Indicava ao marido as tarefas que ele deveria executar e o que faltava em casa, para que ele pudesse levar quando retornasse de alguma viagem. A construção familiar estruturada nesse modelo era apreciada pela protagonista, que chegou a afirmar que "O pai era forte, o irmão quase um homem, a mãe mandava e eles obedeciam. Era tão bom ser mulher!".[13]

Ponciá não tinha as mesmas características de sua mãe. Não tinha voz para falar com seu companheiro, calava-se diante do silêncio e da ignorância dele. Essa situação, concomitante às perdas que sofreu, tornaram-na uma morta-viva. Sua fragilidade diante das memórias familiares e da relação com seu companheiro quebra o paradigma social de que a mulher é, historicamente, forte e capaz de lidar com situações conflituosas. Além disso, evidencia o contrassenso criado por esse pensamento, uma vez que, sobrecarregando a figura feminina, a partir da expectativa supracitada, ela torna-se esquecida, como alguém que não necessita de cuidado. Nessa conjuntura, Toledo destaca que "Os temas da escrita feminina e da afrodescendência surgem como forma de expor características e atitudes intrínsecas à mulher, corroborando para a formação da memória e identidade individual e coletiva"[14]. Nesse contexto, a situação das mulheres negras ganha destaque, já que o pensamento social de que elas são emocionalmente menos vulneráveis do que mulheres brancas acentua o abandono desse grupo, o que ficou evidente em Ponciá.

---

11 EVARISTO, Conceição. *Ponciá Vicêncio*. Rio de Janeiro: Pallas, 2017, p. 58.

12 SACRAMENTO, Sandra.; NEIVA, Luciano. Feminismo e desconstrução em *Ponciá Vicêncio* de Conceição Evaristo, *Revista Ipotesi*, Juiz de Fora. V. 13, n. 2, jul/dez. 2009, p. 147-156.

13 EVARISTO, Conceição. *Ponciá Vicêncio*. Rio de Janeiro: Pallas, 2017, p. 25.

14 TOLEDO, Rilza. R. Conceição Evaristo e Carolina Maria de Jesus: Resgate da memória e construção da identidade. In: ARRUDA, A. et al (Org). *Memorialismo e resistência*: Estudos sobre Carolina Maria de Jesus. São Paulo: Paco Editorial, 2016, p. 157-173.

CONSIDERAÇÕES FINAIS

Ponciá Vicêncio é, portanto, uma protagonista que representa, principalmente, as mulheres negras. Diferentemente do que propõe o senso-comum, ela não foi imbatível, ao contrário, sua sensibilidade e delicadeza abriram espaço para que absorvesse não apenas suas próprias dores, mas as daqueles que viviam ao seu redor, principalmente o avô, o pai e o companheiro. A fragilidade dessas três personagens mostra que não era apenas Ponciá o sujeito fragilizado. Cada um, dentro da sua conjuntura, direta ou indiretamente, despejou sobre ela suas fragilidades, impactando na construção de sua identidade: o avô, através de suas lembranças; o pai, com seu distanciamento; o companheiro, com seu silêncio e ignorância.

Ponciá tentou compreendê-los, com intuito de isentá-los de uma possível responsabilidade sobre os problemas que ela enfrentou. Materializou o avô através do barro, tornando-o um santo protetor. Não fez cobranças ao pai, apenas compreendeu seu passado. Não questionou o companheiro, aceitou calada a situação em que eles viviam, guardando para si as tristezas que sentia. Logo, embora Ponciá, direta ou indiretamente, tenha tentado fazer isto, não se pode isentar essas figuras masculinas das acrimônias vividas por ela.

DIVERSIDADE E TRANSGRESSÃO EM *O VOO DA GUARÁ VERMELHA*, DE MARIA VALÉRIA REZENDE

Samantha Guedes Barbosa[1]

INTRODUÇÃO

Certa vez escutei de uma amiga cantora que ao escolher o seu repertório era preciso que a música a cantasse primeiro. Suspeito que com os livros aconteça algo semelhante. Antes de fazer a opção pelo estudo mais aprofundado de uma obra ficcional de sete grandes escritoras brasileiras (Rachel de Queiroz, Clarice Lispector, Lygia Fagundes Telles, Nélida Piñon, Maria Valéria Rezende e Conceição Evaristo), esperei que uma delas falasse mais alto dentro de mim. No percurso da década de 1930 até os tempos atuais, percebi as diferentes formas de abordar o elemento feminino e a complexidade da literatura produzida por mulheres. Entretanto, desta vez quem arrebatou o meu coração foi Maria Valéria Rezende, com seu romance *O voo da guará vermelha*. Sendo assim, posso dizer que fui lida pelo livro ou que foi ele quem me escolheu.

A Paraíba é considerada a sua terra, onde Maria Valéria reside desde 1976. Nascida em 1942, em Santos, litoral paulista, aos 18 anos deixou a cidade natal e entrou para a Congregação de Nossa Senhora Cônegas de Santo Agostinho, em 1965. Dedicou-se à educação popular, especialmente em periferias e no meio rural, mas também viajou pelo mundo entre trabalhos voluntários, acolhendo excluídos da sociedade, e um exílio na época da ditadura em que ela abrigou militantes perseguidos.

---

1   Graduada em Letras pelo Centro Universitário de Belo Horizonte (UNI-BH). Pós-graduada em Projetos Culturais pela Pontifícia Universidade Católica de Minas Gerais (PUC-Minas). E-mail: samguba@yahoo.com.br.

Pedagoga, Maria Valéria é também formada em literatura francesa pela Universidade de Nancy e tem mestrado em Sociologia.

Além de ter criado e participar do Movimento Mulherio das Letras, a escritora integra o Clube do Conto da Paraíba, escreve ficção, poesia e também faz tradução. Dentre outras premiações, recebeu o Prêmio Jabuti na categoria infantil, em 2009, com *No risco do caracol* (Autêntica, 2008) e de Melhor Romance e Livro de Ficção do Ano, com *Quarenta dias* (Alfaguara, 2014). *O voo da guará vermelha* (Objetiva, 2005), objeto de estudo deste trabalho, foi publicado em Portugal, França e teve duas edições na Espanha (espanhol e catalão).

Organizadora do importante encontro "Mulherio das Letras" em João Pessoa, em 2017, Maria Valéria Rezende teve o significativo papel de conseguir reunir mulheres com atuação no universo do livro, da leitura e da literatura. Foi uma oportunidade para discutir temas de interesse comum, de buscar interação entre mulheres de várias regiões do país, bem como a identificação de consensos e formas de superação dos dissensos. Trata-se não só da criação de um evento, mas de um movimento que formou em nível nacional um grupo literário voltado para a reunião, revelação e para o auxílio de mulheres ligadas às letras, sejam elas escritoras, editoras, acadêmicas ou mesmo designers.

Militante da literatura feminina, Maria Valéria revela com essa postura a inquietação causada pela exclusão sofrida pelas mulheres nos tradicionais espaços das letras. A característica de escritora periférica provoca não só o deslocamento geográfico no que diz respeito à realização do "Mulherio das Letras", local à periferia do eixo Rio-São Paulo-Minas, como uma mudança na forma de enxergar a realidade, a partir, por exemplo, da escolha dos seus personagens (os invisíveis que aparecem em seus livros).

Nessa perspectiva, o intuito deste texto é identificar a diversidade e a transgressão em *O voo da guará vermelha*, dando voz aos marginalizados, observando os procedimentos construtivos da obra e a sua ressonância na ficção brasileira de autoria feminina. Ressalta-se a importância da escrita de Maria Valéria Rezende e a estética do seu estilo, impactando o leitor pelo ritmo de uma história bela, densa, encantadora. Surpreendente pela policromia que sugere uma leitura para além das palavras e pelo prazeroso jogo intertextual da cultura popular e da erudita, ora evocando os elementos mágicos (os romances de cordel) ora deixando explícito diálogo com *D. Quixote* e as aventuras das *Mil e uma noites*.

DIVERSIDADE E TRANSGRESSÃO

Não se pode passar despercebido pelo primeiro "traço transgressor" de Maria Valéria Rezende antes mesmo de começar o primeiro capítulo do livro. Isso porque, logo na dedicatória, ela faz alusão à memória de Dorothy Stang, a religiosa norte-americana, naturalizada brasileira, que acompanhou com determinação e solidariedade a vida e a luta dos trabalhadores do campo, sobretudo na região da Transamazônica, no Pará. E também à Margarida Maria Alves, sindicalista e defensora dos direitos humanos brasileiros. Foi uma das primeiras mulheres a exercer um cargo de direção sindical no país. Precursora feminina na Paraíba, na defesa dos direitos dos trabalhadores do campo. Ambas foram brutalmente assassinadas a tiros. Irmã Dorothy, como era mais conhecida, com seis tiros, um na cabeça e cinco ao redor do corpo, aos 73 anos de idade, em 2005, ano de lançamento da obra, *O voo da guará vermelha*. A líder camponesa Margarida Maria Alves morreu aos 50 anos, em 1983, com um tiro vindo de uma escopeta calibre 12, que a atingiu no rosto, deformando a sua face. No momento do disparo, ela estava em frente a sua casa, na presença do marido e do filho.

Os crimes comoveram não só a opinião pública local e estadual, mas a nacional e internacional, com ampla repercussão em organismos políticos de defesa dos direitos humanos. Dorothy e Margarida, mais amiga e próxima de Maria Valéria, partilharam da mesma prática social a favor dos mais necessitados, trabalhando juntas. As primeiras pessoas que aparecem na dedicatória, no entanto, são Marlene Maciel Barbosa e Paulo Anthero Barbosa, casal que se tornou amigo da escritora e editores do seu livro. Ela sai, portanto, da esfera pessoal para o coletivo, ampliando desde já os sentidos, no propósito de que a gratidão se estenda à memória dessas mulheres militantes e termina dizendo: "e todos os que, por amor, se deixaram semear em nosso chão para um dia germinar em frutos de justiça."[2]

A lembrança dessas mulheres é um ato político na medida em que denuncia a impunidade diante de mortes trágicas, que acabam lhes dando visibilidade, ainda que os seus trabalhos tenham sido construídos ao longo de suas vidas no meio dos pobres das periferias das grandes cidades, nos lugarejos do interior, no meio rural, especialmente do Norte e do Nordeste, assim como a história de outras freiras e/ou mulheres que

---

2   REZENDE, Maria Valéria. *O voo da guará vermelha*. Rio de Janeiro: Objetiva, 2014, p. 5.

não aparecem no cenário brasileiro pelos seus grandes feitos sociais e/ou literários. Maria Valéria Rezende parece, com isso, nos dar pistas de sua personagem Irene, que igualmente a Macabéa, de Clarice Lispector, em *A hora da estrela*, ganha destaque justamente quando morre. Ou, é preciso morrer para que a vida seja repensada. Preâmbulo que a autora utiliza para nos comunicar que de alguma maneira, Irene, assim como essas mulheres, também se preparou para a morte ou aprendeu a conviver com a sua sombra, consequência do modo que escolheu para viver.

Antes de iniciar a análise dos capítulos, é interessante perceber que eles não aparecem sob a forma de números e sim de cores. Mais uma transgressão de Maria Valéria e também indicativo de sua proposta de diversidade, que a princípio, aparece na sugestão de algo que está sendo feito, em construção, assim como as identidades dos personagens ou uma tela recebendo os traços do pintor. É ainda um jeito terno e artístico que nos leva a refletir sobrea literatura e o ato de escrever, como opina a professora Maria Natalina Jardim em seu depoimento "Vida e Literatura: força e sonho", apresentado no V Colóquio Mulheres em Letras, em Belo Horizonte, no ano de 2013:

> Como professora, estive sempre ligada à palavra, pois a minha profissão exigia. Convenci-me de que só a literatura se entretece de todas as outras artes: da pintura, ela toma a cor; da música, tira a sucessão de melodias; da estatuaria; toma as formas e, sobre todos esses predicados, a palavra tem vida para animar os seus painéis e dar mais brilho às suas tintas. A palavra cresce conosco num desejo de aprimoramento que nos permite trabalhar com ela, transformando-a em prosa ou poesia.[3]

O texto, como objeto cultural, não está ainda pronto, pois se destina ao olhar, à consciência e à recriação dos leitores. Acreditando que o processo cultural jamais se interrompe é impossível esgotar a extensão simbólica da cultura inteira. Por isso, os recortes aqui analisados, certamente não conseguirão abarcar toda a riqueza da obra *O voo da guará vermelha*, mas tão somente atribuir uma integridade, uma função ao texto dentro do tema sugerido.

Entre a escritora e a página instaura-se um face a face pelo qual a literatura advém ao mundo, a partir de um universo sensível, que dialoga com as artes plásticas, dando movimento à narrativa por meio da escolha das cores, uma vez que elas vão atribuindo significado aos capítulos e, ao

---

3   DUARTE, Constância L. (Org.) *Arquivos femininos: literatura, valores, sentidos*. Florianópolis: Mulheres, 2014.

mesmo tempo, à forma, destruindo os estereótipos e criando uma história policromática, que marca uma escritura transbordante, feito sangue derramado, trazendo à tona o que mais alimenta a alma de Maria Valéria e desperta a sua imaginação:

> É gente, sem nenhuma dúvida. Pra mim, o mundo é feito de gente, o resto é cenário. Livro me interessa quando fala de gente, tem gente dentro. As coisas que eu faço são sempre para alguém, para mediar uma relação pessoal. Mesmo Deus, acho que Ele escolheu falar comigo só mesmo através de gente, através da palavra dos outros. [4]

Ao iniciar o primeiro capítulo do livro, denominado "Cinzento e encarnado", no sentido de ir também tecendo a rede intertextual da leitura, a palavra pintada de Maria Valéria nos remete ao quadro de Cândido Portinari, datado de 1944 e intitulado *Retirantes*. Ele é composto por tons terrosos e de cinza. Ao fundo se vê a paisagem do sertão. Portinari diz não entender de política, mas tem convicções profundas e chegou a elas pela sua infância pobre, seu trabalho e principalmente por ser artista. Para o pintor não existe obra neutra. Mesmo quando o artista não tem intenção, o quadro sempre indica um sentido social. Ele define a sua pintura como sendo "de camponês". O quadro é um retrato da miséria de uma família de retirantes entre tantas outras. Fogem da seca e da fome do Nordeste em busca de uma vida melhor mais ao Sul. Retratar a miséria, de uma forma tão crua, é um modo de se posicionar contra ela. Ao mesmo tempo em que as cidades brasileiras se desenvolviam, o campo era o palco da fome.

Maria Valéria, entretanto, ao começar a história dos seus personagens, ainda que considere todo o viver, como sendo essa luta travada para satisfazer a vontade do corpo, ou seja, matar a fome, ela chama atenção para outra fome. Aquela fome que atormenta Rosálio: fome de palavras, de sentimentos e de gentes. A fome é comparada a "um escuro no oco do peito" ou uma "cegueira de olhos abertos". Metáforas para dizer da condição primeira de Rosálio, em sua "sozinhez inteira".[5] Mas ao mesmo tempo, é a própria fome que o guia. Ela o desafia a "tentar os caminhos

---

4   VASSALO, Márcio. *Maria Valéria Rezende – Vastas emoções de uma autora inspiradora*. Rio de Janeiro: Agência Riff, 2 set.2005. Disponível em:<http://agenciariff.com.br/site/noticiaentrevista/ShowEntrevista/65/>. Acesso em 7 dez.2005.

5   REZENDE, Maria Valéria. *O voo da guará vermelha*. Rio de Janeiro: Objetiva, 2014, p. 9.

escondidos por entre aquelas paredes excessivas, ir-se, escapar, buscar gente e pasto para a alma faminta."[6] Ou seja, é um convite à mudança de vida, uma transformação do olhar. "Tudo tão cinza, que Rosálio nem consegue evocar histórias que o façam saltar para outras vidas, porque seus olhos não encontram cores com que pintá-las. Fome de verdes, de amarelos, de encarnados."[7] Com isso, Maria Valéria também sugere que ver é uma arte. É preciso, portanto, usar os sentidos para dar sentido à vida.

A "literatura transgressora" aparece também na forma, isto é, no estilo da autora que mescla palavras que remetem à realidade: "os montes de brita e de areia, cinzentos, os edifícios proibindo qualquer horizonte... tudo tão aqui, tão perto que a vista bate e volta, curtinha, sem se poder estirar mais longe..." e outras à fantasia: "chapa de nuvens de chumbo que não se movem, não desenham pássaros, nem ovelhas, nem lagartos, nem caras de gigantes..."[8]

A referência que a autora faz a um remoinho de vento que revira a areia, chamando Rosálio para tentar caminhos novos é um indício de transformação. A forma de uma espiral propõe uma ascensão. Ou seja, uma tempestade de ventos não indica algo ruim. Pelo contrário, a situação adversa é usada para romper a ordem em vigor e dar luz à chegada de outra realidade. E o homem segue lançando perguntas que o vento leva, sem merecer resposta dos passantes. Lembra-se de uma história contada pelo Bugre e sai a esmo com os bolsos cheios de pedra, buscando cores nas ruas vazias. Em seguida, na intervenção do narrador, a pergunta crucial que é dirigida a todos nós: "Para onde fugiu a humanidade? sumiu toda?, virou lobisomem, boitatá, alma penada, mula sem cabeça?"[9]. Artifício para falar sobre uma realidade dura, trazendo figuras lendárias, próprias das narrativas de tradição oral, no intuito de questionar se é possível que a humanidade tenha se transformado também em fruto da imaginação.

---

6   REZENDE, Maria Valéria. *O voo da guará vermelha*. Rio de Janeiro: Objetiva, 2014, p. 10.

7   REZENDE, Maria Valéria. *O voo da guará vermelha*. Rio de Janeiro: Objetiva, 2014, p. 9-10.

8   REZENDE, Maria Valéria. *O voo da guará vermelha*. Rio de Janeiro: Objetiva, 2014, p. 9.

9   REZENDE, Maria Valéria. *O voo da guará vermelha*. Rio de Janeiro: Objetiva, 2014, p. 10.

Ainda no mesmo capítulo, Irene é apresentada: prostituta, soropositivo, que cansada, luta com esforço para levar dinheiro para a velha que cuida do seu filho. A transgressão encontra-se na escolha de uma personagem excluída, por meio da qual, Maria Valéria traça caminhos para quebrarmos o preconceito e aproximarmos dela, enxergando-a com mais profundidade, isto é, com um novo olhar, porque reconhece que a realidade é outra: "Irene ri, amargo e torto, com uma banda só da boca para não deixar ver a falha dos dentes da outra banda, ainda que ninguém a veja agora, ainda que ninguém lhe olhe a cara de frente, nunca." [10]

A desconstrução dos estereótipos (mulher desdentada) também revela que nem sempre ou na maioria das vezes, não há glamour na prostituição, a vida é difícil e sofrida, como a própria autora desabafou em uma entrevista:

> Fico indignada quando vejo ficcionistas, quase sempre homens, inventarem bordéis todos charmosos, com prostitutas felizes e contentes, cafetãs que são melhores que mães... Daí todo mundo acha que está tudo bem, ser prostituta é uma boa, é uma vocação, desresponsabiliza a sociedade e quem se serve delas e as explora. Só se for em bordel de luxo, que eu não conheço.[11]

Outro fato transgressor é que, diferente de sua amiga Anginha, Irene, mesmo contra a vontade de muitos homens que não querem usar camisinha, não quer passar a doença para todo o mundo. "Irene não, não pode fazer mal a nenhum vivente, nenhum, por causa do sagui, daquele aperto na boca do estômago cada vez que lembra." [12] A personagem faz jus ao seu nome, que significa "a pacificadora".

Irene, no início do livro, já dialoga com a atitude que ela deveria ter tido em relação ao sagui e que também não teve com ela mesma: "não sei como foi que me descuidei".[13] Os dois, portanto, morrem pela falta de cuidado. Maria Valéria mostra com maestria as dualidades e também

---

10   REZENDE, Maria Valéria. *O voo da guará vermelha*. Rio de Janeiro: Objetiva, 2014, p. 11.

11   VASSALO, Márcio. *Maria Valéria Rezende- Vastas emoções de uma autora inspiradora*. Rio de Janeiro: Agência Riff, 2 set.2005. Disponível em:<http://agenciariff. com.br/site/noticiaentrevista/ShowEntrevista/65>. Acesso em 7 dez.2005.

12   REZENDE, Maria Valéria. *O voo da guará vermelha*. Rio de Janeiro: Objetiva, 2014, p. 11

13   REZENDE, Maria Valéria. *O voo da guará vermelha*. Rio de Janeiro: Objetiva, 2014, p. 12.

a fragilidade do ser humano. Como as atitudes, da mesma forma que as palavras, podem gerar vida ou matá-la.

A palavra "encarnado" diz respeito ao vestido de Irene, quando conhece Rosálio. Tal cor combina muito com o momento, pois remete à carne, sangue, vida, de fato. E ainda está em outros objetos que remontam o ambiente: mancha vermelha em movimento, franjas do abajur vermelho, cheiro de humanidade. Em um primeiro momento, Rosálio não entende que Irene é uma prostituta. A construção desse personagem também é uma transgressão no sentido de que o masculino pode ser visto com delicadeza, sobretudo, com atitudes que não reforcem o machismo tão arraigado em nossa sociedade. Ao ser sincero e declarar que não tinha dinheiro para pagar Irene, ele escuta as palavras ofensivas da moça, que nem se importando com a dor já espera que ele lhe bata ou que a mate. No entanto, o golpe não vem e com voz doce, Rosálio responde: "desculpe, dona, eu não sabia, você quis, eu mesmo nem queria, fiz por bem."[14]

É também no primeiro capítulo, que Irene se depara com a caixa jogada no chão, dentro dela um bodoque, um pião e livros velhos. Na tentativa de achar que ali poderia ter dinheiro, ela encontra só palavras. O início do que seria até o final. Ou seja, para que servem? Questionamento que perpassa todo o livro. Preâmbulo da realização dos sonhos: aprender a ler – Rosálio – e ensinar a ler – Irene queria ser professora. Ao ser acolhida no peito aberto do homem, é como se reiniciasse a própria vida:

> ...há quanto, quanto tempo Irene não sabe o que é um peito onde encostar-se!, apoiar-se neste peito duro e brando é como chegar, enfim, a algum lugar de seu, é como voltar ao início onde ainda nada se perdeu, nem o sagui, onde ela ainda nada se perdeu, nem o sagui, onde ela ainda está inteira e já não treme, nem tem raiva e onde ainda não há segundas-feiras.[15]

Irene em seus braços faz Rosálio se lembrar da guará vermelha, de pernas longas e finas, que uma vez ele encontrou enredada nos galhos de um espinheiro, as penas ainda mais rubras, tintas de sangue, que ele soltou e quisera curar mas que, fugiu dele, talvez sangrou até morrer sozinha e desamparada naquele ermo tão longe dos mangues de onde viera. Interessante pensar que, mais nova, era Irene que abrigava no peito o sagui. E, agora, é ela que, semelhantemente a guará, é acolhida no peito

---

14 REZENDE, Maria Valéria. *O voo da guará vermelha*. Rio de Janeiro: Objetiva, 2014, p. 15.

15 REZENDE, Maria Valéria. *O voo da guará vermelha*. Rio de Janeiro: Objetiva, 2014, p. 16.

de Rosálio. Maria Valéria promove a unidade, quando dá características de gente aos bichos (antropomorfismo); no caso do sagui, ou identifica o homem, por meio de características dos bichos (animalização); no caso da guará. É sempre as duas faces da mesma moeda, nesse caso, o cuidado. Em certo momento da vida, foi Irene que cuidou – agente, pratica a ação. No outro, era ela que precisava ser cuidada – paciente, recebe a ação.

É possível aferir na obra a semelhança de Rosálio à figura de Jesus Cristo. Dentre tantas outras dualidades, a simplicidade e a densidade estão presentes em muitos aspectos seja na estética ou na semântica. Embora a leitura seja envolvente e, aparentemente revele uma escrita de urgência, o texto é marcado por pausas e interrupções da autora, que tece comentários ou mescla as histórias. Isso para dizer que, nesse percurso oferecido de uma história dentro da outra, Maria Valéria também "instaura" um novo tempo: o *kairós*, palavra grega que significa "momento certo" ou "oportuno". Eis o ponto em que quero chegar: a postura de Rosálio em relação aos personagens, principalmente Irene, é de grande compaixão. E, para aliviar o fardo da vida sofrida da mulher, ele faz uso da linguagem, na intenção de transportá-la para um outro lugar, isto é, o lugar dos sonhos, representado também pela cor rosa, na colcha de Irene (lugar onde as leituras eram feitas; quarto enfeitado, para também fantasiar a vida). Esse "deslocamento" também faz Jesus ao se comunicar por meio de parábolas:

> A linguagem de Jesus é inconfundível. Não há em suas palavras nada de artificial ou forçado; tudo é claro e simples. Ele não precisa recorrer a ideias abstratas ou frases complicadas; comunica o que vive. Sua palavra se transfigura ao falar de Deus àquelas pessoas do campo. Precisa ensiná-las a olhar a vida de outra maneira: "Deus é bom; sua bondade tudo enche; sua misericórdia já está irrompendo na vida". É toda a Galileia que se reflete em sua linguagem, com seus trabalhos e suas festas, seu céu e suas estações, com seus rebanhos e suas vinhas, com suas semeaduras e suas colheitas, com seu formoso lago e com sua população de pescadores e camponeses. Às vezes os leva a olhar de maneira nova o mundo que eles têm diante dos olhos; outras ensina-lhes a aprofundar-se em sua própria experiência. No fundo da vida podem encontrar a Deus.[16]

As histórias contadas por Rosálio nascem, antes de tudo, de um grande silêncio interior até tornar-se insuportável e ir amplificando ao ponto de explodir na palavra. Esse é o processo de maturação de uma história. Aprendizado difícil para o imediatismo que nos assola. Maria Valéria

---

16 PAGOLA, José Antonio. *Jesus: aproximação histórica*. Rio de Janeiro: Vozes, 2011, p. 145.

também é transgressora no sentido de resgatar a importância da oralidade, bem como a valorização da escuta, jogando luz sobre a arte da contação de histórias e do próprio fazer literário.

Todas as atividades que o inventar, narrar, ouvir, ler histórias envolvem podem ser associadas também à natureza lúdica do homem. Sob as mais diversas formas, o fenômeno lúdico mantém um significado essencial. "É um recorte na vida cotidiana, tem função compensatória, substitui os *objetos de conflito* por *objetos de prazer,* obedece a regras, tem sentido simbólico, de representação."[17] Dessa mesma forma, as histórias de Rosálio, assim como as de Jesus, guardam uma riqueza que ultrapassa o sentido didático, alusão à própria inutilidade da arte, que "não serve para nada", mas muda tudo:

> Para que Jesus conta suas parábolas? Certamente, embora seja um mestre em compor belos relatos, não o faz para entreter os ouvidos e o coração daqueles camponeses. Tampouco pretende ilustrar sua doutrina para que estas pessoas simples possam captar elevados ensinamentos que, do contrário, nunca conseguiriam compreender. Na verdade, suas parábolas não têm uma finalidade propriamente didática. O que Jesus procura não é transmitir novas ideias, mas pôr as pessoas em sintonia com experiências que estes camponeses ou pescadores conhecem em sua própria vida e que podem ajudá-los a abrir-se ao reino de Deus.[18]

A alegria e o poder de superação de Rosálio também são transgressores, porque representam a mola motriz para ele avistar novos horizontes, visto que o medo paralisa a gente e a coragem nos faz caminhar:

> Essa história me contaram quando eu cresci, me fiz homem, tive coragem de perguntar e de ouvir a resposta, que eu de mim mesmo nada podia saber. Enquanto eu era pequeno, não sabia que era triste a minha vida, não imaginava outra e por isso não podia saber da minha desgraça. Pois a desgraça é assim, se a gente não sabe nem fala que ela está ali presente, ela quase não existe e já depois que se disse ainda é preciso tempo, contar tudo muitas vezes, pra poder pegar o jeito de se sentir infeliz.[19]

Ao recordar a história da própria vida, Rosálio diz que nasceu sem nome e na ausência do pai. De sua mãe, ouviu falar da beleza e da alegria. Ela

---

17   MESQUITA, Samira Nahid de. *O enredo*. São Paulo: Ática, 1994.

18   PAGOLA, José Antonio. *Jesus: aproximação histórica*. Rio de Janeiro: Vozes, 2011, p. 145.

19   REZENDE, Maria Valéria. *O voo da guará vermelha*. Rio de Janeiro: Objetiva, 2014, p. 24.

o abandonou logo depois do nascimento, quando resolveu se jogar serra abaixo pra dar fim à vida. Tudo indicava que o motivo era mágoa de amor. Nessa passagem de especulação sobre o mistério da paternidade, Rosálio questiona não poder ser filho de nenhum homem da Grota dos Crioulos, uma vez que ele era branco, de olhos claros. O que não foi possível deduzir na época da morte da mãe, fica mais evidente quando ele cresce um pouco e a sua cor vai se mostrando. A causa da alegria e depois do desespero da mãe e o salto da serra foi atribuída a um homem branco que tinha passado por ali, de surpresa, nos tempos da alegria passageira de sua mãe.

Em seguida, aparece um questionamento transgressor na busca de um responsável: "Mas de qual deles, do padre ou do caçador de plantas que tinha vindo com ele? O padre?, como podia ser, se padre não pode desejar mulher e aquele tinha passado o tempo todo à vista do povo, batizando, confessando, casando gente, puxando o terço e rezando missa?"[20]. Ainda que Maria Valéria não dê ênfase a isso, creio que o fato de aparecer no texto, também não foi em vão. A desmistificação do padre como figura santa, homem intocável, que não tem desejos, como o simples fato de ter escolhido a vida celibatária já fosse suficiente para isentá-lo de qualquer responsabilidade em relação à paternidade. Percebe-se uma sutil ironia ou até mesmo a constatação de que o ser humano é diverso, complexo, pois. E que muitas coisas escapam às convenções e, uma delas, é o amor. O fato de "não poder desejar mulher", não significa dizer que isso não aconteça.

A própria busca pela identidade de Rosálio, apresentada pela evolução dos nomes que ao longo da vida foi recebendo (Sem nome, o pequeno, Nem-Ninguém, Curumim, Caroço) já é uma transgressão, quando ele mesmo escolhe para si um nome de mulher: Rosália, nome da professora que um dia apareceu lá na Grota. Rosália da Conceição, aparecida como um milagre aos olhos do homem, que queria ter nome de gente que sabe ler e escrever: "com o cabelo faiscando como se fosse de ouro cada vez que dava o sol, pensei que fosse visão, pensei que fosse milagre, porque ela era igualzinha à Virgem da Conceição carregada num andor."[21]

Rosálio e Irene são personagens construídos em pé de igualdade. Isto é, na expectativa de falarem e de também serem seduzidos pela palavra, ambos são como a personagem Sherazade. Uma hora é Irene que espera ouvir as histórias

---

20 REZENDE, Maria Valéria. *O voo da guará vermelha*. Rio de Janeiro: Objetiva, 2014, p. 23.

21 REZENDE, Maria Valéria. *O voo da guará vermelha*. Rio de Janeiro: Objetiva, 2014, p. 51.

de Rosálio, outra hora é Rosálio que anseia saber mais sobre as histórias que Irene tira do livro das *Mil e uma noites*. A mulher ainda reescreve as histórias que ouve e, nesse exercício, reinventa a própria vida, esquecendo as dores, por um tempo, e ensinando Rosálio a também escrever. Ambos são curados: Rosálio, da cegueira do analfabetismo ("era cego porque não sabia ler, e ela operou um milagre, igualzinho a Jesus Cristo, curando a sua cegueira, quase de todo vencida")[22] e Irene, da dor do desamor.

Quando Rosálio chama Irene para passear, ele também quebra um preconceito, "não tem vergonha de andar com mulher-dama na rua!"[23]. Ao levá-la ao parque, ele recorda com saudosismo da infância e desfia um tanto de nome de árvores. Em seguida, avista um sabiá-laranjeira, escuta e assobia para conversar com outros passarinhos também, "porque conversa de bicho só tem graça, nunca ofende como conversa de gente que pode insultar, mentir, engambelar e ferir no fundo do coração."[24]. A realidade do parque junto a fala de Rosálio transporta Irene para a "floresta enfeitiçada" (mundo da fantasia), ao passo que, a fantasia a fazia esquecer um pouco da sua realidade.

Em outro momento, ele reconhece a ação transformadora desse amor na paciência e gratuidade da mulher: "como soube lhe ensinar a coisa mais importante que ele buscava na vida sem nunca lhe pedir nada senão palavras e histórias que ele ardia por lhe dar, sente o carinho crescendo, deita-se junto de Irene e deixa o amor falar."[25] Há, portanto, o encontro verdadeiro de duas humanidades. O amor desperta o que existe de melhor em cada um. Em contrapartida, "amor, coisa perigosa, um luxo, só para quem pode, Irene não, nunca pôde, água de sal nas feridas, mas o coração insiste, não arrefece, resiste, bombeia amor pelas veias, pode, sim, Irene pode desejar viver de amor, quanto mais lhe doem os golpes dos pés do homem tarado, mas quer que o outro apareça, quer sobreviver, viver."[26]

---

22   REZENDE, Maria Valéria. *O voo da guará vermelha*. Rio de Janeiro: Objetiva, 2014, p. 84.

23   REZENDE, Maria Valéria. *O voo da guará vermelha*. Rio de Janeiro: Objetiva, 2014, p. 42.

24   REZENDE, Maria Valéria. *O voo da guará vermelha*. Rio de Janeiro: Objetiva, 2014, p. 44.

25   REZENDE, Maria Valéria. *O voo da guará vermelha*. Rio de Janeiro: Objetiva, 2014, p. 154.

26   REZENDE, Maria Valéria. *O voo da guará vermelha*. Rio de Janeiro: Objetiva, 2014, p. 156.

A condição de sonhadora, distraída, fez com que Irene se descuidasse, assim como aconteceu na morte do sagui, afinal, "amar enfraquece a gente, baixa a guarda, deixa frouxa".

A própria guará vermelha remete também à transformação. A ave quando nasce é preta, depois se faz parda. Ao voar, a sua plumagem é toda branca e, na fase adulta, a sua cor é vermelha, permanecendo assim até a morte. "Rosálio colhe nos braços a sua guará vermelha, colhe na boca o sorriso que verte um encarnado vivo e a cobre inteira de plumas, tingindo todas as magias, transfigurando-lhe a dor."[27] Nota-se que o vocabulário escolhido por Maria Valéria faz alusão à transfiguração de Jesus, episódio do Novo Testamento no qual Jesus é transfigurado e se torna "radiante" no alto de uma montanha. Da mesma forma, a mulher, no quarto: "a outra mão de mansinho puxando a porta empenada que não se fechará inteira, há de ficar entreaberta no coração de Rosálio, deixando passar os raios da pura luz que é Irene, depois de enterradas as sombras."[28]

De fato, Maria Valéria escreve sobre Rosálio e Irene porque a história deles é uma ferida em sua própria carne. A assertiva abaixo parece elucidar a questão, ao ser indagada sobre em que ponto, escrever e educar são caminhos que se encontram em sua vida:

> O próprio trabalho de educadora popular significou escrever a vida toda. E acho que a literatura é absolutamente necessária para a formação de um ser humano, porque quando ela é bem-feita, leva você a compreender melhor que há outras maneiras de ser humano que não a sua. E educação é isso, não é instrução. Instrução qualquer um pode ter num curso por correspondência. Educação é ajudar o outro a crescer como ser humano e isso só acontece de fato quando você consegue reconhecer o humano em qualquer outro. Já não posso mais andar com a mochila pelo mundo, mas meus livros podem e acho que eles contribuem. Quando eu digo: "Olha pra isso!" aos meus leitores, estou esperando que eles se tornem mais atentos a gente como meus personagens, mas também a si próprios. Viver é avançar nesse caminho de sabedoria sobre si mesmo e o mundo.[29]

---

27 REZENDE, Maria Valéria. *O voo da guará vermelha*. Rio de Janeiro: Objetiva, 2014, p. 156.

28 REZENDE, Maria Valéria. *O voo da guará vermelha*. Rio de Janeiro: Objetiva, 2014, p. 157.

29 CHARTIER, Marcella. *Maria Valéria Rezende: educadora, andarilha e escritora*. São Paulo: Kd mulheres?, 24 fev.2017. Disponível em:<http://kdmulheres.com.br/maria-valeria-rezende-educadora-andarilha-e-escritora>. Acesso em 10 mar. 2017.

A liturgia clássica de casamento termina com a declaração "até que a morte os separe". Para Irene e Rosálio teria de haver um fim diferente. Embora não fossem casados, convencionalmente, não era necessário que a morte viesse afastá-los. A liturgia teria de ter um outro fim: "até que a morte os una para todo o sempre". Assim foi, contrariando a ideia machista de que talvez Rosálio a esqueceria logo:

> Vou para o meio das praças, vou para o meio do mundo contar tudo o que já sei e mais as coisas que eu só posso conhecer quando disser, soltando minhas palavras, sem teto, laje ou telhado por cima de minha cabeça que me separe de Irene, que eu sei que por onde eu for a minha guará vermelha, minha mulher encantada, vai sempre me acompanhar, voando entre o azul e mim, e ela quer ouvir meus contos.[30]

O último parágrafo do livro também é transgressor porque responde ao pedido de Anginha, que gostaria de saber sobre a história da vida de Rosálio do começo ao fim. No entanto, o fim não existe para a vida, para o amor e para a contação de histórias:

> Não posso ficar, Anginha, que Irene espera por mim, nem posso contar inteira a história da minha vida como você quer, mulher, do começo até o fim, que, se a vida tem começo, eu penso que nunca finda e a história que já passou, deveras acontecida, a gente lembra inventando. Inventação não tem fim.[31]

A coragem de Rosálio reforça a sua trajetória de resistência. Ele alcançou o que é perene e que ninguém pode tirar dele: a conquista de ler e escrever, mas também a sua fidelidade à memória, ao sentimento, à história vivida, a ele mesmo. No azul sem fim, a liberdade da guará, que se livrou da dor e ganhou a eternidade. No azul sem fim, a dor de quem perdeu a sua guará e ganhou a liberdade para conquistar o mundo com as suas infinitas histórias. Há que se dizer ainda: a fé é transgressora. Ela faz parte da vida de Maria Valéria e é latente na obra, não só nas referências cristãs, bem como na própria atitude de Rosálio, que tinha esperança em dias melhores, que lutava, que rezava, que chamava por Deus e Nossa Senhora, que ia à igreja, que conseguiu ser batizado pelo padre que o ajudou quando ele nem tinha nome, na sua crença de que a vida não tem fim.

---

30 REZENDE, Maria Valéria. *O voo da guará vermelha*. Rio de Janeiro: Objetiva, 2014, p. 157.

31 REZENDE, Maria Valéria. *O voo da guará vermelha*. Rio de Janeiro: Objetiva, 2014, p. 158.

CONSIDERAÇÕES FINAIS

A ideia de não aceitação das normas sociais ou do discurso dominante, construindo outro que o substitui, usando a indignação e interrogação desses limites, faz de Maria Valéria uma grande escritora. A subversão das representações de masculino e feminino revela a ousadia de um romance de mulher, cuja busca é de todo ser humano de todos os tempos e de todos os lugares: quem somos, pelo que lutamos, para onde vamos? O que é paradoxal não assusta, porque é humano. Por isso mesmo, acolhido como convite à transgressão. As dualidades fazem parte da vida e tudo acontece, na maioria das vezes, junto e misturado, como também sugerem as cores, nos nomes dos capítulos. Não há ideia de alternância e sim de coexistência. Talvez para dizer que o mundo é diverso e, embora a vida seja plural, cada um é singular. E somente com respeito às diferenças, o amor poderá semear esperança, justiça e paz.

FEMINICÍDIO NO CONTO "VENHA VER O PÔR-DO-SOL", DE LYGIA FAGUNDES TELLES

Schirley Alves Batista[1]
Maria do Rosário A. Pereira[2]

O escritor é testemunha deste mundo.

Lygia Fagundes Telles

Lygia Fagundes Telles nasceu em São Paulo em 1923 e, em 1938, publica seu primeiro livro, *Porão e sobrado*, retirado posteriormente de sua obra definitiva. Paralelamente ao curso de Direito, a carreira das Letras sempre exerceu fascínio sobre ela: afinal, por que os "ofícios de homem" não podiam ser exercidos também pelas mulheres? Lygia sempre foi uma escritora preocupada com as questões de seu tempo. Exemplo emblemático, neste sentido, é a publicação do romance *As meninas*, em 1973, no qual aparece uma cena de tortura ocorrida em plena ditadura militar.

No entanto, não somente esse tipo de situação – que reverbera em outros livros da escritora, como *As horas nuas* (1989), em que a personagem Gregório se suicida devido à violência e aos traumas advindos do período militar no Brasil – é trabalhada na literatura lygiana. O universo feminino é tratado em múltiplas facetas: o corpo, a sexualidade, a família, a violência enfim. Há um questionamento pungente, ainda que nada panfletário, à ordem patriarcal, ao *status quo* que camufla desigualdades; questiona, ainda, o lugar ocupado pela mulher tanto em âmbito privado

---

1   Graduanda do Curso de Letras – Tecnologias de Edição, do Centro Federal de Educação Tecnológica de Minas Gerais – CEFET/MG. E-mail: schirleybatista@hotmail.com

2   Professora Doutora do CEFET-MG. E-mail: mariadorosario58@gmail.com

quanto no espaço público, a visibilidade (ou não) de seu discurso – haja vista os contos "O espartilho" e "A confissão de Leontina".

Em sua produção literária, contos e romances, nota-se que a maioria das personagens e das protagonistas de Fagundes Telles são mulheres. A figura masculina, sobretudo a do pai, é esmaecida em sua obra. Ainda que o tema "feminismo" não apareça tão explicitamente em sua escrita, aborda o tema por meio de certas particularidades e ironias; ao mostrar o jogo das máscaras sociais e o que pode ser revelado por detrás delas, mostra para o leitor o quanto sua obra é contemporânea, no sentido que lhe dá Giorgio Agamben.[3] Por isso Lygia Fagundes Telles é uma escritora que, ainda hoje, suscita novas leituras e desperta o interesse de novos leitores. Nas palavras de Paulo Rónai, em texto na obra *A noite escura e mais eu*:

> A astúcia de Lygia está em nos passar a impressão de que ela não inventou as histórias que conta. É como se as tivesse visto acontecendo, as tivesse anotado e transcrito para nós. [...] O escritor precisa ver o que está dentro, invisível aos distraídos. Por ter essa visão profunda e abrangente Lygia é a escritora que é.[4]

Neste artigo, vamos nos deter sobre o conto "Venha ver o pôr do sol", publicado em *Antes do baile verde* (1970), ao abordarmos aspectos literários por meio de uma leitura que não se esgota no nível do enredo, mas persiste no interesse de refletir sobre algumas situações emblemáticas, as quais foram representadas pela autora no conto em estudo, a saber, os crimes e a violência contra a mulher.

Venha ver o pôr do sol narra a história de Raquel que, a convite de seu ex-namorado, Ricardo, decide encontrá-lo. Ambos seguem conversando pela rua, até se aproximarem de um cemitério abandonado, o qual adentram. Aproxima-se a hora do crepúsculo, hora esta apropriada para que a vingança planejada por Ricardo se concretize. Em um clima de suspense e em meio a pedidos de Raquel para que voltassem, adentram cada vez mais o cemitério. Ricardo diz querer encontrar o túmulo de sua família, que provavelmente teria sido enterrada ali, quando, na verdade, deseja

---

3   Para o filósofo italiano, é verdadeiramente contemporâneo "aquele que é capaz, mais do que os outros, de perceber e apreender o seu tempo", justamente por não coincidir com ele, isto é, por ser capaz de realizar a crítica ao seu próprio tempo como se o observasse "de fora". AGAMBEN, Giorgio. *O que é o contemporâneo e outros ensaios*. Chapecó: Argos, 2009, p. 59.

4   RÓNAI, Paulo. Posfácio. In: TELLES, Lygia Fagundes. *A noite escura e mais eu*. São Paulo: Companhia das Letras, 2009, p. 113.

castigar a ex-namorada, persuadindo-a a "ver o pôr do sol mais lindo do mundo", a fim de trancá-la em um jazigo do cemitério.

Desde o começo do conto, o leitor é envolvido em uma atmosfera de estranheza, de suspense, de ameaça, ou seja, em uma atmosfera sombria. O próprio local do encontro já denota tal estranheza, pois nada mais fúnebre e menos romântico do que um cemitério – apropriado, no entanto, para um derradeiro encontro não somente do casal, mas para o último suspiro de vida da própria Raquel, conduzida, tal como a personagem de "O barril de amontillado", de Edgar Allan Poe, para sua última morada.

O conto apresenta apenas duas personagens – há uma terceira, o futuro marido de Raquel, entrevista somente no discurso da moça –, as quais a escritora descreve sutilmente, que se revelam, e revelam suas intenções, em gestos e em palavras. Paulatinamente, fica patente para o leitor a insatisfação de Ricardo com o término do namoro, e as atitudes ambíguas da personagem, que sorri "entre malicioso e ingênuo"; ao redor de seus olhos "ligeiramente apertados", formavam-se, aos poucos, "inúmeras rugazinhas": "Os leques de rugas se aprofundaram numa expressão astuta. Não era nesse instante tão jovem como aparentava. Mas logo sorriu e a rede de rugas desapareceu sem deixar vestígio."[5] E mais adiante: "Ele apanhou um pedregulho e fechou-o na mão. A pequenina rede de rugas voltou a se estender em redor dos seus olhos. A fisionomia, tão aberta e lisa, repentinamente escureceu, envelhecida. Mas logo o sorriso reapareceu e as rugazinhas sumiram."[6]

Como se percebe, as expressões faciais de Ricardo ora demonstravam ingenuidade, desprendimento, ora deixavam entrever as segundas intenções do rapaz, cujo intuito era vingar-se de Raquel, que não percebe o trágico destino para o qual é conduzida, uma vez que seguia "amuada mas obediente". O leitor, entretanto, a pouco e pouco pressente que o desfecho daquele encontro não será nada feliz para ela: não havia nenhum vestígio de vida no cemitério, até mesmo o canteiro estava ressequido; os velhos gonzos gemiam; "Esta a morte perfeita, nem lembrança, nem saudade...",[7] anuncia Ricardo, referindo-se a uma sepultura abandonada e sem nome, como a se referir à própria futura morte de Raquel. Ou seja: há inúmeras pistas no conto que anunciam a tragédia. E, embora

---

5   TELLES, Lygia Fagundes. *Antes do baile verde*. São Paulo: Rocco, 1999, p. 124-125.

6   TELLES, Lygia Fagundes. *Antes do baile verde*. São Paulo: Rocco, 1999, p. 126.

7   TELLES, Lygia Fagundes. *Antes do baile verde*. São Paulo: Rocco, 1999, p. 127.

as atitudes de Ricardo e Raquel mostrem as suas condições psicológica e física, o leitor ainda se surpreende com o final, enredado que é pela trama sutil na qual tanto a moça quanto o próprio leitor vão sendo enredados. Exatamente como os fatos podem surpreender. Vale lembrar que o texto, infelizmente ainda bastante contemporâneo, foi escrito na década de 1970, momento em que o país vivia uma ditadura militar e quando a violência contra a mulher era ainda mais velada e silenciosa.

Como a literatura espelha a vida, nota-se que o inconformismo de Ricardo com o término da relação, a perversidade presente na intenção de matar a ex-amante e a violência macabra por ele empregada estão sempre presentes nos relatos de autores de violência, para justificar todo tipo de crime praticado contra a mulher. "Apontar as feridas. Denunciar embora sem poder para resolver esses problemas",[8] afirma Fagundes Telles em entrevista que aparece nas primeiras páginas da coletânea *Venha ver o pôr do sol e outros contos*, organizada por Edla van Steen. Ricardo condena Raquel à morte, deixando-a presa, à espera da morte, em um antigo jazigo. Ninguém ouviria seus gritos, ninguém poderia ajudá-la.

De fato, sem testemunha não há depoimento, não há prova e, consequentemente, não pode haver denúncia, não há o que se levar aos tribunais; no entanto, pode-se pensar nos inúmeros crimes cometidos por Ricardo: rapto, cárcere privado e homicídio qualificado. Fica clara a intenção da autora em tornar esse tipo de mazela social pública, de apontar para um problema social ainda atual, o feminicídio, que deixa vítimas e faz aumentar as estatísticas de crimes praticados contra as mulheres.

Faz-se necessário salientar que, na década de 1970, o Código Penal Brasileiro (CPB), Decreto-Lei nº 2.848, de 7 de dezembro de 1940, completava seus 30 anos. Tal legislação ainda se encontra em vigor, porém com várias outras leis incorporadas a esse Código, para atender às questões oriundas da contemporaneidade, como por exemplo o crescente aumento da estatística dos crimes de violência doméstica e familiar. A Lei nº 11.340, de agosto de 2006, batizada como Lei Maria da Penha, é considerada uma das melhores legislações do mundo no combate à violência contra as mulheres pela ONU (Organização das Nações Unidas). O que se percebe, contudo, é a existência de uma distância considerável entre a teoria e a prática.

---

8   VAN STEEN, Edla (Org.). *Venha ver o pôr do sol e outros contos*. São Paulo: Ática, 1990, p. 5. Entrevista de Lygia Fagundes Telles concedida a Edla van Steen.

Dados estatísticos apontam que o número de mulheres assassinadas no Brasil tem aumentado. Em 2017 a taxa de homicídios dolosos contra a mulher aumentou 6,5% em relação a 2016. Foram 4.473 vítimas de homicídio doloso, ou seja, que foram intencionalmente assassinadas, no Brasil (portal G1 de notícias). Dentre estas 4.473 mulheres dolosamente assassinadas, 946 delas foram vítimas de feminicídio, ou seja, foram mortas pelo simples fato de serem mulheres. É uma estatística preocupante, até porque não vivemos mais em uma ditadura militar e algumas mulheres já têm vez e voz. Será? Por isso, acredita-se que a violência contra a mulher, a mesma sinalizada no conto *Venha ver o pôr do sol*, deva ser objeto de discussões pelas autoridades policiais e intelectuais, e por cada cidadão, pois é imperativo que esses números diminuam. É importante ressaltar que, embora a taxa de feminicídio em 2017 tenha aumentado 16,5% em relação a 2016, três estados brasileiros, Ceará, Rondônia e Tocantins, não contabilizaram esses números, o que aponta para uma taxa ainda maior de feminicídios do Brasil em 2017.

De volta ao conto, o ambiente tenso, as questões de ordem econômica, sobrepondo-se ao sentimento, e aquele velho jargão de que prefere ver a mulher morta a vê-la com outro faz crer que o referido conto ainda está no prelo – e não que tenha sido publicado há mais de 50 anos... A morte solitária, progressiva e lenta da protagonista faz lembrar não apenas a morte física de muitas mulheres, mas também as cicatrizes que essas mulheres, violentadas física, psicológica ou moralmente, passam a carregar pelo resto da vida – isso quando não perdem a própria vida. Faz-se pertinente o lúcido comentário de José Paulo Paes em texto crítico na obra *A noite escura e mais eu*:

> Se aplico o adjetivo "liderança feminina" às ficções de Lygia Fagundes Telles é tão somente para ressaltar que elas se comprazem em perscrutar, com uma visão eminentemente "de dentro", a interioridade feminina. [...] Não será leitor digno de uma ficcionista como Lygia Fagundes Telles quem suponha que o interesse de suas ficções se esgote no nível do enredo. Ao contrário, o interesse persiste mesmo depois de terminada a leitura, quando viva ainda na memória a ressonância das situações emblemáticas representadas no livro, ficamos a matutar no esquivo significado das figurações que enriquecem a semântica do dito com as instigações do não dito ou do quase dito.[9]

---

9   PAES, José Paulo. Sobre Lygia Fagundes Telles e este livro. In: TELLES, Lygia Fagundes. *A noite escura e mais eu*. São Paulo: Companhia das Letras, 2009, p. 112.

Assim, nota-se que a escritora Lygia Fagundes Telles estava muito além de seu tempo, ao propor, literariamente, mudanças de ordem social e cultural, ao apontar para as experiências vivenciadas por mulheres em um cenário machista; suplicava, portanto, por um olhar para as vítimas desses crimes, que ela sabia serem silenciosos. Tão silenciosos quanto um sepulcro vazio.

O verbo "vir" no imperativo afirmativo, no título, denota uma intenção de comando, de ordem, para que o olhar feminino estivesse voltado para o crepúsculo, momento incerto do dia, quando as luzes ainda não estão de todo apagadas e a sombra não se aportou em sua total plenitude. É também um convite para o leitor adentrar a atmosfera sombria para a qual a mulher se volta, já que Raquel caminha para a morte, tal como muitas mulheres perdem sua vida por motivos fúteis relacionados à cultura de que o homem é o legítimo detentor do corpo e da vontade feminina, e de que à mulher só cabe a submissão passiva ao mando masculino.

"Ela subiu sem pressa a ladeira tortuosa", ou seja, "ela", pronome pessoal do caso reto, no feminino, seguia o seu caminho tortuoso, que não é reto. A própria escolha dos nomes Ricardo e Raquel não parece ser aleatória: dá-se o sacrifício de Raquel, cujo nome, de origem hebraica, significa ovelha, mulher mansa ou pacífica, ao passo que Ricardo significa homem forte e corajoso.

Ao final do conto, fica clara a premeditação com a qual Ricardo arquitetara tudo: em meio a grades e portinholas antigas, a fechadura nova em folha. E a promessa anunciada no início do conto – o convite para ver um lindo pôr do sol – se cumpre, ainda que de modo enviesado. Diz a personagem: "– Uma réstia de sol vai entrar pela frincha da porta, tem uma frincha na porta. Depois vai se afastando devagarinho, bem devagarinho. Você terá o pôr do sol mais belo do mundo."[10] Os gritos de Raquel, "semelhantes aos de um animal sendo estraçalhado", a pouco e pouco tornam-se inaudíveis; à personagem, assim como a muitas mulheres na vida real, não é dada a possibilidade de escolha. Ao preferir outro relacionamento, é como se escolhesse a própria morte.

Vale a pena recordar as palavras de Roland Barthes, pronunciadas no dia 7 de janeiro de 1977, na aula inaugural da cadeira de Semiologia Literária do Collège de France:

---

10   TELLES, Lygia Fagundes. *Antes do baile verde*. São Paulo: Rocco, 1999, p. 130.

A literatura assume muitos saberes. É nesse sentido que se pode dizer que a literatura, quaisquer que sejam as escolas em nome das quais ela se declara, é absolutamente, categoricamente realista: ela é a realidade, isto é, o próprio fulgor do real. [...] Por outro lado, o saber que ela mobiliza nunca é inteiro nem derradeiro; a literatura não diz que sabe alguma coisa, mas que sabe *de* alguma coisa; ou melhor; que ela sabe algo das coisas – que sabe muito sobre os homens.[11]

Essa é a graça da literatura: sua capacidade de mobilizar saberes e dizê-los, não de uma maneira científica ou maniqueísta, mas, ao contrário, de lidar com aquilo que é inerente à condição humana, suas expectativas, suas vivências, sua cultura enfim. No que se refere à mulher, de acordo com o Mapa da Violência de 2015, o Brasil é considerado o 5º país do mundo com maior número de feminicídios. Neste cenário, o conto de Fagundes Telles permanece atual e suscita reflexões sobre a condição feminina em uma sociedade cujos valores arcaicos e patriarcais ainda parecem ser a nota dominante.

---

11   BARTHES, Roland. *Aula*. Trad. e posfácio de Leyla Perrone-Moisés. 14. ed. São Paulo: Editora Cultrix, 1977, p. 17.

A LUMINOSA TRANSPARÊNCIA ALUCINADA D'*O LUSTRE*, DE CLARICE LISPECTOR

Suelen Ariane Campiolo Trevizan[1]

Num certo sentido ela [a loucura] é, portanto, plenitude, acrescentando às figuras da noite os poderes do dia, às formas da fantasia a atividade do espírito desperto; liga conteúdos obscuros às formas da clareza. Mas essa plenitude não é, na verdade, o máximo do vazio?

Michel Foucault, *História da loucura*

"Apesar de sua absoluta beleza, *O lustre* talvez seja, entre as excepcionais obras de Clarice Lispector, a menos comentada", aponta Roberto Corrêa dos Santos no texto de orelha para a edição desse romance publicada pela editora Rocco em 1999. A apresentação intriga por sugerir que o livro tenha sido injustamente negligenciado dentro da produção de uma autora tão comentada pela crítica, sem esclarecer o porquê dessa posição secundária. Após uma precoce e retumbante estreia literária com *Perto do coração selvagem* (1943), que lhe rendera o Prêmio Graça Aranha, Clarice Lispector lançava três anos depois seu segundo romance com a apreensão de uma mãe diante do "filho difícil", para usar a expressão que Carlos Mendes de Sousa[2] depreende de uma troca de cartas entre Lúcio Cardoso e a escritora. Esta sentia que faltava algo n'*O lustre*, embora já o tivesse terminado, culpando-se de ser medíocre e cheia de defeitos quando o amigo disse ter gostado do nome, "mas não muito", por achá-lo

---

1   Doutoranda em Estudos Literários pela Universidade Federal de Minas Gerais, bolsista CAPES. E-mail: su.trevizan@gmail.com.

2   SOUSA, Carlos Mendes de. *Clarice Lispector: figuras da escrita*. São Paulo: Instituto Moreira Salles, 2012, p. 86.

"meio mansfieldiano e um tanto pobre"[3], e após receber críticas da irmã Tania ao texto e também ao título. Apesar disso, Clarice chegou a afirmar anos depois que esse livro foi "o que lhe deu mesmo o maior prazer"[4], além de expressar nas cartas que enviava para o Brasil na década de 1940 pressa em publicá-lo e curiosidade sobre sua recepção.

A partir desses descompassos entre produção e recepção, cabe perguntar: por que o título desagradou a certos leitores? Talvez por ser demasiado concreto, doméstico, simples e direto, diferente do de seu livro anterior e dos que ainda elaboraria, tão simbólicos – *A maçã no escuro*, *Legião estrangeira*, *A hora da estrela*, para citar só alguns exemplos. Essa simplicidade não decorria de alguma influência momentânea como supunha Lúcio Cardoso, mas do modo como Clarice encarava a literatura ao longo de toda sua carreira. "Eu escrevo simples. Eu não enfeito", declarou ela na entrevista realizada em 1977 para o programa Panorama, da TV Cultura[5]. Porém, simplicidade não deve ser confundida com obviedade. Com efeito, trata-se de uma escrita tão aguda que demanda um olhar atento para o texto, uma observação mesmo das palavras e das expressões mais miúdas, para experimentar a visão intensa que aquelas personagens têm diante da vida.

Em sua tese panorâmica sobre a obra de Clarice Lispector, Carlos Mendes de Sousa observa que o conceito de "efeito-personagem", proposto por Vincent Jouve, descreve bem os romances da autora, inclusive *O lustre*. A nulidade da ação transfere a atenção para a protagonista, em outras palavras, não há relações que não passem por Virgínia. É bem adequada a metáfora da noite que o pesquisador português emprega, tomando-a emprestada de Clarice, para se referir a essas "vivências penumbrosas" com seus "lampejos epifânicos": "Só existe a noite e esses momentos de luz de que a própria noite se alimenta"[6]. Nessa linha interpretativa, a imagem do lustre ganha ainda mais força, como uma síntese da estrutura narrativa, a qual não se move nem esclarece amplamente, mas atua como uma potencialidade de luz que mais evidencia a escuridão do entorno,

---

3   LISPECTOR, Clarice. *Correspondências*. Rio de Janeiro: Rocco, 2002, p. 60.

4   GOTLIB, Nádia Battella. *Clarice: uma vida que se conta*. São Paulo: Editora da USP, 2009, p. 260.

5   TV CULTURA DIGITAL. *Panorama com Clarice Lispector*. Disponível em https://youtu.be/ohHP1l2EVnU. Acesso em 27/08/2018.

6   SOUSA, Carlos Mendes de. *Clarice Lispector: figuras da escrita*. São Paulo: Instituto Moreira Salles, 2012, p. 205.

já que ilumina pouco. O objeto, referido no polêmico título assim sem adjetivos, tem menções importantes nas duas fases do romance, a infantil e a adulta, conforme veremos mais adiante.

Essa intensidade que arrebata as personagens claricianas a crítica convencionou chamar de epifania. Na origem grega, o termo remetia à compreensão repentina da essência das coisas no ato filosófico, tendo sido depois assimilado pelo cristianismo para se referir a manifestações divinas. Em ambos os contextos, há a noção de aparecimento, revelação, descoberta, palavras relacionadas ao sentido da visão – tornar visível o que era invisível –, campo semântico muito frequente na escrita da autora. Tanto n'*O lustre* quanto noutros romances e contos, a apropriação desse vocabulário é abundante. Citaremos apenas um pequeno trecho d'*A cidade sitiada* a título de ilustração: "Nem escuridão nem claridade – visibilidade"[7]. A claridade em excesso cega tanto quanto a escuridão, por isso a epifania clariciana é mais um vislumbrar: alumiar frouxamente, entrever, como sugere o excerto.

Além da visão, também estão implicadas no sentido de epifania a efemeridade e a gratuidade. A iluminação não é perpétua, nem resulta de uma longa trajetória de santidade, mas é passageira e involuntária, quase como uma possessão, um surto, em que os sentidos descontrolados subitamente tomam o lugar da razão. Encontra-se assim o que não se buscava: um saber errático, uma intuição sobre a dubiedade de qualquer propósito previamente colocado.

Permeamos nossa fala com um léxico que aproxima a epifania, chave de leitura já consagrada na crítica clariciana, da desrazão com a intenção de introduzir a questão da loucura. É a partir dessa temática que propomos discutir *O lustre*. Além da convencional dicotomia entre claro (lógico, evidente, racional) e obscuro (enigmático, confuso, ininteligível) que Clarice enviesa, identificamos nesse romance um vocabulário mais diretamente ligado à loucura. Do ponto de vista quantitativo, é preciso observar que ele ocorre com menor frequência do que *topoi* como "escuridão" e "água", e de modo irregular. Essa concentração, porém, destaca ainda mais os trechos em que aparece, tornando-os estratégicos. Com relação a ser um *topos* menos central, lembremos que há obras temporalmente próximas

---

7   LISPECTOR, Clarice. *A cidade sitiada*. Rio de Janeiro: José Álvaro Editor, 1964, pp. 102-103.

em que a loucura também aparece, como *Perto do coração selvagem*[8], e outras em que inexiste ou ocorre de forma muito pontual, como *A cidade sitiada*. Portanto, iremos nos ater ao caso específico d'*O lustre*, para não cair numa generalização descabida. Ademais, destaquemos que, embora loucura se distinga de escuridão e água, esses *topoi* dialogam. Por exemplo, a expressão do romance que aparece no título deste ensaio, "luminosa transparência alucinada"[9], remete às três imagens, além de ilustrar como Clarice subverte os sentidos mais difundidos, ao aproximar loucura de luz e clareza.

De modo análogo, a autora também relaciona escuridão a certa experiência de verdade, como se observa numa anotação feita por ela à época da escrita d'*O lustre*:

> A escuridão significava mais do que a ausência de luz. Escuridão era uma concentração e o desabrochamento sombrio de novos elementos mais leves e mais profundos. No escuro as coisas deslizavam enfim na sua própria natureza. Enquanto a luz parecia violentá-las e forçava-as a um ritmo.[10]

No começo do trecho, em vez de conceber a luz como o polo positivo (presença) e a escuridão como o negativo (deficiência), ela ressalta o valor e a autonomia desta. Enquanto a claridade é impositiva, produzindo resultados padronizados e à custa de violência, como uma máquina, a penumbra é permissiva e propícia à multiplicidade, mais próxima ao funcionamento orgânico. Não se trata de simplesmente inverter a dicotomia, tornando a luz negativa e a escuridão positiva – Clarice não faz isso –, mas de descrever a complexidade daquilo que sequer era considerado pelo discurso positivado, pois se julgava que fosse sinônimo de vazio ou inexistência. Os termos empregados no excerto permitem-nos aproximar a descrição a uma flor, que brota densa em forma de botão ("concentração") para se abrir ("desabrochamento") em muitas pétalas ("novos elementos mais leves") e possibilidades de fecundação e disseminação ("mais profundos").

---

8   Joana lembra-se de ouvir o pai recitar o seguinte poema: "Margarida a Violeta conhecia,/ uma era cega, uma bem louca vivia,/ a cega sabia o que a doida dizia/ e terminou vendo o que ninguém mais via". LISPECTOR, Clarice. *Perto do Coração* Selvagem. Rio de Janeiro: Rocco, 1998, p. 48.

9   LISPECTOR, Clarice. *O lustre*. Rio de Janeiro: Rocco, 1999, p. 255.

10 LISPECTOR, Clarice *apud* SOUSA, Carlos Mendes de. *Clarice Lispector: figuras da escrita*. São Paulo: Instituto Moreira Salles, 2012, p. 217.

A imagem da flor, em especial a do crisântemo, aparece repetidamente no romance ora relacionada ao lustre, ora à própria Virgínia. Observemos alguns excertos em que isso ocorre:

> Havia o lustre. A grande aranha escandescia. Olhava-o imóvel, inquieta, parecia pressentir uma vida terrível. Aquela existência de gelo. Uma vez! uma vez a um relance – o lustre se espargia em crisântemos e alegria. Outra vez – enquanto ela corria atravessando a sala – ela era uma casta semente. O lustre. Saía pulando sem olhar para trás. (p. 15)

> Sua ligeira gargalhada assustou-a com estranha malícia, tremeu no ar como botões de rosa que se entreabrissem em silêncio, a singularidade do ar frio sobre a carne do rosto. (p. 244-245)

> Olhou-se ao espelho – sob a luz obscura e tonta o rosto parecia grande, fresco, desabrochado e brilhante, os olhos escuros eram úmidos e intensos, ela lembrava uma monstruosa flor aberta n'água – desceu as escadas sentindo-se extraordinariamente jovem e trêmula. (p. 248)

> Que história uniforme era a sua, sentia ela agora sem palavras. Que vivia de acordo com alguma coisa; a difusão fora o que de mais sério ela experimentara – crisântemos, crisântemos, ela os desejara sempre. Parecia-lhe ter recobrado um sentido perdido e dizia-se apreensiva e balançava-se depressa e de leve enganando-se: e agora? e agora? Ir embora, sofrer e ser sozinha; como tocar em tudo o mais? (p. 252)[11]

A primeira citação provém da fase infantil de Virgínia, e as demais, da adulta, especificamente do período em que retorna à casa de seus pais, a Granja Quieta, após ter experimentado a vida na cidade grande. Esse segundo momento caracteriza-se pela indecisão, uma vez que a jovem hesita entre permanecer no ambiente familiar ou retornar para a aridez da metrópole. Sigamos a ordem cronológica para entender a transformação que se dá na protagonista, cujo nome remete à virgindade, dado importante para nossa interpretação.

Na primeira menção, a flor está fora de Virgínia, projetada no lustre, que lhe aparece ameaçador, acumulando as imagens de aranha, gelo e crisântemo. Existe algo de estático e centralizador nessas figuras, uma frieza que remete à ordem e à morte – o inseto tecelão lembra as parcas, o gelo remete ao embotamento dos sentidos, o crisântemo é uma flor comum em cemitérios –, mas também há movimento e quentura nos verbos ("escandescia", "espargia"), muito próximos da excitação e do

---

11   LISPECTOR, Clarice. *O lustre*. Rio de Janeiro: Rocco, 1999.

gozo sexual. Portanto, há aí um prenúncio de sexualidade ligada ao perigo e à morte, tendendo para uma perspectiva psicanalítica. Lembremos o sonho de Virgínia, em que ela, de cima de uma ponte, chuta um cão para a morte e depois se oferece para um homem que lhe provocava asco. Desejo e interdição estão intimamente conectados. A criança, por enquanto, sai incólume ("casta"), embora já carregue em si a potência de sua realização ("semente") pressentida na inquietude de olhar para aquele objeto especular, uma projeção futura de si mesma.

Os trechos da fase adulta relacionam-se a um episódio epifânico vivenciado por Virgínia. Apesar de não ser mais virgem, havia uma pobreza e uma secura no seu relacionamento com Vicente: a moça mal se colocava, esperando, passiva. É emblemática a cena de um jantar em casa de amigos dele: a jovem chega vestida de branco cuidando para que as três flores (presente do amante) não caiam de seu decote, ofuscada pelo brilho alheio, censurada e escarnecida pelo próprio acompanhante. A revelação, por sua vez, ocorre no ambiente agreste em que a protagonista crescera, quando ela se embrenha sozinha e descalça por uma estrada íngreme. É desse momento que retiramos o segundo excerto, que mostra como Virgínia desabrocha sexualmente num sentido mais íntimo, tornando-se capaz de criar suas próprias flores, encarnadas e pulsantes, diferentes daquelas que ganhara de Vicente, fálicas ("o talo era alto, tão calmo e duro") e inférteis ("emurchecidas", "hostis")[12].

A partir de então, como indica a terceira citação, ela própria torna-se uma flor, mas não bela e delicada, decorativa, e sim monstruosa. A duplicação de si que observara no lustre, primeiro como potência ameaçadora, agora passa ao ato numa comunhão inseparável de brilho e escuridão, uma dualidade que contraria a lógica. O monstro não possui um sentido absoluto, mas se define em relação ao outro, é um meio caminho entre o animalesco e o humano. Este fica horrorizado por se reconhecer naquele sem, no entanto, saber o que esperar do monstro, que não segue as regras comuns nem tem identidade, dado que se degenerou (desviou-se das qualidades de sua raça) e se perverteu (alterou, transformou, transtornou). Atentemos para como a ideia de alteridade está presente nesses termos pelos prefixos "alter" e "trans".

A imagem da água, que é um dos grandes *topoi* do livro, frequentemente associada a Virgínia, ressurge com força após a vivência desértica da cidade, devolvendo à protagonista algo da sua antiga liberdade. Contudo,

---

12   LISPECTOR, Clarice. *O lustre*. Rio de Janeiro: Rocco, 1999, p. 76.

a epifania não leva a uma solução apaziguadora, lembremos que sua manifestação é passageira como um surto. Durante o jantar em família, em que a caçula se apresenta ainda sob o efeito da revelação, ela necessita tocar com palavras todos os membros de sua família ao mesmo tempo em que reconhece a iminência da partida, para continuar sua busca sem destino. Uma vida segura no lugar que é seu de direito e onde fora feliz parece uma impossibilidade, uma anulação da própria vida. Assim, no quarto trecho, o desejo pelo crisântemo aparece como resgate de uma antiga pulsão difusora, condutora para a morte certa, contudo necessária. Para produzir vida nova, é preciso perder a própria, como as flores que morrem logo após ter sido fecundadas – e o irônico é que, se não forem fertilizadas, morrerão mesmo assim.

No penúltimo capítulo do livro, Virgínia encontra-se no trem, outro elemento bem simbólico que indica passagem e/ou desterro, com o chapéu enfeitado de vermelho a sinalizar sua nova predisposição à intensidade (vida e morte fundidas). Ali, mais uma vez, ela vê a imagem do lustre, que agora carrega consigo numa versão fantasmagórica, o reflexo dele na janela é também o reflexo de si. Não sabemos sobre suas expectativas para o retorno à cidade, não há tempo. Mal ela chega, é atropelada e morta. O motorista anônimo foge, cercam-na transeuntes com sua conversa trivial, entre eles uma mulher que a acusa de adultério e um amigo de Vicente que parecia sustentar uma obsessão por Virgínia, Adriano. Este se sente rasgado pelo mistério e pela impossibilidade instaurados pela morte da jovem, a dor faz com que algo novo nasça nele. Assim, o romance termina conectando morte e nascimento.

Esta descrição de Carlos Mendes de Sousa sintetiza bem a estrutura geral d'*O lustre*:

> Tudo é transformado na atmosfera brumosa que pode ser assimilada à escrita de *O lustre* (romance de sensações acumuladas que a noite exacerba, e que se vão justapondo, em quadros, numa dominante atmosfera noturna) e, em sentido mais lato, à escrita de Lispector. Grandes planos se indistinguem como cronótopos e a compacta textura contribui para criar o clima de densidade onde simultaneamente se dá a violenta dispersão. Mais do que uma ordenação, o que há é uma apresentação do caos: um jorro de imagens e enumerações transmite a ideia de descontinuidade, *não se reconhecendo a loucura como tarde que enegrece, apenas uma indistinção de horas crepusculares.*[13]

---

13 SOUSA, Carlos Mendes de. *Clarice Lispector: figuras da escrita.* São Paulo: Instituto Moreira Salles, 2012, p. 216, grifos nossos.

Segundo o crítico, a falta de contornos, a sobreposição de sensações e a dispersão são características dessa narrativa, resultando num todo caótico. A loucura ali configurada não está na escuridão em si, mas na indistinção dos limites entre claro e escuro, o que ele chama de "horas crepusculares", o período de transição do dia para a noite. Discutir a loucura a partir do texto de Clarice Lispector, portanto, é procurar os limites entre o comum e o extraordinário, o aceitável e o desviante, o compartilhado e o singular, o real e a fantasia etc. e descobrir que não se sabe onde termina um e onde começa o outro. Tentar determinar fronteiras é forçar uma visão que descarta tudo o que não se encaixe nessa definição, um tipo de cegueira próprio daquele que julga ver melhor do que os outros.

Não por acaso, Virgínia transita no que é aparentemente contraditório, sendo considerada às vezes estranha ou louca, assim como o irmão, Daniel. Embora se distingam entre si – ela mais sensorial e inventiva; ele intelectual, orgulhoso e autoritário –, ambos se unem no segredo. Não se trata de um segredo em especial, como o do afogado, o do namoro de Esmeralda ou da Sociedade das Sombras, mas da possibilidade e do desejo de manter segredos. É isso que os aparta dos demais membros da família. Quando a caçula declara que os dois não poderiam viver ali, o pai explode colérico: "Mentira, doida! doida! doida!"[14]. A sintaxe elíptica de Clarice não deixa claro se é a ideia ou a menina que o homem chama de doida, mas a palavra repetida paira no ar, e o julgamento que não sabemos ao certo a quem se dirige se confirma quando, mais calmo, o pai reitera, agora sem gritar: "doida".

Noutro momento em que os dois irmãos conversam "numa língua difícil" e se divertem, recebem a reprovação materna: "Eles riam porque sabiam que tudo estava errado, veladamente errado. Ela, sobretudo, gostava de errar. E diante do olhar de quase repugnância da mãe. Daniel dizia: a pobre senhora…"[15]. Mais uma vez, a redação é ambígua, pois, ao deixar um adjunto adverbial sozinho numa frase ("E diante do olhar de quase repugnância da mãe"), não sabemos se ele modifica a oração anterior, a seguinte, as duas ou uma não explicitada.

Esses dois breves exemplos da interação de Virgínia e Daniel com os pais tocam alguns aspectos importantes do discurso sobre a loucura que observaremos com mais atenção: o estranhamento, o erro e os interditos da linguagem. O estranho, enfatiza Noemi Jaffe em uma palestra sobre

---

14 LISPECTOR, Clarice. *O lustre*. Rio de Janeiro: Rocco, 1999, p. 28.

15 LISPECTOR, Clarice. *O lustre*. Rio de Janeiro: Rocco, 1999, p. 36.

A legião estrangeira, remete ao que está fora, ao estrangeiro, que na obra clariciana são as crianças, os adolescentes, os velhos, os loucos, os animais etc. Sua originalidade, segundo Jaffe, está em mostrar a perspectiva desse outro, de modo a trazer o fora para dentro e levar o dentro para fora, isto é, "também ser o fora, deixar de ser partícipe, deixar de ser normal e ver em nós mesmos a capacidade de nós sermos estranhos"[16]. O que Clarice faz, em última instância, é ver o que se tende a considerar invisível e compartilhar essa visão, não de modo a torná-la normativa, mas a fim de desfamiliarizar todo o resto tido como normal.

Na infância de Virgínia, tanto a estranheza quanto o erro lhe são inerentes, sem que pareçam problemas a serem resolvidos – aqui o olhar alheio pesa menos do que pesará depois na cidade e na vida adulta. "Sentia-se estranha e preciosa, tão voluptuosamente hesitante e estranha, como se hoje fosse o dia de amanhã. E não sabia corrigir-se, deixava que a cada manhã seu erro renascesse por um impulso que se equilibrava numa fatalidade imponderável"[17]. De sua parte, não há capacidade ("não sabia") nem vontade ("deixava") de corrigir-se, existe uma fluidez, um deixar-se ser, próprios da meninice. Errar pode ser entendido como cometer um engano ou agir com falsidade, características que são atribuídas a Virgínia ("falsa" e "mentirosa"), mas também pode ser sinônimo de vaguear, movimentar-se sem destino fixo, disseminar-se. Assim, o termo se abre para sentidos menos óbvios, como a criatividade e a experimentação mais livre do mundo, qualidades valorizadas inclusive numa sociedade racionalista. Ao trazer essas acepções para o primeiro plano, subverte-se a dicotomia erro/acerto, de modo que o rejeitado vem para o plano do desejável.

Tomada de júbilo, apesar de um pouco amedrontada pelo peso da revelação, a pequena Virgínia descobre que não há distinção entre realidade e invenção:

> No seu quase delírio ela se obstinava em pensar: se aquele céu era uma realidade, observava, uma vez regredindo ela não saberia no entanto alcançar outra etapa, a anterior ao céu, a mais alta, por meio do esforço: sua força de procurar esgotara-se. Não, não poderia. Mas com uma inexplicável certeza de perfeições, pensava que se pudesse atingir o além do céu então haveria um momento em que se tornaria claro que

---

16 INSTITUTO CPFL. *A legião estrangeira, de Clarice Lispector, e o efeito do estranhamento, com Noemi Jaffe*. Disponível em https://vimeo.com/125682442. Acesso em 27/08/2018.

17 LISPECTOR, Clarice. *O lustre*. Rio de Janeiro: Rocco, 1999, p. 39.

tudo era livre e que não se estava ligada fatalmente ao que existia. Não se precisaria respeitar o pai, sentir dor na perna machucada, alegrar-se com a alegria... Assustada, numa agitação que atiçava a sensibilidade da cabeça, ergueu-se e caminhou até a janela. Esse conhecimento sentia ela, escapava à realidade inegável porém era verdadeiro. Agora torna-va-se claro: era verdadeiro! tudo existia tão livre que ela poderia mesmo inverter a ordem de seus sentimentos, não ter medo da morte, temer a vida, desejar a fome, odiar as coisas felizes, rir-se da tranquilidade... Sim, bastaria um pequeno toque e numa coragem leve e fácil galgaria a inércia e reinventaria a vida instante por instante. Instante por instante![18]

Nessa epifania, a menina se dá conta da relatividade. Aquilo que sempre lhe parecera certo só o era porque ela se encontrava no ponto em que estava; se pudesse alcançar outro lugar, aquelas regras não valeriam mais. Sabendo disso, ela poderia ser livre desde já. Isso Virgínia conclui com uma certeza que não precisa de evidências, vinda da intuição, e isso bastava para que seguisse inventando a vida como lhe convinha. A fantasia é sua maior força, uma característica comum a tantas outras personagens de Clarice, sobretudo as infantis. Virgínia transborda de uma alegria difícil quando cria figuras com o barro, à semelhança do ato divino, forjando o que existe, como um cavalo, o céu, uma mãe, uma menina moldando bonecos, e até o que não existe. Esse saber ninguém lhe ensinou e não depende da racionalidade, dado que o narrador enfatiza algumas vezes que ela não era muito inteligente. Com a fantasia, ela forma o mundo e, assim, liberta-se momentaneamente do afeto difícil por Daniel, da intransigência do pai e da frieza da mãe, porém isso se perde em algum momento da puberdade, e a personagem lamenta, adulta, não possuir mais essa indiferença que ainda reconhece nos mais jovens, como na irmã de Vicente.

Uma liberdade desse nível é aceitável entre crianças e adolescentes, afinal, são considerados pessoas "em formação", mas se torna inadmissível para um adulto. Alguém que queira continuar com tais brincadeiras, para ser aceito, terá que se autoproclamar artista ou místico. Fora do campo artístico e do religioso, isso é tido como imaturidade ou loucura, e assim nossa sociedade deslegitima discursos estranhos à razão, tirando-os de circulação na medida do possível. O louco assombra a todos por ser a imagem escancarada do que qualquer um pode se tornar – ou já é sem perceber ou admitir –, ele não nos deixa esquecer que o edifício da razão é frágil. É preciso afastar essa visão hedionda para seguir afirmando a consistência da identidade, a prudência do agir, a evidência dos pressupostos e a transparência dos dizeres. Num

---

18   LISPECTOR, Clarice. *O lustre*. Rio de Janeiro: Rocco, 1999, p. 61.

mundo regido pela razão, os limites estão claramente gravados na língua, que discrimina a natureza e a função das palavras. Os guardadores dessa suposta transparência da linguagem censuram quem cometa agramaticalidade – as crianças, os ignorantes, os estrangeiros, os dementes – e varrem para fora da língua as impurezas, que se tornam interditos.

Michel Foucault[19] enumera quatro interditos da linguagem: as faltas ao código estabelecido (agramaticalidades); as palavras blasfematórias; os enunciados cujos significados são ofensivos em determinados contextos; e o uso de palavras do código estabelecido segundo um outro código desconhecido, esotérico. Esse último é mais difícil de se compreender numa menção tão breve, por isso tomaremos um exemplo d'*O lustre* para explicitá-lo. Quando Daniel e Virgínia procuram semelhanças entre o número dez e o domingo, um deles, provavelmente o rapaz, por ser mais lógico, argumenta que ambos são ao mesmo tempo o fim de uma série (1-10, segunda-domingo) e o começo de outra (10-19, domingo-segunda); a segunda voz contesta afirmando haver uma semelhança de forma, mas não apresenta um raciocínio que justifique isso, apenas repete: "Pois eu acho domingo redondo. Acho e vejo"[20]. As propriedades que se atribui aqui a "redondo" não são as compartilhadas pelos falantes da língua em geral. Há algo de metafórico, mas também de muito concreto nessa nova significação, uma vez que é visível a quem fala. Contudo, só essa pessoa e talvez raros interlocutores percebam a relação, enquanto esse uso da palavra soa absurdo para a maioria.

Outro interdito bastante usado por Virgínia é o da agramaticalidade, como se observa nessa conversa com Vicente. Ela diz:

> — Às vezes passo os dias com uma esperança tão… assim… e de repente fico sem esperança…
> — Esperança de quê? perguntou interessado.
> — De nada propriamente…
> — Mas como? insistia ele, você que tem saber…
> Ela não sabia explicar e surpreendia-se com a incompreensão de Vicente. Depois aprendeu que ele entenderia se ela dissesse; atravessei a metade do dia bem disposta e a outra metade indisposta. Passou a trocar-se em palavras de Vicente e às vezes parecia-lhe que era mais do que palavras o que transformava.[21]

---

19 FOUCAULT, Michel. A loucura, a ausência da obra. In: FOUCAULT, Michel. *Ditos e escritos I*. Rio de Janeiro: Forense Universitária, 1999, p. 214.

20 LISPECTOR, Clarice. *O lustre*. Rio de Janeiro: Rocco, 1999, p. 36.

21 LISPECTOR, Clarice. *O lustre*. Rio de Janeiro: Rocco, 1999, p. 157.

O substantivo "esperança" pede um complemento nominal, ainda que implícito, para expressar aquilo por que se espera. No caso citado acima, apresentado fora de contexto, gera estranhamento no interlocutor, que imediatamente demanda esse complemento. A moça não sabe o que responder, porque não sente que haja o que acrescentar, trata-se de esperança generalizada, em estado puro, mas o outro é incapaz de compreender essa acepção e não se conforma com aquela ausência de especificidade. Mesmo sem saber bem o que lhe é exigido, Virgínia adota uma linguagem que julga ser mais satisfatória para seu amante e assim vai traindo seu modo de ser. É fascinante que, mesmo a protagonista tendo se submetido à linguagem autorizada, o narrador clariciano continua indócil como se observa na última linha do excerto: a jovem transformava as palavras, ou algo além das palavras a transformava? Ambos os sentidos são possíveis, porém não se confirma uma ou outra leitura – a polissemia é explorada ao máximo.

Michel Foucault, na sua atuação de filósofo-historiador, interessa-se por resgatar nos discursos justamente esse resto, traço ou pensamento do exterior que o poder tenta aniquilar, mas que nunca elimina por completo. A loucura está entre as figuras indesejáveis e excluídas que constituíram parte significativa de seu *corpus* de pesquisa. Ele alerta para o fato de que a Idade Moderna, com a ascensão do discurso científico, mais especificamente o psiquiátrico, converteu a loucura em doença mental, apagando as diferenças entre ambas.

Ora, a doença mental faz parte da esfera dos conhecimentos, enquanto a loucura pertence à dos saberes. Conhecimento implica uma postura científica, em que o sujeito olha para seu objeto de estudo de modo supostamente imparcial, emprega métodos reconhecidos por seus pares, obtém dados e categoriza-os a fim de chegar a uma conclusão com valor de verdade, muitas vezes com aplicação prática. Sob o ponto de vista dos médicos, a doença mental é uma condição que pode ser estudada, compreendida, tratada e curada ou, ao menos, mantida sob controle.

Já o saber, desde sua raiz latina (*sapere*), tem a dupla acepção de "ter sabor de" e "ter senso"[22], trazendo como particularidade essa certeza que vem da experiência, em vez de uma observação distanciada e metódica. Parece paradoxal pensar a loucura como aquela que tem senso, no entanto, a sensatez própria à loucura consiste em perceber como são restritos o alcance e o valor do conhecimento. Este também se converte

---

22 TORRINHA, Francisco. *Dicionário Latino Português*. Porto: Porto Editora, 1942. Verbete "sapiõ".

numa espécie de loucura quando pretende dominar e dar sentido ao existir. "Enquanto o homem racional e sábio só percebe desse saber algumas figuras fragmentárias – e por isso mesmo mais inquietantes – o Louco o carrega inteiro em uma esfera intacta: essa bola de cristal, que para todos está vazia, a seus olhos está cheia de um saber invisível"[23]. O louco, portanto, traz no seu corpo, no seu gesto e na sua linguagem uma verdade inapreensível pelo pensamento logocêntrico: ele é o crítico mais contundente à soberania da razão.

Quando propusemos discutir n'*O lustre* a questão da loucura, não se tratava de afirmar que Virgínia fosse louca. Em nenhum momento a personagem é diagnosticada como doente mental, nem internada ou medicada – há inclusive duas menções a consultas médicas por causa de desmaios, mas lhe dizem que "ela não tem ab-so-lu-ta-men-te nada"[24]. O que buscamos assinalar é a porosidade entre *logos* e *pathos*, razão e delírio. Daniel e Virgínia, que respectivamente se identificam mais com uma e com outra zona, são faces da mesma moeda, entendem-se e complementam-se. O problema está na insistência de nossa sociedade de estabelecer fronteiras claras. Há algo nos seus gestos e palavras da protagonista que provocam repulsa na mãe, e a mudança para a cidade parece ter um caráter de exílio. Com o passar do tempo, o padrão de normalidade fica tão entronizado que a própria Virgínia se questiona se não estará louca, por exemplo durante sua primeira epifania, ainda criança, ou quando arruma as malas para voltar à Granja Quieta. A diferença é que no primeiro caso ela teme que os outros a chamem de doida, enquanto no segundo, ela própria se julga e receia ter enlouquecido, ou seja, há uma incorporação maior do logocentrismo após sua estada na cidade.

Foucault não toma a linguagem da loucura como uma ruptura, mas como uma denúncia daquilo que nossa sociedade já manifesta. Esse saber afronta não por propor ideias diferentes, e sim por nos forçar a ver o que somos e a aceitar as experiências limítrofes (epifanias) que tocam a todos, embora por medo tentemos positivá-las, nomeá-las, trazer para a esfera do inteligível (o conhecimento). Nesse sentido, conclui o filósofo, a loucura se aproxima do literário, pois pertencem ao que ele chama de "pensamento do exterior" ou "vazio", isto é, aquilo que não tem fechamento. Ele fala em impossibilidade de obra tanto numa quanto noutra, já que a obra seria um corpo coeso e limitado, enquanto o exterior é uma zona de indiscernibilidade.

---

23   FOUCAULT, Michel. *História da loucura: na Idade Clássica*. São Paulo: Perspectiva, 2007, p. 26.

24   LISPECTOR, Clarice. *O lustre*. Rio de Janeiro: Rocco, 1999, p. 40.

Num mundo positivado como é o nosso, em que se espera da linguagem nada menos do que a verdade, o exterior de algum modo se infiltra e adensa a espessura do imediato, borra a transparência e introduz uma dobra que esfacela a unidade do signo, impossibilita o unívoco. O equívoco, aquilo "que tem mais de um sentido ou se presta a mais de uma interpretação", o "difícil de classificar, de perceber pelos sentidos", acaba tachado por uma carga negativa, entendido principalmente como o "que dá margem à suspeita"[25]. Essa suspeita revela a ojeriza que o equívoco, apesar de ser inerente a todo enunciado, desperta nos adeptos da clareza. Enquanto a ciência busca a correspondência de um para um na relação entre enunciado e significado, literatura e loucura são zonas perigosas, pois aumentam a ambiguidade.

Virgínia não é alguém definido, ela perpassa o ser. Sendo fluida, ela se configura como um redemoinho, impossível de ser apreendido em um conceito fixo, podendo ter apenas seu movimento sugerido. Admitimos que a vertigem decorrente dessa abordagem pode ser desagradável, provocar ansiedade e até desmaios. No entanto, àqueles que se incomodam com a falta de enredo d'*O lustre*, pedimos que considerem o seguinte: se acompanhássemos o fio dos acontecimentos em primeiro plano talvez nos iludíssemos de que o mais importante seja a protagonista decidir se permanece num lugar ou noutro, se se relaciona com este homem ou com aquele. Clarice simplifica tudo para nós: ela indica que não há estabilidade possível, escancara a morte já no início de seu romance e a retoma no fim, propõe que o brilho do vagalume pode ser antes um desaparecer do que um aparecer. Assim, uma obra como essa, que alumina tão parcamente, lembra-nos da presença da noite.

---

25   *Dicionário Eletrônico Aurélio*, CD-ROM, verbete "equívoco".

ORGANIZAÇÃO

André Magri Ribeiro de Melo

Doutorando na área de Literatura Brasileira pelo Programa de Pós-Graduação em Letras: Estudos Literários da Universidade Federal de Minas Gerais. Técnico em Assuntos Educacionais no Instituto Federal de Educação, Ciência e Tecnologia do Ceará (IFCE – *Campus* Canindé), onde coordena o Núcleo de Estudos Afro-brasileiros e Indígenas (NEABI). Membro-pesquisador do Núcleo de Estudos Interdisciplinares da Alteridade (NEIA), da Faculdade de Letras da UFMG, e do Grupo de Pesquisas do Letramento Literário (GPELL/Ceale), da Faculdade de Educação da UFMG. E-mail: andre.letraslp@gmail.com.

Bruna Kalil Othero

Escritora e pesquisadora. Graduada em Letras e mestranda em Estudos Literários pela UFMG (bolsista CAPES), é autora dos livros de poesia *Poétiquase* (2015) e *Anticorpo* (2017). Organizou o volume de ensaios *A Porca Revolucionária: ensaios literários sobre a obra de Hilda Hilst* (2018). E-mail: brunakalilof@gmail.com

Constância Lima Duarte

Pesquisadora do CNPq, doutora em Literatura Brasileira pela Universidade de São Paulo e mestre em Literatura Portuguesa pela PUC-RJ. Em 1996, aposentou-se pela Universidade Federal do Rio Grande do Norte e, em 1998, assumiu a Cadeira de Literatura Brasileira da Faculdade de Letras da Universidade Federal de Minas Gerais, em Belo Horizonte, através de concurso público. No pós-doutorado, realizado em 2002 e 2003 na UFSC e na UFRJ, desenvolveu o projeto "Literatura e Feminismo no Brasil: trajetória e diálogo". Pesquisadora do Núcleo de Estudos Interdisciplinares da Alteridade (NEIA) e do Centro de Estudos Literários da UFMG, coordena os grupos de pesquisa Letras de Minas e Mulheres em Letras.

⊙ editoraletramento   ⊕ editoraletramento.com.br
ⓕ editoraletramento   ⓘ company/grupoeditorialletramento
ⓨ grupoletramento   ✉ contato@editoraletramento.com.br

⊕ casadodireito.com   ⓕ casadodireitoed   ⊙ casadodireito